西方传统 经典与解释
Classici et commentarii

HERMES

U0137788

HERMES

在古希腊神话中，赫耳墨斯是宙斯和迈亚的儿子，奥林波斯神们的信使，道路与边界之神，睡眠与梦想之神，亡灵的引导者，演说者、商人、小偷、旅者和牧人的保护神……

西方传统 经典与解释

Classici et commentarii

HERMES

古典学丛编

刘小枫 ● 主编

智者术与政治哲学

——普罗塔戈拉对苏格拉底的挑战

Sophistry and Political Philosophy:

Protagoras' Challenge to Socrates

[美] 巴特利特 （Robert C. Bartlett） ● 著

熊文驰 吴一笛 ● 译

华东师范大学出版社

·上海·

华东师范大学出版社六点分社　策划

古典教育基金·"蒲衣子"资助项目

"古典学丛编"出版说明

　　近百年来,我国学界先后引进了西方现代文教的几乎所有各类学科——之所以说"几乎",因为我们迄今尚未引进西方现代文教中的古典学。原因似乎不难理解:我们需要引进的是自己没有的东西——我国文教传统源远流长、一以贯之,并无"古典学问"与"现代学问"之分,其历史延续性和完整性,西方文教传统实难比拟。然而,清末废除科举制施行新学之后,我国文教传统被迫面临"古典学问"与"现代学问"的切割,从而有了现代意义上的"古今之争"。既然西方的现代性已然成了我们自己的现代性,如何对待已然变成"古典"的传统文教经典同样成了我们的问题。在这一历史背景下,我们实有必要深入认识在西方现代文教制度中已有近三百年历史的古典学这一与哲学、文学、史学并立的一级学科。

　　认识西方的古典学为的是应对我们自己所面临的现代文教问题,即能否化解、如何化解西方现代文明的挑战。西方的古典学乃现代文教制度的产物,带有难以抹去的现代学问品质。如果我们要建设自己的古典学,就不可唯西方的古典学传统是从,而是应该建设有中国特色的古典学:恢复古传文教经典在百年前尚且一以贯之地具有的现实教化作用。深入了解西方古典学的来龙去脉及其内在问题,有助于懂得前车之鉴:古典学为何自娱于"钻故纸堆",与现代问题了不相干。认识西方古典学的成败得失,有助于我们体会到,成为一个真正的学人的必经之途,仍然是研习古传经典,中国的古典学理应是我们已然后现代化了的文教制度的基础——学习古传经典将带给我们的是通透的生活感觉、审慎的政治观念、高贵的伦理态度,永远有当下意义。

本丛编旨在引介西方古典学的基本文献:凡学科建设、古典学史发微乃至具体的古典研究成果,一概统而编之。

古典文明研究工作坊
西方典籍编译部乙组
2011 年元月

目　录

哲学与智者术之间的持久争论

柏拉图对话录中,《普罗塔戈拉》可谓名篇,但它得名之由,恐怕相当程度上是它特别有一种令人望而生畏的复杂,从它的总体结构,到当中的神话部分与解诗部分等等,这些要想得到疏解贯通,实是一件令人头疼之事。现在送呈中文读者面前的这本《智者术与政治哲学——普罗塔戈拉对苏格拉底的挑战》,则算得众多解读作品中的佼佼者。其一,解读的文本基础非常坚实,作者巴特利特(Robert C. Bartlett)早在 2004 年即出版有《普罗塔戈拉》英译本,在忠实与流畅方面罕有其匹。作者当然熟稔于文本,还擅长挖掘柏拉图在古希腊语用词包括小品词上的讲究与意蕴,与内容阐释相得益彰,每每以小见大,令人击节赞叹!其二,解读中细节与大要并举不废,且在若干关键结论上,不惮于作出"惊人之语",读来令人兴趣盎然,就算遽然间难以全部同意,其解法也足供深思与讨论。其三,与既有几种《普罗塔戈拉》解读作品多有争鸣,包括细节与宏旨,这些都非常值得一观。当然,作为阅读的准备,我们要事先用心读过柏拉图原作,因为这部解读非常贴近对话自身的结构与情节推进。

此处中译本前言,并不准备为读者概括全书,况且最后已有作者"结论"专章,在此仅择要稍作介绍,以引起阅读的兴味。

一、相对主义与柏拉图对话中的智者问题

《普罗塔戈拉》是一篇关于智者问题的对话,除了对思想史研究本身的兴趣,当代为什么要关注智者问题? 在作者巴特利特看来,这是因为当代有太多的智者市场,声明是"重大原创"的学说,却不过是发明的一套新的叙事,"为某项给定的道德-政治议题摇旗呐喊"(页1),并不寻求什么坚实依据或形而上学基础,尤其不会像苏格拉底那样在自己实际的生活中践行这样的思想学说;再或者干脆坦率承认,没有基础或真理这回事,这些都不必真正严肃对待,世间的顺利与成功才是重要的,如普罗塔戈拉所言,才是一个人在自己的人生道路上"善于谋虑"的表现。

作者引述尼采的时代观察说,我们时代如此典型的道德-知识论的相对主义,与古代激进的智者术之间存在着一种亲缘关系,特别是普罗塔戈拉所体现的智者术:

> 我们当代的思想之路很大程度上是赫拉克利特式的、德谟克利特式的以及普罗塔戈拉式的——但说是普罗塔戈拉式的,就足够了,因为普罗塔戈拉代表了赫拉克利特与德谟克利特的综合。(Nietzsche, *Will to Power* ♯428 = Nietzsche 1968, 233)(页3)

这样的智者术,盛行于苏格拉底的时代,并在柏拉图手中得到仔细剖析,"在柏拉图对话中,苏格拉底特有的成就,他对道德与政治生活的全新的理解进路,尤其相对照于智者们的活动"(页2)。

柏拉图对话中,有六部最为显著地探究智者问题:《普罗塔戈拉》《泰阿泰德》《智术师》《希琵阿斯前篇》《希琵阿斯后篇》,以及

《欧绪德谟》。作为这一全面研究的导论,作者则集中于普罗塔戈拉,因为"他既是最大的智者,同时也是最能借之揭示这一类的人物"(页2),这将包括全部的《普罗塔戈拉》,以及《泰阿泰德》的前一半,因为它不但很好地接续于《普罗塔戈拉》之后,与之紧密相关,并且深入考察了普罗塔戈拉对知识的理解,也就是考察了他"人是万物的尺度"这一名言。于是全书分为前后两个大部分,依次解读这两篇对话,呈现两类场合下苏格拉底如何对阵普罗塔戈拉,通贯全部解读的大主题则是:德性、知识与哲学生活。

二、关于《普罗塔戈拉》的解读

《普罗塔戈拉》开头有一个很简短的"引子"(309a1-310a7),一位"友伴"路遇苏格拉底,打趣他与雅典美男阿尔喀比亚德的关系,苏格拉底则把话题转到他今天刚与以智慧闻名希腊的普罗塔戈拉相遇一事,然后就重述刚刚发生过的相遇经过。这一简短开头是可有可无的吗?如果并不是,它与全篇又是什么关系?作者巴特利特贡献的解法就很值得参考,通过立足文本细节挖掘对话最可能的情形,他提出,这位路遇的"友伴"是苏格拉底想倚重的某类听众与再传播的中介人。因为他一方面"对苏格拉底相当友好",另一方面"他自己对理论性事物也有相当的兴趣",也急切想听与普罗塔戈拉的谈话,显然他并非一个大老粗,但他对苏格拉底的兴趣究其实又未超出流言八卦多少,对话中他也是最后一个知道普罗塔戈拉到了雅典,是介于一个圈内与圈外的中间人。现在苏格拉底在与普罗塔戈拉的一场长长交锋结束之后,又不辞辛劳向一位并非圈内的人重述一遍,就意在借他向更广泛的雅典公众传达:他与雅典青年的交往远非在"败坏青年",他是在挽救青年免于败坏。对话《普罗塔戈拉》开篇提及阿尔喀比亚德,即在强调一开始就在关注青年的教育与败坏问题,与此相应,接下来就看到,应青年希珀克拉底的央求,苏格拉底去见普罗塔戈拉,并迫使他接受一场灾难性的问答检验,最终则给热衷求学于智者的雅典青年们当头浇了一瓢冷水(以上并见页 7－13)。依作者这样来看,这个简短的"引子"就绝对不能少了!

随着情节与对话的展开,接下来最引人注目也最令人困惑的环节是,面对苏格拉底"德性是否可教"的问题,智者普罗塔戈拉讲了一个长篇的神话来应答(319a8－328d2)。不用说,这个应答的效果非常好,现场听众呆若木鸡,苏格拉底说他本人也好久才回过神来。但这个神话其实前三分之一篇幅才算严格意义的神话叙述(mythos),后三分之二篇幅则是论说(logos),并且论辩的素材又似乎与前面的严格神话没有直接关系。那么如何解读这一环节?大智者在这里为什么要这么做,他到底实现了什么?

在作者巴特利特的解读下,这一长篇讲辞就展现了普罗塔戈拉作为智者来讲话的根本方式,以及他的特殊教义。这篇讲辞直接的效果是,宙斯强调,人人要有敬畏与正义,违者则视为城邦的疾病而要被处死;并且正义与其他德性一起,都是可教的,当然他普罗塔戈拉作为教师最能胜任这一任务。如此则完美回应了苏格拉底的提问,以及回应这一提问所连带的对他教师资格的质疑。

普罗塔戈拉是第一个公开宣称自己是智者的人,并明码标价授徒,相比于自己的"敞开",他指认自荷马、赫西俄德以下的众多诗人,还包括体育教练与音乐教师,他们都是戴着斗篷"隐藏"着的智者,普罗塔戈拉自诩自己的"敞开"比他们的"隐藏"更能带来安全,并对自己至今依然能安全行走于各大城邦之间感到得意。但是,他的"敞开"有没有可能是另一种特定的"隐藏"呢,虽然可能更高明? 问题就在这里。

严格意义的神话部分中智者讲道,宙斯下令颁布给城邦所有人以正义等德性;但论说部分又说,城邦实践里,每个人在成长中通过保姆、父母、教师、官员或者法律等的教育、威胁以及棒打，才经年累月在习惯中养成了这些德性——"这等于是说，事实上并非是宙斯给予我们这些特质或性格"（页36—37）！在回应苏格拉底关于雅典公民大会的例证时，普罗塔戈拉揭示，不是什么雅典人实际全部拥有德性而都可以在大会上发言，而是因为他们"相信"所有人都分享有这样的政治德性，因此都可以参与大会讨论，且普罗塔戈拉这样陈述雅典人的"相信"，在这一节多达七处（323a5，c4，c5，c8；324a5，c4，c7）（页34）。甚至在神话中，为了使政治得以可能，"必然需要的不是存在一位'宙斯'实际成为我们的立法者，而是'所有人'都相信宙斯已经这么做了"（页38）。作者更有最"惊人"之语：普罗塔戈拉在神话中讲，人类在获得技艺之后，除了发明获取饮食与居所，还建起祭坛崇拜诸神，包括给万物命名从而给世界以秩序：

> 难道普罗塔戈拉此处不是意在指出，"诸神"全然是人造之物，一方面正如各种技艺所制造的事物一样，另一方面是一种特定话语的特殊说法？（页33）

如此来看，这位大智者实际隐藏的观点是在说，"要使政治共同体得以存在，就必须'所有人'都信仰一位能施行惩罚的宙斯，或者都必须行事正义且都行己有耻"；作为一条印证，作者指出普罗塔戈拉在一关键处有意无意提到，如果有人并不正义却公开予以承认，则那将是"疯掉了"（323a5-c2），"他并没有说，成为不正义的人将是疯掉了……公开宣称不正义是疯掉了；但暗中行不义则不是"（页38）。依照作者这样揭开来看，普罗塔戈拉这一令人困惑的神话讲辞是否更清楚了呢，他的敞开与隐藏，是否更符合一位大智者的高明手法呢？无疑这样的结论是令人震憾而发人深省的。

有意味的是，对话中作为回应，苏格拉底没有直接去揭开智者的隐藏之义,他甚至"撇开"了普罗塔戈拉刚才一通精心讲辞,只问了一个看起来毫不起眼,甚至毫不相干的"小"问题:刚才所提到的诸种德性如正义、节制与虔敬等,它们是像五官构成人的脸面一样,虽共同称为德性但彼此并不相同,还是像黄金一样,虽切割为多块但彼此实际完全一样? 换句话说,德性是一,还是多? (329c 2-d1)普罗塔戈拉没有太在意这里面的玄机,挑了第一个选项,即德性各个部分彼此并不相同;但如我们所看到,一番短兵相接之后,大智者吃了败仗,论题被苏格拉底逐一反转过来,正义被证明同一于虔敬,智慧被证明同一于节制。这样看来,若要完全证明诸种德性彼此相同,就剩下最后一步,即两组相同项中各任挑一项,比如正义—智慧,或虔敬—节制,证明彼此相同就够了。但此时苏格拉底直接"挑事",问:"是否有不正义的人是节制的,因为它行事不义?"(333c1)普罗塔戈拉如芒在背,推说虽然众人都这么说,但他是羞于同意这一点的,并紧接着以一大段论"好"胡搅蛮缠一通,遂使对话就此第一次中断。对此,作者巴特利特评论说,"这样,他就发现自己进退维谷,要么承认他在表扬不正义,要么要公开否定他的真实教诲当中的最胆大之处",苏格拉底作出结论说,"成为不正义的人是属于'善于谋虑的'——他在清清楚楚地回应普罗塔戈拉开头的广告语——这正是普罗塔戈拉声称他能教会学生的本领所在"(318e5)(页50)。这样来解读,是否恰与此前普罗塔戈拉的神话部分相互印证呢? 不可否认,这是作者相当有力的读法。

对话中断后的场面一度变得极富戏剧性,最终在苏格拉底以及众人,尤其阿尔喀比亚德的助攻强使之下,普罗塔戈拉勉强重回对话,这次由他来发问主导。大智者这次试图借助诗艺来挽救自己,他似乎忘了,开头他还在鄙视诗人的一套,并在神话的论辩部分讥讽学诗是全无用处的教育。然而不幸得很,苏格拉底偏说他对普罗塔戈拉所提到的诗作碰巧熟悉得很,正如我们所看到,最终苏格拉底再次让普罗塔戈拉无力还手。这一节的诗艺"比拼",文字上读起来就相当困难，可以说是云山雾罩，但作者巴特利特的解读仍然相当可观，此处我们且撇过其中的繁难。

现在到了全篇的最后一节，也是最后的关键，在这一节，苏格拉底最终把大智者"斩于马下"。普罗塔戈拉在诗艺上也未能挽回，场面遂第二次中断，现在苏格拉底来把普罗塔戈拉当成"自己人"，邀请他与自己"同行"，再次考察第一次中断前的老问题，即德性如智慧、节制、勇敢、正义与虔敬五种是同实而异名，还是各各不同？苏格拉底提供重新修改的机会，如果现在普罗塔戈拉的看法有变的话。大智者果然抓住机会，重新立论：其余四种德性彼此相同，但勇敢却完全不同于其他，因为可以看到许多人非常不正义、不虔敬、不节制且不智慧，但却异常地勇敢。至此，问题的焦点被最后聚集于勇敢这一德性之上。勇敢问题又何以成为大智者普罗塔戈拉的"死地"呢？这是研读柏拉图《普罗塔戈拉》这篇对话时最令人惊奇的一节，也因为全篇就此结束，它就成为解读工作的最后顶峰。

处理勇敢的整个过程有三步。第一步是呈现普罗塔戈拉对勇敢的矛盾心态。一方面，普罗塔戈拉强调存在某种源于自然的勇敢（351a3，b2），无法由人教会而拥有，有或没有，全凭一个人的自然。另一方面，这样的源于自然的勇敢可以进一步加以发展，比如由城邦培养成勇敢的战士，或者勇敢追求自己认为是好的某种生活，比如像他自己一改以往智者的隐藏，大胆采取敞开的做法，并且安全行走于各大城邦直到现在。作者巴特利特这样来解读是相当细微的，初次阅读柏拉图难以发现其中的关节，对此他作结说，

　　　　那么，对普罗塔戈拉而言，存在一种自然的勇敢与知识完全无关，并且就其自然而言它又模糊不清。它可以被非自然地发展为服务于城邦……也可以为智慧所驾驭，为个人经营最好的生活，比如普罗塔戈拉自己。（页80-81）

也就是说,普罗塔戈拉所坚持的勇敢当中,包含某种求利与享乐,这也正好印证接下来对话突然转入对享乐主义的讨论。

在第二步即对享乐主义的讨论中,苏格拉底首先轻易取得普罗塔戈拉同意:生活得快乐就是好的,相反,生活得痛苦就是坏的。这个结论明显而直接,双方都无异议。但问题是,并不是任何时候人们都清楚什么是最大的快乐,什么是最小的痛苦,比如眼前的痛苦可能让人错误地拒绝长远的更大的快乐。于是快乐与痛苦的选择问题,被归结为一个知识或科学的问题,即需要准确知道什么是真正的快乐与痛苦,为此苏格拉底引入能辨别快乐与痛苦大小的"测量的技艺"(356e3)。如果享乐主义问题最后竟然就是一个知识问题,那么自诩最能教人智慧的普罗塔戈拉岂非最善于此道?但是,普罗塔戈拉在这里羞于承认他就是享乐主义的教师,也就连带否定了这样的享乐主义。

紧接着苏格拉底开始了他的第三步:

> 我要问你本人认为勇敢者渴望什么?是渴望可怕的事,并相信它们是可怕的,还是渴望着并不可怕之事?(359c6-d2)

普罗塔戈拉被迫同意,勇敢者不可能去靠近可怕、恐怖的事,因为依据定义,这些事情预示着某种坏事,但没有人会愿意或主动靠近坏事。于是,苏格拉底再进一步,抛出论断说,没有人去靠近他认为可怕的事,相反所有人包括胆怯者与勇敢者,都会去靠近同样的事,亦即,那些看起来完全相反的人却有着同样的动机!普罗塔戈拉对此强力反对:

> 但是[……],苏格拉底,胆怯者与勇敢者走向的可完全是

相反的事情呀：比如后者愿意走向战争，但前者就不愿。
（359e1-4）

然而苏格拉底毫不退让，把胆怯与勇敢都置于享乐主义的基础上加以解释："勇敢者愿意走向战争，因为他们认为这是高贵的，因此就是好的，因此……就是快乐的！"现在苏格拉底再转向胆怯者，包括发疯者，他们就是因无知与缺少学习导致了那些令人无法理解的追求。于是，正如只有智慧可以解释为何勇敢者向着他们所知的快乐之事前进，与之相反，胆怯则是因为对可怕与不可怕的无知——如此，则苏格拉底得出结论，在可怕与不可怕之事上，智慧就是勇敢！（页94-99）至此，大智者普罗塔戈拉修改后的新观点，也是他在德性问题上提出的最后的观点，即勇敢完全不同于其他德性，也最终被苏格拉底彻底反转了。现在轮到他呆若木鸡，并彻底不愿意再对话下去了。

纵览这一节苏格拉底对勇敢问题的对话设置与推进，前后两端的问答围绕勇敢这一德性，中间则是享乐主义。普罗塔戈拉是个享乐主义者，对此苏格拉底心知肚明，问答中他就把勇敢的讲法引到快乐与痛苦的选择问题上来，对此普罗塔戈拉当然同意；但普罗塔戈拉又不放弃认为勇敢自有一种高贵，拒绝把勇上战场的人与临阵脱逃的人等同起来，也就是说，他无法前后一致。

> 这就是讨论享乐主义的最重要的目的：把享乐主义加到勇敢上来讨论，从而剥掉勇敢上的高贵的、自然牺牲的特征。（页98）

就这样，普罗塔戈拉自身立场中并不自知的矛盾性，就被苏格拉底抓住，并最终造成了他的落败。

当然，苏格拉底的目的并不是要击败另一位智者，如果这样，他与普罗塔戈拉就是同一路货色，只是技艺更高一筹；他因为青年教育的问题,而来检验并揭开普罗塔戈拉。但同时,他始终在关注"什么是德性"这个关键问题,也就是说,他的本色还是哲学家。

三、关于《泰阿泰德》中"普罗塔戈拉"部分的解读

但直至《普罗塔戈拉》结束,我们并未真正彻底了解这位智者,他虽然在论辩中落败了,也被苏格拉底揭开了立场上的矛盾,但他有无更深的理论根基?这样的理论根基是否有可能足够深刻,以至于我们竟无法招架?这个问题就使得作者巴特利特要接着解读《泰阿泰德》,以获得对智者普罗塔戈拉完整的理解。

《泰阿泰德》提出讨论的是,"什么是知识"这样一个很"理论"的问题,却被作者点明它的突出实践性意义,这一点对于初次阅读《泰阿泰德》的人,具有醍醐灌顶之效。任何对知识的主张,对人类生活最重要事情的知识的主张,是其他同类主张的一个潜在竞争对手。比如关于什么是体面和不体面,或者正义与不正义,好与坏,以及虔敬与不虔敬,借用柏拉图在别处的说法,这些知识就等于是洞穴墙壁上投下的各种影像,如果提出新的知识,就等于在质疑既有影像的充分性,这将冒有极大的危险;与此同时,作为学说,另一种竞争性的知识主张,潜在地就会挑战一切同类学说(页113-116)。现在作为哲学家的苏格拉底就认为,普罗塔戈拉关于知识的主张就带有这样强烈的挑衅性,甚至说这位智者带来的是对哲学的根本挑战。如果《普罗塔戈拉》是二人对战的开场,那么《泰阿泰德》就不妨看作是他们的最后决战。

对话中当雅典青年泰阿泰德第二次给出知识的定义,"知识即感知",苏格拉底令在场的人大吃一惊地说,这个定义就等同于大智者普罗塔戈拉的名言,"人是万物的尺度,是诸存在的事物如其存在的尺度,也是诸不存在的事物如其不存在的尺度"(152a1-4)。这位大智者是在大声说,感知是对每个人来说的知识,因为对

每个人来说,不可能否认他所感知者为真;感知即知识,每个人在其内部都有,或者说每个人就是,一个无可怀疑的感知尺度(页154)。这样的讲法是公开的,它特别带有一种对公众的谄媚,证明所有大众都拥有知识,它不再是少数智慧者的特权。

但与此同时,更深一层,

> 我们认为存在于事物内的可感性质("这块石头很重")根本不在事物内,不仅是因为所有这样的感知不是在一个地方……而且还因为根本就没有"事物":无物常驻,而总在生成(即变化或运动中)。(页154)

这则是普罗塔戈拉隐藏着的教义,也是他最深处的理论性主张。这一主张相联于一支由荷马为统帅的持"运动"学说的浩浩荡荡哲学大军,追随其中的就有赫拉克利特、恩培多克勒;与之相抗衡的则是巴门尼德。这也就是说,隐于普罗塔戈拉背后的其实是一场"哲学大战"。

普罗塔戈拉那依据于"运动"学说的相对主义具有一种特别的彻底性,它所带来的是一场严重的挑战。无物常驻,一切皆在流变,那么知识与科学也就不可能了。由此,"什么是善和什么是高贵也完全没有固定性,或者说处于动态中"(157d7-11)。有可能的是,普罗塔戈拉在提出一种极端相对主义时所持有的动机,"某种方式上就相联于善好,尤其是高贵这件事的相对性或'动变不居'"(页171;167c4-d5)。更进一步,作为对这个世界无所不知的诸神,在这种相对主义面前也变得岌岌可危,一切知识都不可能,神的知识又有何用呢? 甚至诸神也是流变的事物,也就是说,也都不存在! 但在神灵这个问题上,普罗塔戈拉保留了某种审慎,或某种隐藏。这位大智者表示,他远没有把他的尺度学说运用于诸神,至于诸神是否存在,他根本就不知道。但对此,作者巴特利特辛辣点评道：

> 但是，拒绝说或写诸神当然与拒绝（或无法）思考它们不是一回事；恰恰相反，一个人很可能永远不说或写诸神的存在，因为他已经深入思考过这件事了。（页165）

普罗塔戈拉的尺度学说施之于诸神所可能的结论，恰好与他在《普罗塔戈拉》中讲神话的部分相互发明。

这样的尺度学说或相对主义，在苏格拉底看来是天然自相矛盾的。如果人人皆为尺度，都是唯一的，因而也是最好的判断者，那又何需一位智者比如普罗塔戈拉来充作教师教人智慧呢？（页163）甚至在人类之外也存在能感知者，比如猪、狒狒、蝌蚪，是不是它们也具有智者一样的知识与智慧？并且，对于任何一种反对普罗塔戈拉的观点，"如果普罗塔戈拉同意别人的观点为真，他自己的观点就被打败了；如果他否认别人的观点为真，他自己的观点也被打败了"（页181-182）。人们的实践也在拒绝普罗塔戈拉的尺度学说，当在战争、疾病或严重海难时，"他们倾向于每种情况下行统治的人，就像他们倾向于诸神一样，期望这些人成为自己的救世主，因为他们在知识上而非其他方面更优越"（170a9-b1）。有种说法，普罗塔戈拉本人最后就遭遇海难（第欧根尼·拉尔修9.52，54-55），那么当时他还坚持自己的相对主义吗？

到了这个时候，苏格拉底就宣布告别普罗塔戈拉，

> 那么，西奥多洛斯，我们已经从你的同道那里解脱出来了，而且还不会向他承认说每个人都是"万物的尺度"，如果有人不明智；至于知识，我们不会承认它是感知，至少不会按照万物运动的探究思路。（183b7-c3）

但作为理论上的争论,二人之间的战斗却并未最后结束,苏格拉底"一方面没有证明运动论错了,另一方面也没有证明,如果拒绝接受所提出的运动论,感知就不能成为知识"(页205)。对此结尾的开放性,作者巴特利特评论说,柏拉图对话此处虽未展示如何充分回应普罗塔戈拉这一挑战,但它让我们看到,苏格拉底如何从哲学传统内部出发去应对哲学遭遇的挑战(页223);相比之下,智者所代表的立场就提前封闭了苏格拉底显然要走下去的路。政治哲学与智者术二者之间的战斗,在其最顶峰处就高度显示出,对于哲学是否可能的挑战是怎样地严肃。

> 不是说虽然有这些挑战,而是恰恰因为这些挑战,苏格拉底看来已经找到了他的道路,以通向一种新的哲学探索,这一哲学探索某种程度上就使得世界得以可能,为了健康的人类心智,成为一个稳定的世界。(页224)

对于全书副标题的问题,亦即"普罗塔戈拉对苏格拉底的挑战",这就是作者最后作出的回答。

以上即这部解读之作在我们看来最不容错过的要点。此外还有更多具体精彩之处,包括若干精辟洞见,这些都有待读者自己去发现与领略。

全书翻译由我和吴一笛合作完成(熊文驰负责导论、第一至三章以及结论,吴一笛负责第四、五章,最后由熊文驰统校全稿)。坦率讲,这本英文著作的翻译难度,包括因语言风格带来的翻译困难,远超事先预料,再加上过去三年疫情与时局变化下的种种压力与始料不及之事,翻译过程中两位译者均倍尝艰辛,但现在终于完成,也算是为学界做了一点微薄的译介工作。体例上我们基本遵从"经典与解释"丛书惯例,诸多译名如《理想国》《政治家》等改为

《王制》《治邦者》等，兹不赘述。原书夹注希腊词较多，包括常见关键词以及许多一般用词，为便于辨识它们，中译在作者拉丁字母拼写外，再补上希腊文，比如"大多数人（hoi polloi/*οἱ πολλοί*）""阴谋（epiboulai/*Ἐπιβουλαί*）""难（chalepon/*χάλεπον*）"等。翻译中为使语意更为畅达，中译文偶有字词添赘，并均以"[ ]"括起，以示区别。最后需特别说明的是，全书中若有对本书自身的引注，包括这篇"中译本说明"，则所标注的页码均为英文原书页码（见正文方括号内的数字），以利于全书保持一致，并避免在重新排版等环节可能造成的错漏。

　　最后，限于水平与时间，全书虽几番校对，恐怕仍遗误不少，尚乞读者不吝指正。

熊文驰

2023 年 3 月 26 日

上海外国语大学（松江）图文中心

导　论

[1]在我们这个时代,政治哲学似乎一方面已被政治哲学史研究取而代之,另一方面,也在被自诩为智者术(Sophistry)的研究所取代。① 对于政治思想的研究者而言,当前唯一似乎还值得严肃对待的事情,就是不辞辛劳地分类整理以往的大家巨擘们的思想,或者发明一套新的论述("叙事"),为某项给定的道德—政治议题摇旗呐喊,但明确拒绝说自己揭示了永恒真理,或依据了某种坚实的"形而上学"基础。其中,智者术或许还是更有分量的东西,它的践行者们——反基础主义者、形形色色的后现代主义者——仍然相当为自己的关切所感动,他们还关切着永恒真理,亦即完全且坦率地承认,他们在这世上一点都没看到还有真理这档子事。至于着手历史方面研究的人,则埋首于精细解释所研究的文本,这固然可以理解,但他们太拙于追问这些书是否如其所述都是真理。

---

① 例如费什(Stanley Fish)就被等同于一个现代智者(see Kimball, 1989, and especially Fish, 1990 and 1994)。费什很乐意也合情合理地接受了这个标签。纳斯鲍姆(Martha C. Nussbaum)批判费什的开场评论是:"智者们又一次出现在我们当中。"(1992, 220)还可以参阅罗思曼(Rothman, 2008)以及欧文(Owen, 2001,尤其页 129 及下文)。德沙丁(Rosemary Desjardins)在她为其《泰阿泰德》研究(1990, 199 n. 2)所写的导论中,把柏拉图该篇对话与福柯、德里达、罗蒂等人的作品进行对比。

　　智者术存在于我们的时代，且在发起挑战，这就要求我们尽可能准确地理解它。实际上，它几乎算不得什么新鲜事物，要理解它难度也就小很多。虽然智者术出没于政治哲学的向晚期，但在政治哲学诞生之初，或其青壮时代，智者术业已存在。苏格拉底大战智者古今闻名，如在色诺芬与柏拉图的书中所见，至少就此而言，智者术早已存在；正是苏格拉底被认为创立了后来所称的"政治哲学"，因为他第一个"把哲学从天上请下到城邦，并引入家中，迫使它追问生活、习俗，以及事物的好与坏"。① 并且，在苏格拉底的时代，智者术受到仔细剖析，尤其在柏拉图手[2]里；在柏拉图对话中，苏格拉底特有的成就，他对道德与政治生活的全新的理解进路，尤其与智者们的活动可资对照。柏拉图选择从来不让成熟的苏格拉底同另外一位哲学家对话，那么我们最为切近地看到他与同类人或彼此相当者的交往之事，就是苏格拉底与智者们的相遇，这一类人迥异于多少都各有前程的青年们。为与智者术的现象展开一场决斗，我们就让自己完全置身于柏拉图的指引之下。这意味着一些事情，其中之一就是，我们不会无视柏拉图本人所认为的适于我们掌握的信息，而去揭示智者术"真实的"或"历史的"实践。因为即使柏拉图被证明对智者术另有居心，或"怀有偏见"，那么无论是赞同还是反对，在没有看清他所意图之事之前，都无法判断他之所为价值几何。

　　柏拉图作品中，有六部最为显著地探究了智者或智者术的问题，要处理好这些作品，就必须综合论述柏拉图对智者术的理解：《普罗塔戈拉》《泰阿泰德》《智术师》《希琵阿斯前篇》《希琵阿斯后篇》，以及《欧绪德谟》。完全解释所有以上对话，大大超出了眼前这项研究的范围，这项研究必然只是一个导论，也就需要秉持某种挑选原则。证据表明，在柏拉图看来，普罗塔戈拉正是智者的典

---

① Cicero, *Tusculan Disputations* 5. 4. 10-11.

范,他既是最大的智者,同时也是最能借以揭示这一类的人物。
《欧绪德谟》呈现了两兄弟狄奥尼索多鲁斯(Dionysodorus)与欧绪
德谟(Euthydemus)的戏谑表演,口无遮拦,无法无天,它不是有助
于,而毋宁是有碍于对智者术的严肃讨论,至少讨论从这里开始,
事情就会变得如此。至于希琵阿斯(Hippias),他把自己作为一个
智者——正面地——与普罗塔戈拉相比照(《希琵阿斯前篇》,
282d6 - e8),但他被证明远不如普罗塔戈拉是个严肃的思考者,他
是有自己方式的谐剧性角色。《智术师》则绝非一出谐剧,但呈现
了爱利亚客人在智者术问题上的思想迥异于苏格拉底,此外,也并
没有确切意义上的智者在场。但无论如何,《智术师》接续于《泰阿
泰德》,因此需要先行知道后者。《泰阿泰德》则确实值得我们注
意,其情形是,近乎一半的篇幅都在讲普罗塔戈拉对知识的理解。
因此,这具有根本的重要性。但它同样也是某种续篇:它可以很好
地接于《普罗塔戈拉》之后,并与之紧密相关,而在前的《普罗塔戈
拉》或可称作柏拉图对话中处理智者之为智者的对话。

　　本研究先解说《普罗塔戈拉》全篇,①再转向《泰阿泰德》,②从
其开篇直到对普罗塔戈拉思想——逻各斯——所作延伸讨论的最
后(《泰阿泰德》142a1 - 183c7)。因此,本项研究就其自身而言,是
在政治哲学史当中的一次练习。但它所希望的是,不仅有助于充
分评价古代[3]的智者术,而且,通过对比,还有助于纠正对苏格拉
底的成就的理解,或纠正对苏格拉底所创立的"政治哲学"之意义

---

　　①　我使用的是牛津古典文本(*Protagoras* edited by John Burnet,1903),但经常
参阅以下版本以及评注:Adam and Adam（1921）;Croiset（1923）;Manuwald
(1999);Sauppe(1892);以及 Verdenius(1974)。我本人曾出过《普罗塔戈拉》译本
(Bartlett 2004),仅当必须解释文本或作评注时,我才离开曾经的译法,给出更贴近
字面的新译。
　　②　我使用的是牛津古典文本(*Theaetetus*,John Burnet 编,1903),但经常参阅以
下版本以及评注:Becker（2007）;Campbell（1883）;Cornford（2003）;Diès（1976）;
Duke et al.(1995);以及 McDowell(1973)。

的理解。我们只有获得这样的理解，才能最终考虑政治哲学在今天的可能性。尼采或许是对现代的最伟大的观察者，他就看到，在古代激进的智者术与我们时代如此典型的道德—知识论的相对主义之间，存在着一种亲缘关系，这一相对主义显然已经使得政治哲学实践变得不再可能——如果这一实践被理解为尝试把握道德—政治生活的（永恒的）真理，或其永久性的问题。换句话说，尼采已经看到，在我们时代占据统治地位的思想类别，就紧密关联于尤以普罗塔戈拉为典型的古代的智者术：

> 我们当代的思想之路很大程度上是赫拉克利特（Hera-clitus）式的、德谟克利特（Democritus）式的以及普罗塔戈拉式的——但说是普罗塔戈拉式的，就足够了，因为普罗塔戈拉代表了赫拉克利特与德谟克利特的综合。（Nietzsche, *Will to Power* ♯428 ＝ Nietzsche 1968, 233）

因为我们并不居于一个全面把握这种关联的位置，本项研究就仅限于——对于这种把握的必要的先期准备——分析柏拉图所判断认为的有关普罗塔戈拉的最重要的证据，这位智者是一位"极其著名的"古代智者（Kerferd 1981, 42），"在该行业里年长且最负盛名的一位"（Barney 2006, 78）。[①] 这项初步工作是本质性的，部分原因在于，已有的处理普遍很傲慢，或者很幼稚。比如，说智者的教学"就其真正的主旨而言"是追求实现"实际的成功"，或帮助所有人开启"公开演讲的职业生涯"，这样的说法就很不到位；我们怀疑，我们尚未触及事情的根本，如果理解古代智者术的"智识内

---

① 对"历史上的"普罗塔戈拉感兴趣的人要注意到，他没有一部著作完整保存下来，因此要了解其学说，必然要依赖其他著述者的引用与证实，这当中主要是柏拉图（参见 Diels and Kranz（1952, 2：253-71[80B1-12]）。可资利用的传记性的说法，可以参见比如：Kerferd（1981, 42-44），Morrison（1941）。对现存残篇的整理、翻译与评注，参见：Schiappa（2003），特别是页 89-153。

容"在于"一种智慧与经验","从恰当运用自己思想的技艺而产生的一种智慧与经验"——亦即"懂得如何通过论证的办法来分析某种情形"(Romilly,1988,23-24)。对此,尼采的敏锐观察再次帮上了忙,他非常反对格罗特(George Grote),这位学者对于智者术在现代的翻案这件事负有最大责任:

> 智者们几乎是最早批判道德的人,最早洞穿了道德——他们把多种(地理相对论的)道德价值判断并置一处——他们让众人皆知每一种道德都可以在论辩中得到辩护;也就是说,他们早已预言,所有为道德寻找理由的努力,都必然是智者式的。①

本书的研究,旨在揭示普罗塔戈拉之教的核心内容,既包括其道德—政治方面,也包括他理论性的关切。它还要揭示,苏格拉底在回应这一教授内容时,开始表现出他自己[4]什么样的理解与典型行动。无论他们两人最终如何表现出尊重彼此——他们清清楚楚彼此尊重着——但显而易见,他们的人生之路迥然不同。在如此级别的思想者这里,人生之路的差异,也显然表明他们在理解根

---

①　Nietsche,*Will to Power* #428,着重强调[即中文楷体字]为引文原出处所有。亦见 Grote (1850,511-544 and,on Protagoras in particular,513-519):《普罗塔戈拉》"自身即足以证明,柏拉图并没有将普罗塔戈拉理解为一个败坏人的、无价值的或不称职的教师……如果说一位教师对科学或理论认识不足——依赖于这些,才有艺术的规则或者用于实践的箴言——他就没有资格教授这些艺术或科学,那么在这一意义上,普罗塔戈拉才被揭示是不够好的"。并且,根据格罗特,柏拉图——远非争辩说,普罗塔戈拉所教"不仅低于科学的迫切需要,甚至还败坏人,毁灭希望"——"对于这些不仅不屑一顾,哪怕是间接地,而且这整篇作品的意图也指向完全相反的方向"(513-514)。举一例,密尔(J. S. Mill)就曾力挺格罗特对于其他智者以及普罗塔戈拉的看法(参见 Mill 1978,388-391)。对这一系论证,尼采的回答是:"格罗特为智者们辩护的策略是错的:他想把他们抬高到享有荣誉与道德勋章的人物之列——但问题是,这些人的荣誉在于不自我放纵于用大话或德性来坑蒙拐骗。"(1968,*Will to Power*,429,结尾。)

本重要的事物上的不同(请参阅亚里士多德《形而上学》1004b24－25 及上下文)。那么,对智者术的追问,就可能有助于我们理解苏格拉底以其实际生活呈现的哲学现象(the phenomenon of philosophy)。

＊ ∞ ＊

　　本书部分篇章最初发表为两篇论文:《政治哲学与智者术——柏拉图〈普罗塔戈拉〉导论》("Political Philosophy and Sophistry: An Introduction to Plato's *Protagoras*", in *American Journal of Political Science* 47 [4; October 2003]:612－24);《作为人生之路的智者术》("Sophistry as a Way of Life", in *Political Philosophy Cross-Examined*, ed. Thomas L. Pangle and J. Harvey Lomax [New York:Palgrave Macmillan,2013],pp. 5－16)。非常感谢埃尔哈特基金会(Earhart Foundation)及其工作人员,尤其是布朗(Montgomery Brown),支持我一个夏季的研究工作以完成全书。也非常感谢我在波士顿学院(Boston College)的同事们对我的宝贵支持与鼓励,他们是艾丽丝・贝纳加(Alice Behnegar)、纳塞尔・贝纳加(Nasser Behnegar)、福克纳(Robert Faulkner)、凯利(Christopher Kelly),以及谢尔(Susan Shell)。布泽提(Eric Buzzetti)以其一贯的风度与慷慨,阅读了全稿并提出许多有益的建议。最后,我要感谢贝拉克斯家族的博爱与慷慨,使我荣任波士顿学院古希腊政治学研究的贝拉克斯讲席教授(Behrakis Professorship in Hellenic Political Studies)。

第一部分
论《普罗塔戈拉》

第一章

《普罗塔戈拉》导论

[7]流传至今归名于柏拉图的三十五篇对话中，绝大多数——三十篇——都仿佛戏剧在上演，由两位或更多的人物彼此直接对话。其余五篇，则由苏格拉底来叙述（《王制》《吕西斯》《情敌》与《卡尔米德》），或由他人叙述（《巴门尼德》）。然而，这样简单区分为直接演出型与事后叙述型，很有误导性。有些对话虽说属于直接演出型，但实际上只有一个开头的场景，或很外在的框架，但很快就转为某一个人的叙述，属于一种混合型。《普罗塔戈拉》即是这样混合——正如《泰阿泰德》所属的三联剧也大体如此，虽说略有不同，其中第一部的《泰阿泰德》以一个直接演出场景开头，但很快即转为单个人的叙述，由他朗读已写下的文本，那将是一系列的直面展开的对话。① （其余混合型对话是《会饮》《欧绪德谟》与《斐

---

① "如果接受我们所知的由欧几里德（Euclids）在序言中所说的内容，则意味着接受芒克（Eduard Munk）的观点，即我们必须把欧几里德看作不但是《泰阿泰德》的记录者，而且还是《智术师》与《治邦者》的记录者。"（Klein 1977，75，引自 Eduard Munk's *Die natürliche Ordnung der platonischen Schriften* of 1857。）

多》，或许还包括《墨涅克塞诺斯》。）打开《普罗塔戈拉》，首先遭遇的最明显的困惑无疑是，柏拉图出于何种意图要先写上一小段直接演出型的部分，之后才由苏格拉底漫长地叙述他刚刚进行的那场对话？——显而易见，那场对话才是《普罗塔戈拉》的核心，相比之下，篇首那一小段直接对话就显得无足轻重或可有可无。这一短暂的场景，正如它在对话当时发生一样，就在我们眼前发生着，它对我们理解紧接其后的漫长而复杂的对话，必定增加点什么。那么，它在什么意义上，对于紧接着的对话而言，是一个合适的甚至必不可少的序言呢？

开篇小段对话的特点是，对话直接开始，与苏格拉底对话的人我们则从来不知名字（对话中仅仅笼统冠以"友伴"或"同伴"[hetairos, ἑταῖρος]），同时还有一群人，人数多少不知，[8]具体有谁也不确定——当然，可知的事实是，他们与这位友伴一起，还包括某位人的一名奴隶（310a3-4），并且这群人不可能包括将要在卡利阿斯（Callias）家中出场并提到姓名的那二十个人。① 对话的场景在哪里也不清楚。可以想见的是，大概在某一处公共场所，路人如苏格拉底可以进入，但这一场所又足以让苏格拉底长篇讲述而不受干扰，他的故事肯定是要好一会儿才讲得完。相对于主要对话的实际发生，重述那场对话的主要内容时，所在场合要更缺少私密性，更不是对外闭门隔绝——那场主要对话确实是严密守卫起来的，就在卡利阿斯的私宅里（311a1-2，314c3及下文）。这样，相比于原始对话，重述对话是一次更加公开的活动，甚至是朝向公开传播迈出了一步。

发起对话的人，不是苏格拉底，而是他这位友伴。很清楚，苏格拉底是独自一人（比较362a4）偶然遇到这一群人："你这是打哪儿来呀，苏格拉底？"（309a1；并参见310a2-3）就"朋友"（friend）一

---

①　注意看309c13与310a2古希腊文代词的复数形式，以及310a5、a7与314e3-316a5动词的第二人称复数形式。

词的亲近感而言(参见《王制》450d10-11),即使这位"友伴"并非苏格拉底的什么"朋友",他对苏格拉底还是很友善,甚至认为自己能用令人惊讶的亲密用语与苏格拉底讲话:这位友伴可以毫不迟疑说点相当私密的事,"只在咱们之间"(309a4),不管不顾有无他人在场。他开口就问,却不等回答,因为他有强烈预感,苏格拉底肯定刚刚还在"追逐正值青春貌美的阿尔喀比亚德"(309a1-2)。一方面这位友伴也以为这起追逐完全可以理解——前几天他还见过阿尔喀比亚德,觉得他真是个美男(并参见309c2-10)——但另一方面,他认为苏格拉底确实应该罢手不要再追了,因为阿尔喀比亚德现在已的的确确是个大男人了,不再是一名少男:他已经长满胡子啦!因此友伴认定,苏格拉底现在还对阿尔喀比亚德感兴趣,就不再是心里不舍,或头脑发热。

我们或当稍停留意一下,此处暗示了阿尔喀比亚德最接近的年龄(连同其他几处线索),借此可以把这场对话进行的时间估算在公元前433-前432年之间,此时苏格拉底在三十六岁上下。①这也就意味着,《普罗塔戈拉》为我们呈现的苏格拉底的肖像,是柏拉图为这位政治哲学家作出的最早期画像中的一幅(参见314b5,317c1-3),除此外,只有《阿尔喀比亚德前篇》与《阿尔喀比亚德后篇》剧情时间明显更早。

[原注]朗佩特(Lampert,2010)坚称,《普罗塔戈拉》是柏拉图讲述苏格拉底与阿尔喀比亚德二人关系的第一部作品,因此在剧情次序上,要早于《阿尔喀比亚德前篇》与《阿尔喀比亚德后篇》。他这一说法本身并不能令人信服,也无甚必要于他要确立的论题,亦即他所谓《普罗塔戈拉》对于理解苏格拉底式哲学的特殊之处尤其重要。在《阿尔喀比亚德前篇》的开头,苏格拉底正式称呼阿尔喀比亚德时,仅依其父亲的名来称他("克莱尼阿斯之子":103a1;请

---

① 关于《普罗塔戈拉》剧情所设定的时间,学者们的看法广泛一致,参见 Coby (1987),23; Goldberg (1983),4 and 11 n. 4; Morrison (1941); Nails (2002),359; and Wolfsdorf (1997),223-230。

比较《阿尔喀比亚德后篇》138a1），并强调说，他虽然观察他很久了，但"跟他甚至没讲过一句话"（οὐδὲ προσεῖπον/oude proseipon：103a1-b1）；《阿尔喀比亚德前篇》"开篇即是他[苏格拉底]大胆开口，首次称呼这位年轻人，此前他许多年（如其所言）都只是看他，而一语未发"（Bruell 1999，20；比较 Lampert 2010，129 n. 149 and 143-144）。

依朗佩特所言，同样未必正确的是，所谓《普罗塔戈拉》中的苏格拉底从未跟阿尔喀比亚德讲过话。如朗佩特自己所言，苏格拉底提到，就在走向智者之前，"我们"还花了一点时间"谈论了些小的事情"并达成了一致（*Protagoras* 316 a6-7），这里的"我们"，朗佩特强调说就"包括了阿尔喀比亚德在内——在第一节关键性的与普罗塔戈拉的谈话，阿尔喀比亚德是在场的"（Lampert 2010，36）。这样来看，阿尔喀比亚德就在苏格拉底与之私下谈话的几个人当中。那又为什么要坚称，苏格拉底与阿尔喀比亚德在这里没有讲过话？

无论如何，在《普罗塔戈拉》这一剧情时间里，他们两位彼此已经很熟了，显然在《阿尔喀比亚德前篇》中他们还未如此：到《普罗塔戈拉》时，苏格拉底与阿尔喀比亚德的关系已造成流言蜚语了（*Protagoras*，309a1-2），并且（如文本所示）阿尔喀比亚德作为一位熟人，一再为苏格拉底助攻（比如看 336d3：阿尔喀比亚德认为在他位置上要出来"作证"，苏格拉底说什么自己健忘，不过是他的一个玩笑）。

举证说"事实上，《阿尔喀比亚德前篇》中许多或大或小的要点，都在重复与放大阿尔喀比亚德从苏格拉底与普罗塔戈拉的谈话中听到的内容"，从而来证明《普罗塔戈拉》更在先，这反倒让人怀疑可以轻易说，那些要点是先被提到，再被重复并（从而）总结于《普罗塔戈拉》。朗佩特两次强调说（126 n. 146 and 143-144），在《阿尔喀比亚德前篇》的最后，阿尔喀比亚德宣告他们彼此的角色将会反转——从此以后很可能是他来追求苏格拉底，而不是苏格拉底来追他——这里所指，就不是《普罗塔戈拉》中的情形（also Zuckert 2009，217-218 n. 5）。

可是，说在《普罗塔戈拉》中苏格拉底"试图赢得阿尔喀比亚德的欢心"（Lampert 2010，36），或苏格拉底是他的"追求者"（126 n. 146），这都很不正确：这恰是那位"友伴"不正确地想当然，对此，《普罗塔戈拉》全文都在反驳——事实上，苏格拉底出现在卡利阿斯的家中，这与阿尔喀比亚德毫无关系——并且,苏格拉底对这一想法当然也是当头浇了一瓢冷水,他对这位友伴说他几乎就忘记了阿尔喀比亚德也在场(309b7-9)。《阿尔喀比亚德前篇》中,苏格拉底在与阿尔喀比亚德谈话之后,就再未追求阿尔喀比亚德,这一点可以通过细读该篇对话来获得解释:

> 《阿尔喀比亚德前篇》本身就有充足的暗示表明,苏格拉底对谈话结果并不甚满意,他认为谈话所留给阿尔喀比亚德的印象并不深刻,就并不十分看好这位年轻人真正的前景。(Bruell 1999,20)

普罗克洛斯(Proclus,1965,3-5)与法拉比(Alfarabi,2001,53-54)都在他们的《阿尔喀比亚德前篇》评注中说,该篇是柏拉图全部作品中的首作。再请参见科比(Coby,1987,189 n. 18),他论证说《普罗塔戈拉》后出于《阿尔喀比亚德前篇》。

固然,《巴门尼德》的叙述者为我们呈现的苏格拉底"非常年轻"(127c5)——可能还不到二十岁——但这一叙述很可能发生在多年以后,并且无论如何,对话之时的苏格拉底还未开始他那著名的[9]"转向",亦即从探究自然转向考察人世关切(human concerns),那是道德与政治生活的特质。也就是说,如苏格拉底自己表明于《斐多》——那场对话发生在他临刑的当天,该篇也是由《泰阿泰德》开启的系列对话的最后一篇——曾经他特别有兴趣探究自然,这是他青年时代的特点,但在后来某个时间,他就弃旧从新了,转而关注"言辞",或至少形式上是关注于"言辞"。转向"言辞"或他的同类们在言语中表达出的意见,这一点完全符合于苏格拉底这一人物形象的最典型特质,我们从柏拉图所有或绝大多数对话中看到的莫不如此——这位人物因自知无知,就在广场上或在其他地方,一再向他人提问"什么是……?"正是这一提问让他后来声名狼藉(比如《美诺》,79e7-80b7)。如果苏格拉底自己并不知道这些问题的答案,但他同样可以向自己,并向至少部分对话者证明，他们也是无知的，比如关于德性与高贵的特质，这些正是"什么是……?"这一提问所指向的内容。

　　所有这一切等于说，苏格拉底从自然哲学或科学"转向"现在所谓的道德与政治哲学——我们的主流意见称作最重要的"人类事务"——这似乎发生在早于《普罗塔戈拉》的某一时间点，可能就在此前一个非常近的时间点。对此处讨论来说，可能更重要的是，苏格拉底对于"言辞"的新兴趣就相伴于，也很可能作为背后主要动机推动着他对年轻人的热烈兴趣——特别是对阿尔喀比亚德，至少早就开始了，此外大约同一时间也关注着卡尔米德（Char-mides）（参见《卡尔米德》153a1-2：该篇剧情时间大约在公元前429年，亦即并不太晚于《普罗塔戈拉》；并参见《普罗塔戈拉》315a1-2）。① 从《阿尔喀比亚德前篇》及《阿尔喀比亚德后篇》我们得知，苏格拉底确实曾经一度追逐阿尔喀比亚德，试探并使之心猿意马——以至于他对这位年轻人的兴趣，已显然是雅典城一些人常挂嘴边的笑谈了：

　　　　或者你真的是刚刚还在追逐正值青春貌美的阿尔喀比亚德?

　　《普罗塔戈拉》文本再往后，年轻的希珀克拉底（Hippocrates）虽在苏格拉底看来最多不过是一位"友伴"（313b1，c8），但他却对苏格拉底异常亲近，比如，他自认为苏格拉底会兴致勃勃听他讲自家的事（310c3-5），并且天还没亮就把苏格拉底从床上喊起来，对此他全无一点歉意，他要苏格拉底领他去见普罗塔戈拉，"一位只顾自己有智慧的人"（310d5-6）。

　　对话的友伴想当然认为，苏格拉底对阿尔喀比亚德的兴趣，是

―――――――――

① 关于《卡尔米德》剧情时间，参见例如 Nails（2002，359），Zuckert（2009，9）。

走希腊习俗的常规路线,正是在此习俗基础上,[10]他那样批评了苏格拉底。但在《会饮》中——也是下一部(第四部)苏格拉底与阿尔喀比亚德的故事,且是该系列的最后一部——柏拉图却让我们看到,这位友伴的想当然多么错误。在那里,已成年的阿尔喀比亚德承认——以当时的状态,他很可能坦诚相告——是他①在追逐苏格拉底[而非相反]②,但令他惊奇又恼火的是,苏格拉底竟然对他的魅力无动于衷。某次求欢眼看就要成功,实际来讲是阿尔喀比亚德设法终于和苏格拉底两人独处,苏格拉底竟然只像父兄那样待他(《会饮》219c6-d2 及上下文)。但在《普罗塔戈拉》中,苏格拉底并不想直白反驳这位友伴的批评或其背后的想当然。苏格拉底远非断然否认,他之所为与希腊惯常习俗(the usual Greek convention)有什么关联,相反,通过不加否认,他暗中同意是这么回事,并且还为他明显犯有这一不正之行而求援于习俗的当然权威(the conventional authority)荷马:

> 你不是赞颂荷马吗?荷马就说,最风雅的年华[令人欣悦的]是须髯初生之时,这不正是阿尔喀比亚德现在的年纪吗?(309a6-b2)

这样求援很见效。友伴停止了批评(无论其批评多么戏谑),但他对评判事情的习俗规则的理解并未改变多少,亦即私情如果是被允许的,那么阿尔喀比亚德就必须只是一个"年轻小伙"或者还是"大男孩",而不能已是一个"大男人"(请对比 309a3 与 b4)。于是这位友伴就继续沿着通常的问法,问他们俩相处得怎么样——在他的理解里,他们就是求爱者与被爱者,追求者与被追

---

① [译注]原文以斜体表示强调,中译以楷体显示,下同。

② [译注]系补入,以使文意畅通,格式上则加[]并以仿宋体显示,下同。

者。对这一误解，苏格拉底不想去多理会（请对比《泰阿泰德》143e6-144a1 及上下文），这或许是因为，对于这位友伴，此事的真实情况并不易理解，或者不易接受。

为了理解柏拉图在《普罗塔戈拉》开篇处的意图，我们必须努力对这位友伴摸摸底。一方面，这位友伴对苏格拉底当然很友好，得知普罗塔戈拉在雅典，他很兴奋，并且确实急切想听一听刚刚结束的苏格拉底与普罗塔戈拉的相会。或许可以说，这位友伴不但对哲人苏格拉底很友善，而且他自己对思辨性事物（things theoretical）也有相当的兴趣。显然他并非一个大老粗。另一方面，这位友伴对苏格拉底的兴趣，究其实又未超出流言八卦多少，他敬重荷马，重本土而轻外域（309c9-10），彻彻底底是个习俗中人，并且他也是全篇对话中最后一个得知普罗塔戈拉到了雅典，到现在已是第三天；甚至年轻的希珀克拉底都知道得比他要早（请对比 309d3-5 与 310b7-c7）。① 不过，既然这位友伴或其他在场的人，没有谁中途打断苏格拉底的叙述，或在他结束时作过什么评论（请对比《欧绪德谟》290e1-293a9 与 304c6-307c4；《斐多》88c8-89a8），[11]我们也就无从知道，这位友伴最初的热情是否一直保持到了最后，或更笼统地说，无从知道他（或其他人）对这一叙述的印象如何。

那么，苏格拉底又为何有兴趣向友伴及其他人完整重述此前之事呢？无可否认，他有这样的兴趣。他欣然同意来讲刚刚进行的那场对话，那场对话一定持续了好几个钟头，那么现在重述就要更多的时间——况且他昨晚并没有完整睡个好觉[凌晨就被打扰]，此外就我们所知，直到现在还没吃什么东西（310a8-b3）。固

---

① 当苏格拉底开始向那位友伴重述那天早上所发生之事时，先向他们介绍希珀克拉底，提到希珀克拉底父亲的名，这也是惯例，以及希珀克拉底的兄弟法松（Phason），他这位兄弟更早知道普罗塔戈拉到了雅典，但完全没有兴趣去拜见这位大智者：法松仅仅在晚饭后随意提及此事而已。苏格拉底没有想当然以为那位友伴就认识希珀克拉底，倒是他那位兄弟，仅对普罗塔戈拉到达雅典有过三分钟兴趣的法松，或有可能更为这位友伴所知。

然,确实是这位友伴拉他讲话,但并非不可能的是,苏格拉底看到这里聚了一群人,就一头扎了进来。显然没有地方暗示,这群人有必要招呼苏格拉底过来,或者就强迫他(请对比,比如,《卡尔米德》153a6-b6,更不必说《王制》327b2-8;《普罗塔戈拉》335c8-d1);苏格拉底说,他将很感谢这群人,如果他们要听他讲他的故事(310a5)。事情是否可能是,就开篇两页所能发现的而言,这位友伴的品性(character)虽不足以使之成为绝佳的对话者,但却可以是个极好的听众? 对比来看,苏格拉底并没有兴趣单独去见普罗塔戈拉——两天前他来到雅典,苏格拉底当然是第一时间就知道了(310b8-9及上下文)——现在被拉去见他,仅仅因为希珀克拉底鲁莽急切地要去找这位著名的智者跟他学习。当然,重复一句,苏格拉底显然愿意答应友伴的请求,来重述这样发生的事,但谁又能否认说,如果不愿意,苏格拉底可以回避这一请求呢? 再回到我们的问题:苏格拉底何以有兴趣做一位尽职尽责的讲述者?

简要总结一下《普罗塔戈拉》中的情节,会对此提供一个答案。苏格拉底陪着年轻的希珀克拉底前往卡利阿斯家里,看起来是送学生去找智者,但实际发生的情况是,他使普罗塔戈拉不得不接受一场灾难性的问答检验,主题正是普罗塔戈拉自诩为专家的事情,亦即德性;苏格拉底这么做,就给在场的青年们当头浇了一瓢冷水,希珀克拉底则是其中之一,他们原本迫不及待要支付一大笔钱,以获许可,从学于普罗塔戈拉。如果暂且接受通常的看法,即智者作为一个群体,其价值是有待商榷的(of dubious worth),甚至他们还是诚实的——《普罗塔戈拉》对此看法还助力不小——我们可以得出结论说,苏格拉底远非"败坏青年",他是在挽救青年免于败坏。①

---

① 科比(Coby,1987)提出,"有证据表明,该篇对话的意图之一即是让苏格拉底去除掉他不光彩的名声[即爱恋少男],对话开头就揭示了这一点,如其自言,他在抗击智者术带来的败坏,保卫青年的德性"(20)——虽然我们一定要补充说,当在此被提到这一不光彩之名时,苏格拉底并未抓住机会为名声而争辩。

开篇的短暂对话提及阿尔喀比亚德,即在强调《普罗塔戈拉》从一开始就关注青年的教育与败坏问题;它尤其关注苏格拉底与青年们的交往,[12]这一交往看起来有那么一点"不对劲儿"(亦如那位友伴以他的方式暗示如此),并且无论如何这一交往让苏格拉底惹得一身麻烦,尤其是与克里提阿(Critias)、阿尔喀比亚德的交往(请参阅比如色诺芬《回忆苏格拉底》1.2.12-47;《普罗塔戈拉》316a4-5 中,阿尔喀比亚德进入卡利阿斯家中,即是克里提阿陪同)。这位友伴既对苏格拉底很友善,又热衷于闲聊八卦,他就扮演了一位绝佳的中间人,以向其他人讲述苏格拉底这次为了希珀克拉底而与智者交锋,这场交锋是苏格拉底在雅典社会精英(他们的二代)面前,与普罗塔戈拉展开的一次场面壮观的较量,年长而享有盛誉的智者面对更为年轻的苏格拉底输得很惨,很清楚苏格拉底正在冉冉上升(361e2-5),但还远未到达巅峰。柏拉图让我们见证这一则短剧,就在鼓励我们反思苏格拉底如何关切自己的声誉,以及他有时会采取何种做法去获得一个好的(或更好的)名声;总体而言,这篇对话呈现了某种这样的关切(请参阅 343b7-c3,及本书下文第 213 页①)。当然,柏拉图写作《普罗塔戈拉》,也在积极进行这样的反思。

那么,这位友伴的出场,就可以有助于观察苏格拉底(以及柏拉图)如何关切他作为青年"败坏者"的名声。但这也可能妨碍我们进入苏格拉底与普罗塔戈拉的对话。原因很简单——通常我们与人交谈时,大多数人在大多数时候,讲什么、怎么讲都可能有意无意中因人而异,这么做非常合理,无论是为对方考虑,还是为了自己,或者兼而有之;苏格拉底最自觉地且一以贯之地遵循这一通常原则。无论如何可以肯定的是,苏格拉底讲话因人而异,多少有点像那位被他很快引以自比的足智多谋的人——奥德修斯(色诺

---

① [译注]指英文原著页码,即本书中括号[ ]中的页码,下同。

芬《回忆苏格拉底》4.6.13 - 15,《普罗塔戈拉》315b9,c8 及上下文；并参阅《王制》450d10 - 11；以及《普罗塔戈拉》316b3 - 4：普罗塔戈拉最一开始就对与谁以及如何对话这一问题很敏感）并且柏拉图坚持要我们明确看到,是苏格拉底在把他这次历险讲给这位友伴听的——一位属于某种品性或类型的人。

　　我们可以不失公允地说,基于柏拉图精心挑选置于我们面前的证据,这位友伴并非拥有最好的品性,亦非最杰出的一类人。所以,唯可期望的是,苏格拉底只强调了这次对话的部分特质,以及与之相关的一些情节,比如可能是那些能让这位友伴感兴趣或使他留有最深印象的方面,但与此同时完全略去了另一些方面：苏格拉底有三处特别提到他另外进行了一些讨论,[13]但又没有明说讨论了些什么(314c3 - 7,316a6 - 7,348b1),正如他并未和盘托出普罗塔戈拉的所有评论(比如 333d1 - 3)。还有一些苏格拉底偶尔增添的评论,当然首先就是说给这位友伴听的(参见首要显例 339e3 - 4)——比如说,在他印象中希珀克拉底是如何勇敢与莽撞(310d3),又如,在对话过程中普罗塔戈拉随着势运的上升与跌落,而在情绪上有着怎样的戏剧性变化(比如 333e2 - 5,335a9 - b2)。

　　《普罗塔戈拉》全卷三节,划分则很不平均。第一节最短,我们看到苏格拉底开始与友伴及其他人交谈(309a1 - 310a7)；第二节稍长,苏格拉底讲他一大早见到希珀克拉底(310a8 - 314e2)；最后一节,也是漫长得多的一节,苏格拉底细说他在卡利阿斯家中与普罗塔戈拉的对话(314e3 - 362a4)。这样,从字面上看,希珀克拉底一节居于中间。若不考虑希珀克拉底这件事,就无法理解苏格拉底为何有兴趣与友伴交谈,同样,若不再次回到希珀克拉底,就无法理解苏格拉底为何有兴趣去找普罗塔戈拉谈话：苏格拉底的愿望是救出已被智者紧紧捕获的希珀克拉底,并且他很想重述,也实际重述了他的这一成功之行。现在就让我们来看希珀克拉底。

开始重述(310A8-314C2)

这一天的故事开始于天亮之前。年轻的希珀克拉底在与苏格拉底好一番对话之后,才开始步入光亮之中(310a8,312a2-3)。这不禁让人想说,希珀克拉底知道自己处于无知的黑暗之中,也因此渴望着开明/启蒙(enlightenment);而且,他以如此令人钦佩的热情寻找到了一种教育,因为他知道,或感觉到自己深深需要一种教育。所以他就在所熟识的人当中,求助于一位看来掌握有通向名副其实的真正教育的钥匙的人:苏格拉底。更合乎事实的说法是,相比于把苏格拉底当作实际的或潜在的老师,希珀克拉底更多把他当作一位友好的自己人——显然他并没有把苏格拉底当作智慧的人(再参阅 310d5-6)——而且,他追求的主要不是一种教育,而是要获得一种技艺性的才干(a certain technical skill);事实上,他寻求的并非"智慧",而是"能言善辩"的能力(请比较 310d5-6 与312d6-7)。希珀克拉底对普罗塔戈拉的了解仅止于"所有人都称赞他",并且(或因为)人们都断言他"于言辞最有智慧"。据希珀克拉底自己承认,他从未见过罗普塔戈拉,也未听过他演讲,因为这位最伟大的智者上一次到访雅典时,他还是个孩子(显然普罗塔戈拉在那一次认识了苏格拉底:310e3-5,361e2-5)。

[14]希珀克拉底急于行动而迟于思考,这清楚表现在他等不及天亮就冲到苏格拉底家里,场面很有谐剧性——他脱口而出的第一问,也是向着还在睡觉的人发出的最傻气的一问;正如苏格拉底向友伴介绍,希珀克拉底的确是"勇敢[或充满男子气的]而冲动的"。联系就要展开的下文,甚至可以稍带夸张地说,希珀克拉底的守护神是厄庇米修斯(Epimetheus),那位"事后之见者",因为当苏格拉底追着要他说清楚,到底想从智者普罗塔戈拉那里学到些什么,希珀克拉底顿时语塞;他甚至无法分清楚,到底关于什么

主题,他将会学得能言善辩(312e5‑6及上下文)。对于他可能要发表的言辞,希珀克拉底更感兴趣的不是言辞的实质或它的内容,而是言辞能达到的效果:根据苏格拉底向普罗塔戈拉首次介绍希珀克拉底的话,这位青年"想要闻名于城邦(ell ogimos,*ἐλλόγιμος*)"(316b10‑c1)。亦是说,希珀克拉底受到强烈的政治野心的驱使,要以苏格拉底为跳板,一跃进入智慧者或能言善辩者普罗塔戈拉的圈子,从而获得十分重要的擅长说服的言辞技巧,这将是在民主政治的雅典博取耀眼的政治生涯的前提条件。

苏格拉底不客气地批评了希珀克拉底想要从学于智者(311a8‑314b4),其话语中包含一种含义甚广且深刻的讲法,即寻求教育就内在地包含着种种危险,所寻求的"学识"是培育灵魂的,或为灵魂提供营养(313c6‑7),其来源不仅仅是某一个普罗塔戈拉,也可能来自"任何其他人"(313e5)。相比起来,各种食物或饮品在售卖时都被保证说有益于身体——这些东西可以盛于容器中带走,而非直接进入身体——但通过教育而获得的学识,就直接进入灵魂自身当中,而不会是放在别处,有益或有害都已成定局。讲到寻求教育可能遭到的危险时,苏格拉底从头到尾并没有提出说,所获"学识"的好与坏、有用与无用(chrēston,*χρηστόν*; ponēron,*πονηρόν*)有赖于它们是真理还是谬误(313d2,d8,e3‑4)。苏格拉底这一做法作为事实至少并不矛盾于这样的想法,即有些真理可能是无用的,或是有害的,有些谬误则可能是有用的,或者有一些益处。那么原则上有可能的是,希珀克拉底从普罗塔戈拉或其他人那里学到的一项或多项真理可能有害于他,同样也有可能的是,他学到的谬误会给他带来一些益处。

在我们现时代,很难严肃对待这种可能性,这或许因为,比如说,我们坚信真理让人得到自由,或者——仅限于政治语境——我们深深执着于这样的信念,即在完全的真理与健康政治秩序的要求之间,[15]存在完美的和谐:对于人类以及这个世界的每一条纯粹洞见,其发现及其必然的传播,一定会增加每一个人的收益,并因此有益于全体。然而,尽管苏格拉底与普罗塔戈拉彼此之间有许许多多的根本不同,但他们都一致认为,寻求教育这件事很有危险——虽然苏格拉底在此很典型地强调危险在学生一边,普罗塔戈拉则指危险在教师一边,亦即他自己(316c5-317c5)。要想理解《普罗塔戈拉》的核心问题,就不可能不至少持有一种开放态度看到这一思想,即一种名副其实的"启蒙"可能仅仅充分实现于个人,而非共同全体(暂且不说教育给这样的个人带来什么危险)。与此对照的是,希珀克拉底看来认为,无论从普罗塔戈拉那里学到什么,当然都会有助于他的政治生涯;他所不知道的事实是,智者这个圈子里有一些学生——确实是最出色的那一些——跟从学习的目的是自己将来以智者术求取营生。"曼登人安替莫洛斯"(Antimoerus the Mendaean)可能出生地是曼登(Mende, in Chalcidice),但他再也不属于曼登城邦了,已是一个永远的异乡人,就像他要接替的那位游走异乡的老师。

实际上,普罗塔戈拉的学生或追随者中,"大多数人"都是异乡人,"受蛊惑"于普罗塔戈拉那种俄耳甫斯般的声音,追随着他从一个城邦到另一个城邦,也因此把亲朋故旧一概弃之身后。苏格拉底则因为几乎从未离开过雅典,也就没有这样的城邦外的影响力;但正如色诺芬所清楚表明的,苏格拉底在雅典对青年人的影响力,的确与之不相上下。(《居鲁士的教育》,3.1.14,38-40;亦请参阅《回忆苏格拉底》1.2.9-11对苏格拉底所受指控的一点点回应。)

获得教育很难,其中一部分原因肯定在于,要做学生的人尚未获得必要的东西来正确判断灵魂,以及判断它需要什么或要求什么,并因此对于送上门来的"教育",也就无从判断。这一困难看来没有解决之道:对于宣称是他们最需要的东西,这些学生却不能判断其价值。苏格拉底在口头上解决问题的办法,是劝告希珀克拉底去求教于父兄(但请对比于310c6-d2)以及"好友"(313a6-b5);

如此重大之事,不可托付于苏格拉底与希珀克拉底这样的人,原因是他们"还太年轻,不足以定夺"此事;相反,他们应当求助"长者"一道检验审查此事(314b4-6)。但实际上《普罗塔戈拉》并没有讲过有这样的审查或咨询。甚至不能说,苏格拉底与希珀克拉底在听完普罗塔戈拉之后,还就智者之教的优点咨询过其他在场的"智慧的人"——其中就有希琵阿斯(Hippias)与普罗狄科(Prodicus)(314b6-c2)。

[16]苏格拉底解决获得教育之难这一问题,在实际行动上则是自担重任,前往检验一位可能的教师。那么,这实际上是苏格拉底在代劳了,这原要父兄、友伴与尊长者们来承担的(就希珀克拉底这一例来说,他的这些人或者无能于此,或者放手不管他)。有一点很清楚,若是求教于尊长或家人,那么就已假定,他们已先得到过这一教育,充分受惠而灵魂健康,但这样的假定并没有理由。根据苏格拉底,要判断一项自封为教育的教育价值如何,(仅仅是)兄弟或尊长者还不够,还得(同时是)"灵魂方面技艺高超的医生"(313e2,请参阅色诺芬《回忆苏格拉底》1.2.51)。就身体而言,体育教练或者医生可能提供帮助,亦即说,像他们这样的人懂得如何使健康的身体一直保持健康,或懂得使生病的身体恢复健康;就灵魂而言,苏格拉底仅仅提及技艺高超的医生:在此没有与体育教练对应的角色(请比较313d4与313e2)。这是否在说,每一个灵魂在经历苏格拉底所谓正确的教育之前,都并不健康,从而需要远远超过教练的照料——即是说,我们所有人一开始都缺乏健康,因此都需要一位"灵魂方面技艺高超的医生"?我们观看与聆听苏格拉底如何审查普罗塔戈拉,从而见证到这样一位医生如何进行适合他的这项工作(请思考苏格拉底在352a2-b1对比喻的选择)。这就意味着,《普罗塔戈拉》至少列举了真正的教育所当包含的一部分关切或问题。"青年教育"这一提法虽不无宽泛,但对于比较哲学家与智者,比较苏格拉底与普罗塔戈拉,它似乎是最好的由之开

始的主题。

在尝试引导希珀克拉底回答出他如何理解智者，以及智者教育的根本何在（nature），苏格拉底提出几个教师的例子供希珀克拉底参考。为了成为医生，人们可以前往作为医生的希波克拉底（Hippocrates）那里，为了成为雕塑家，人们可以去找波利克里托斯（Polyclitus）或斐迪亚斯（Phidias）。正如我们把斐迪亚斯称为"雕塑家"，把荷马——苏格拉底补充说——称为"诗人"（311b2-e4），那么，普罗塔戈拉是什么人？我们当然把他称为"智者"，对此普罗塔戈拉本人也完全坦言相告（317b3-6）。但要频繁造访一位智者，使自己也成为一名智者，仅仅想到这里就让青年希珀克拉底面红耳赤了；在第四次但非最后一次起誓后，希珀克拉底承认说，他羞于以这样的身份出现在希腊同胞面前（请对比315a3-5）。

希珀克拉底的脸红是不是表明，甚至连他都认为，智者以及这种生活之道的某些方面有失体面？[17]如果是这样，那就很难说，"所有人"都赞扬这位人物（请参考《美诺》91b6-92c5，尤其91e3处对普罗塔戈拉的提及）。由此，希珀克拉底是否就认为，若要在政治上获得成功，就不得不从名声不好的一类人那里学点名声不好的东西？可能他的脸红只不过意味着，普罗塔戈拉因为长期客居异邦，也就没有政治权力，但希珀克拉底却想满足自己的政治野心，因此他并不想自己成为普罗塔戈拉那样的人。智者的职业远非品第最高而足当真诚羡慕，所以，无论它怎样有助于达到最高等的目标，希珀克拉底哪怕只要想到从业于智者这条路，他都感到难堪或羞耻。但无论如何，希珀克拉底显然感到解脱的是，如苏格拉底自己立即表明的，从学于某位教师并不必然就希望自己以后也走这条路，这毫不奇怪，比如我们学习读书写字，但目的并不是成为教授文字读写的教师，而是为使自己能读会写，以相称于一个自由人（free），一个真正自由的人（a truly liberal）（312b4）。

无可否认，有人寻求医生的教导以成为医生，但有人寻求荷马的教导,却并不为了成为一个诗人。那么,在苏格拉底所列举的教师系列中,就存在着某种类别上的区分,某种差异。荷马之所教,不同于且远胜于一个自由人力所能及的某种技艺;他所教导的,是对这一自由的真正的或最高等的运用;他给出的是人之卓越的范本,是一个人在生活中,在大事上,甚至也在细节上所展示出的真正的行动(再请参考 309a6 - b2)。那么,智者们或者他们当中最杰出的人,可能就完全不是教授某种特殊技艺例如雕塑家那种,相反是可以比肩甚至超越于荷马所教授的一种综合性的智慧。不过,接下来普罗塔戈拉立即要讲一种奇怪说法,据之,荷马实际上是一位隐藏的智者。而且我们也将看到,恰恰是作为一位隐藏的智者,荷马在"善于谋虑"这一点上就不如普罗塔戈拉(316d7 及上下文)。

卡利阿斯家中的开场(314C2 - 316A7)

当苏格拉底与希珀克拉底来到卡利阿斯门前,二人先完成了一次谈话,但其内容,苏格拉底则没有重述透露。然而卡利阿斯那个常设的门岗,一位焦躁异常的阉人,却着实听见了,并得出结论,这些人也都是智者——对于大多数(而非全部)不知情的人而言,苏格拉底与智者并无二致。[18]哲学家与智者有一种表面上的亲缘关系。苏格拉底当然完全拒绝被这样等同(314d8)。这样,随着这位看门人的不情不愿并抱怨不已,苏格拉底与希珀克拉底终于获准进门。显然,要进苏格拉底的门,那要容易得多,任何时间都可以,但想进卡利阿斯的宅门,哪怕时间很合适,也相当不易。相比之下,苏格拉底是一本敞开的书,他无所隐瞒。但卡利阿斯呢?

苏格拉底为友伴重述进门后的情景。首先看到的是普罗塔戈拉,他正在廊柱下踱步。所遇三位智者中,只有普罗塔戈拉一人在运动之中,希琵阿斯坐着,普罗狄科则还在床上,裹着许多毛毯。普罗塔戈拉在运动中,这可能正合适,因为《泰阿泰德》中苏格拉底首次介绍普罗塔戈拉对于知识的看法时,我们听到,学习本身是一种运动,可学的东西正是通过运动才为我们所得,并得到保存——在普罗塔戈拉看来,学习与运动在某种意义上彼此相联(《泰阿泰德》153b9‐11)。普罗塔戈拉虽然已经年纪很大——他将告诉我们,在年龄上他可以做在场任何一位的父亲——但他精力过人,这一点上,他大大区别于普罗狄科(还可以看 317d10‐e2;普鲁塔克,*Whether an Old Man Should Participate in Politics*, 15 [791e])。普罗塔戈拉很享受最多的人上来众星捧月,这当中就有几位雅典的显要人物:东道主卡利阿斯、伯里克利的两个儿子、柏拉图的舅舅卡尔米德。簇拥着普罗塔戈拉的,首先是最内的一圈——左边三个,右边三个;紧跟着的一群,则主要由外邦人组成,也包括几位雅典本地人。

　　这样,普罗塔戈拉的听众就有两部分,最紧密的人,以及稍远追随的人。确实,这后一批人主要是外邦人,他们"受蛊惑于"普罗塔戈拉的言辞,追随着他从一个城邦到另一个城邦,而且可以想见,他们很方便多遍聆听普罗塔戈拉。但他们并非能特别接近这位智者,对此至少安替莫洛斯是一项证明,前文我们出于必要而提到过他("他是普罗塔戈拉学生中最被看好的一位,正在学习这门技艺,将来他自己就要做智者"[315a3‐5]),这位安替莫洛斯就不在尾随其后的一群人当中,而是内圈里的一位听众。那是否可说,有些人尽管多次聆听普罗塔戈拉,虽然也很快乐或很迷醉,但却依然无法进入内圈,比如说也成为智者?这种可能就构成第一道暗示,即普罗塔戈拉讲话可能会因人而异,或者说这可能就是一道先兆,标示普罗塔戈拉的讲话有着特别"聪明"的特点。同时在场的另两位智者,我们则没有听说谁的听众会有类似的区分。

　　[19]苏格拉底接着看到——"在他之后,我看到"(引自《奥德

赛》11.601）——在廊柱的另一头，希琵阿斯坐在高座椅上。他的追随者要少得多，其中有厄律克马库（Eryximachus）与斐德若（Phaedrus），他们也时常出现在宽泛而言的苏格拉底的圈子当中，另外还有雅典人安德罗（Andron），这即后来公元前 411 年在雅典短暂掌权的"四百人"寡头中的一位（还请参见《高尔吉亚》487c，该处说，他与卡利克勒斯[Callicles]一样认为真切追求哲学是有害的）。苏格拉底看到的第三处亦即最后一处是普罗狄科——"我也看见坦塔洛斯（Tantalus）"（《奥德赛》11.582）——也由一群雅典人与外邦人围着，其中有泡萨尼阿斯（Pausanias）及其同伴——一个很年轻的少年，在苏格拉底看来，真是天性高贵美好，当然也容貌俊美秀丽，苏格拉底确信他名叫阿伽通（Agathon），如我们在《会饮》中所知，他后来成为肃剧诗人，夺得赛会大奖。讲完三位智者以及各自的追随者之后，苏格拉底说，阿尔喀比亚德进来了——"貌美的阿尔喀比亚德，如你所说的，我也同意"——克里提阿跟在一起。

因此，这两位年轻人没有谁跟从了其中哪位智者，但来到卡利阿斯家之前，他们都未得知甚至也并不希望苏格拉底也在这里：若非碰巧希珀克拉底要来，苏格拉底也不会到场。虽然阿尔喀比亚德与苏格拉底很友好，并且当天对话中，他也确实非常帮助苏格拉底（请比照 309b6-7 来考虑 336b7-d5 及 347b3-7），但他并非像希珀克拉底那样是苏格拉底的同伴。此时阿尔喀比亚德或许正在寻找苏格拉底之外的能引导他的东西，比如从智者那里——再次听到他的时候，他在跟着普罗狄科（317d10-e2）。那么，由此或可看出，他与苏格拉底的关系一定程度上冷淡了，虽然不一定分了手。

纵观一下苏格拉底对卡利阿斯家中场景的叙述，我们发现，苏格拉底颇受紧跟普罗塔戈拉的人群所吸引，那是个谐剧场面，不禁让人失笑，可能太受吸引以致他竟未描述一下普罗塔戈拉本人（尚未能以一席讲话让听众呆如木鸡），也未指出当时所有人都侧耳倾听的讲话是什么主题。仅仅在讲到被形容是"智慧如神一般的"普罗狄科时,苏格拉底说他想听听他们正在谈什么(但未能实现),因为普罗狄科声音太小,难以听清(请看 340e8‑341a4)。仅仅讲到第二位亦即中间人物时,苏格拉底说出了讨论中的主题:希琵阿斯正详细回答天文学问题,关于"自然与天上的事物"(315c5‑6;再请注意 318d9‑e4 处提及的天文学)。

[20]苏格拉底援引了奥德修斯的话,他曾有过著名的哈得斯(Hades)之行,那是希腊人所称的冥府,苏格拉底这是在暗示他自己即是另一位奥德修斯,希琵阿斯近于赫拉克勒斯(Heracles),普罗狄科则像是坦塔洛斯,更一般来讲,卡利阿斯的家像是哈得斯冥府。如果按照谐剧家的逻辑,最后一项暗指颇有意味:卡利阿斯与哈得斯一样,各自都在自己家里暧昧难分地同时养着妻子及妻母。[①] 至于苏格拉底,他若是自比于狡猾的或足智多谋的奥德修斯,其人渴望懂得人类的心智与生活之道(the minds and ways),这样类比倒不足怪。至于希琵阿斯与普罗狄科各自的类比,则颇为费解。也可能只是为了好玩而已。是否可能是,普罗狄科就像坦塔洛斯那样,虽然归于人类,却在某种程度上被接纳为诸神当中同等的一员,但因"口无遮拦"[不受控制的:akolaston /ἀκόλαστον]而泄露了诸神的秘密?(欧里庇得斯《奥瑞斯忒亚》8‑10;请参考《普罗塔戈拉》341e6‑7 及上下文)但显然普罗狄科在此没有这样泄露秘密。至于希琵阿斯与赫拉克勒斯的类比,则更难解。普罗狄科‑坦塔洛斯与希琵阿斯‑赫拉克勒斯这两组类比的近似程度,的确让人想起普罗狄科最为著名的一段话,完整见于色诺芬《回忆苏格拉底》——普罗狄科让赫拉克勒斯面临两项选择,一者德性,一者邪恶,各代表一种不同的生活之路。普罗狄科让两位美貌或

---

① See Andocides *On the Mysteries* §§ 124‑27 (Macdowell 1962) and Strauss (1970, 157‑158).

至少诱人的美人各为一方，分别代表两种生活，让她们讲述自己生活之路的理由。邪恶一方说，无论她的敌人怎么说她，她真正的名字叫作幸福，并描述了一条将得到享乐与真正好的或有益之物的道路。

德性一方则并未如此暗指敌人会如何说她，她首先应许，通过奉献于诸神、朋友、城邦与希腊，将获得任何高贵与威严。仅被邪恶一方打断讲话时（《回忆苏格拉底》2.1.29），德性一方才明言，在通往高贵的路上，富于德性者虽要付出艰辛与汗水，但他将被许以最令人享受的妙音与美景，甚至最为美味的饮食与睡眠——总之，富于德性的人们自身将获得"最为欢乐的幸福"（《回忆苏格拉底》2.1.33）。看来赫拉克勒斯选择了德性之路。无论如何，他受到了德性美人的教育，或有得于她。在题有希琵阿斯之名的两篇柏拉图对话中，很清楚希琵阿斯选择了德性一方所讲的那种德性之路——比如说，他是服务于母邦的杰出外交使者——尽管事实的一面是，他依然没有明白高贵或者美到底是什么，或它深深的吸引力到底源自哪里，[21]而这恰是德性美人所代表的德性的核心，或者说是其所倡导的生活之路的核心。

在卡利阿斯的家这一别样的地府里，满满地挤着智者及其信众，守门的阉人凶神恶煞一般，典型的来自蛮族之地的异类，在这里，外邦人带着他们的异域方式，轻易就混同于雅典社会的精英或其青年英华们当中——这当中包括一位就要崭露头角的诗人（阿伽通），两位将来的"僭主"（克里提阿、卡尔米德），一位未来的寡头（安德罗），一位将震惊世人的雅典叛徒（阿尔喀比亚德），当然还有一位将被判处死刑的哲学家。因卡利阿斯的挥霍而营造的这一超乎寻常甚至堕落的气息里（柏拉图《苏格拉底的申辩》20a4-6，色诺芬《会饮》1.5），似乎可以见到，纯然本邦的礼法、生活方式或习俗，已大为松解脱落（请再次考虑309c9-10）。很显然，在这里可以享受自由或者特许，这对于敞开讨论最重大的问题是必需的，包括讨论有固定不变的"自然"的"天上的事物":在此,天上的事物并不被认为具有神性,并非任性的诸神,而是自然之物——比如聋哑一般的石头与尘土(《苏格拉底的申辩》26d1-5及上下文;关于"天文学"与"无神论",请看《法义》967a1-5)。在这里,可以大胆公开地说,亦是希琵阿斯随后所言,所有在世的人乃由自然来统治,并由自然统一起来——智慧者,就其本身而言,依自然而组成为一个完全不同的群体——而非受统治于什么"僭主般的"礼法(337c6-e2)。

与普罗塔戈拉相遇

至此我们已由进场介绍看到,进场气氛何等"复杂微妙",这就让接下来的事情更为突出显著,其一是普罗塔戈拉开口讲话时的小心警惕,其二是苏格拉底上前来时的普罗米修斯式"先见之明"的灵敏精巧(promēthēi/προμηθῆ:316c5;318d5-7)。其时陪伴苏格拉底的当然有希珀克拉底,还可能有阿尔喀比亚德与克里提阿,他们刚刚紧随而至(316a3-b1:该处用词"我们"指谁,模棱两可);主人卡利阿斯在普罗塔戈拉那一群(314e5),他至少听见他们开始交谈的最后几句(请参考317d5-6)。无论如何,即使在这小范围的场合——虽说最终规模变得相当大——普罗塔戈拉首先关切的是,听众是些什么人(316b3-4;比较317c6-d1);苏格拉底与希珀克拉底是想单独谈,还是和其他人一起呢?当苏格拉底说这于他都一样,普罗塔戈拉则实际上自己在决定,要把他们的谈话搞成一次大表演,既面对他的竞争者(希琵阿斯与普罗狄科),[22]也面对特别令人瞩目的潜在学生们(伯里克利的两个儿子)(请参考328c6-d2)!

但在作出事关整场对话的决定之前,普罗塔戈拉问苏格拉底与希珀克拉底,他们为什么要来找他。对此,苏格拉底讲出他对希珀克拉底所作两重介绍中的第一重。在这第一重介绍,苏格拉底主要说给普罗塔戈拉听,他这样说这个年轻人的实际情况:他是一个雅典人,来自一个富厚的望族,或神灵眷顾的幸福家族(eudaimonos/εὐδαίμονος:316b9);他的自然禀赋一般被认为不输于同龄人;在苏格拉底个人看来,这位年轻人渴望成为城邦中的显要人物。简言之,苏格拉底回避为这个年轻人的自然禀赋作担保,但确定他于政治颇有野心,并肯定他有钱——显然有钱到足以支付普罗塔戈拉要价不菲的学费。普罗塔戈拉肯定会认为,苏格拉底这是友好地送来了一名"有前途的"学生,拱手相让于他。

普罗塔戈拉没有直接回应以上任何方面。尤其他似乎一点都不关心希珀克拉底的自然禀赋,或者说也就不关心他做学生的潜力。无论如何,当苏格拉底这样为他开场时,普罗塔戈拉就趁机——更远的其他人此时还听不到——讲出了他的一些反思,对他因践行智者术而面临的重大危险的反思,尤其是反思他与前辈人在竭力应对这一危险时所采取的不同做法。这一反思对于理解普罗塔戈拉这个人物,以及以其命名的这篇对话,其重要性再怎么夸大也不为过。他说所有以前的智者都竭力隐藏自己,借助种种"斗篷"(proschēma/πρόσχημα:316d6)作外衣,掩盖自己身为智者的事实;但他普罗塔戈拉则完全敞开,明示自己就是智者。

不过,希琵阿斯与普罗狄科——仅举两个显例——作为智者的身份也为人所知。显然,从某时起这些已不再是秘密。这样说来,普罗塔戈拉的新意或许在于:他显然第一个公开自称是智者,并向"全希腊人"广而告之,相比之下,其他人还在隐藏他们的智者术,并且,如苏格拉底本人所证实,普罗塔戈拉肯定也第一个开价索要酬劳(参阅 348e6‑349a4)。所以,真是巧合得很,"普罗塔戈拉"之名,正是"第一个公开说出来"的意思。

这样,普罗塔戈拉就与所有更早的智者们拉开了距离,他们的隐藏失之于笨拙,甚至效果也适得其反。充其量这类隐藏做法只对"大多数人"(hoi polloi/οἱ πολλοί)有用,他们是"浑然无知的"
(317a4-5),但大多数人当中另有少数很强的人(the powerful/
τοὺς δυναμένους)则完全不同,他们不但会觉察智者术的掩藏之迹,
还会由此发现智者们惯于撒谎。① 但那被迫要掩藏起来的必然
性,普罗塔戈拉则从未宣称已然排除:[23]先行的智者们所遭遇的
危险依然存在,至今未变。对此事实,他一清二楚。

　　当普罗塔戈拉一个外乡人来到某一个大城邦,引得当地最好
的年轻人抛弃亲朋故旧,无论老幼,而转头信从于他,他就同样面
临着"妒忌"以及"恶意与阴谋"(epiboulai/ἐπιβουλαί:316d2-3)的
威胁。因此,毫不奇怪,我们就看到,普罗塔戈拉敞开他的智者之
行,这本身就是一种小心谨慎(317b5),是精心计算后的结果,为
的是保护自己;而且他虽然提到但没有明说某些其他的隐藏手段
是什么,这些手段使他——"以神的名义说"——未曾因为承认是
一个智者并多年践行智者技艺,而招致灾祸(317b3-c3)。② 换句
话说,普罗塔戈拉的敞开——虽然很重要,令人印象深刻,而且也
很新异——仅仅是部分性的,并且源于持续的自我保护的需要。
正如苏格拉底对希珀克拉底的一番提问所显示,普罗塔戈拉坦率
承认的是,他是一名智者,作为智者在教导人们;但他完全没有坦
率说明的是,他教导人们些什么(另参352a8-b1)。

　　普罗塔戈拉对其前人亦即那些隐藏的智者们的真实本质的揭
示,实属非常可怪之论。如果所谓"智者"就是指有智慧的人,或者
也可能指有智慧且教授别人的人(请参考如色诺芬《居鲁士的教
育》3.1.14),谁又会否认,荷马是一位有智慧的教师,也因此在宽

---

　　① 虽然普罗塔戈拉看待少数人明显要高过于众人,但他依然把这少数很强的人
归类于(普泛的)"人们":古代隐藏的智者,亦即他的前辈,他则以之为"人物(men)"
(andres/ἄνδρες;请对比316d5与317a3)。
　　② 对于普罗塔戈拉此番夫子自道,颇有帮助的讨论可以参见 Coby(1987,37-
44)。

泛或不那么严格的意义上是一位"智者"呢？然而,普罗塔戈拉所想必定是这一名称的另一层含义,因为他提出说,"诗人"如荷马、赫西俄德与西蒙尼德(Simonides)这些人,都害怕因践行智者术而招致的敌意,遂感到有需要借助诗艺(Poetry)来隐藏自己:至少就最大的例子来看,诗艺是隐藏自身智慧的一种手段。

那么,智者术就必定部分地包括一种需要加以隐藏的智慧,即便如普罗塔戈拉看来,对它的敞开是可能的,比之以前任何想象敞开得还要大,甚至对它的敞开还是审慎的。所揭示的这个群体的真正职业不但包括诗人,还有诗人兼先知、体育教练以及音乐教师,这就很奇怪;但更可怪的是,事实上普罗塔戈拉点名举出的九位隐藏的智者,没有任何一位以智者为人所知——竟因此需要普罗塔戈拉揭示出他们的身份来,还由苏格拉底重述给友伴及其同伴们听。

如果"强有力的少数人"已成功认出隐藏的智者们——碰巧我们并没有证据证实这一点——那么这些隐藏者真正说来是什么人,就只是不为最大多数的人所知,只是不为"民众"所知。但这反过来也意味着,古老的或老式的隐藏办法很奏效;显然普罗塔戈拉过于大胆了,他不但揭去早已不在世者的外衣,甚至还说出一个现世的践行者,[24]说来自塞吕姆比雅的赫若狄科斯(Herodicus of Selymbria)即是一位不输于任何人的智者,但乔装为一名体育教练! 这样一来,普罗塔戈拉所宣称自己的办法更高级,但实际如何,他自己的审慎或他所谓(预先引用他的用语)"善于谋虑"(good counsel)当用之于自己时又如何,就成为一个重要子题,贯穿了此篇对话的始终。

既然自信声称自己的办法更为高级,普罗塔戈拉于是宣告,"最令人快意之事"就是当着现场众人的面,对"这些事情"发表一篇讲辞。也就是说,正是普罗塔戈拉自己对之后的对话进行豪赌。苏格拉底向友伴讲述了他印象中普罗塔戈拉此举的动机:他想要在普罗狄科与希琵阿斯面前表演一番,并"顾盼自雄"(kallōpisasthai/καλλωπίσασϑαι:317c7)炫耀苏格拉底与希珀克拉底作为"爱慕者"(lovers)为他而来。出于职业习惯,总要压人一头,同时混合着虚荣,这就让普罗塔戈拉昂头向前。这一强烈的混合是否会使他在某些时候放松警惕,或放弃他自己表示采取了的"谨慎"?应当记住的是,只有很小范围的人,包括苏格拉底与希珀克拉底,听到过普罗塔戈拉讲他践行智者术所遭遇的危险,以及他由此而实行的审慎办法——虽然所有在场的人(当然包括希珀克拉底在内)肯定都已知道普罗塔戈拉的大名,他并非只是智者,而是一位很有智慧的或很聪明的演讲者。

　　如果说,讲话很智慧或很聪明,就意味着针对既定的听众调整讲话内容或言辞特点(或二者兼有),那么必须要说,苏格拉底也是一位智慧的或聪明的讲者。现在整个屋子里所有人都聚拢过来,普罗塔戈拉请苏格拉底重复或再提示一下,他刚才为他那位年轻人讲了什么。这或许可称作是苏格拉底对希珀克拉底的第二重介绍:

　　　　"我开口要说的,普罗塔戈拉啊,还是刚才所说我为何要来这里。这位希珀克拉底欲罢不能渴望来追随你。所以他说,他很乐意知道,如果跟你在一起,他将变得如何。""这,"苏格拉底补充说,"就是我们刚才讲话的内容。"(318a1-5)

　　苏格拉底的说法很有欺骗性,不但因为它包含的内容,而且尤其因为它剔除的内容,它带有一个肯定即这就是先前所说的内容,但这是不对的——之所以不对,因为它不再提及这位年轻人的父亲之名、家里的财产、关于他的天赋自然的名声,或者苏格拉底本人对他政治野心的看法。所以苏格拉底"开口要说的",已完全不同。并且,前后两重介绍的不同并不难解释。普罗塔戈拉已完全知晓这位年轻人需求什么,并且如果苏格拉底当着所有人的面,说这位年轻人既有野心又有钱,那将令人尴尬,也有失礼貌;[25]他向普罗塔戈拉传达的信息避开了他人。那么,这就是无可辩驳的理由表明,苏格拉底也是一位"聪明的"讲者,虽然他并无恶意。并且,第二重介绍确实很有用,大大强化了追问希珀克拉底将会从普罗塔戈拉学到什么,更确切说,花时间和智者在一起,他将得到什么结果。

这样,注意点就转向了普罗塔戈拉。他向希珀克拉底的"开局投球"是这样的:"如果你跟从我,从第一天起,每过一天回家时就已进步一分,并且第二天又继续如此。事实上你将天天向上。"(318a6-9)然而苏格拉底发现,这一描述如此美妙,但却空洞得出奇,固然普罗塔戈拉所言无疑是真的——希珀克拉底的前景天天变好,每一方面都如此,每一天都如此——但关于什么方面,准确说在什么东西上,希珀克拉底将取得这样的进步,并通向最终的目的地呢?

那么,正是在苏格拉底施加一些诚然还算缓和的压力之下,普罗塔戈拉就多少还算坦率地说出了其教育的实质(nature);假设苏格拉底并不在场,可以想见普罗塔戈拉可能到此为止就满意了。普罗塔戈拉揭示他之所教在于:"所学之事乃是善于谋虑(euboulia/εὐβουλία),既关乎个人——如何最好地经营自己的家业——也关乎城邦事务,如何在处理或论辩城邦事务上变得最为强大(dunatotatos/δυνατώτατος)。"(318e5-319a2;还请参考《阿尔喀比亚德前篇》125e6 及上下文。)

由此我们发现,普罗塔戈拉成功的学生将学会如何最好地"经营"或"管理"(dioikoi/διοικοῖ)他的家业,即他的私人事务。这一技艺当然足以增加学生自己的利益。但普罗塔戈拉并没有说"经营"或"管理"城邦事务,仅仅提及学生在行动与言辞上握有城邦大权;显而易见,言辞上的卓越是需要的,但它只有在城邦事务上才会最充分地发挥出来,这一点有别于对家业的经营管理。普罗塔戈拉并没有讲这两类事务的相似之处,也就不清楚他的学生在手握城邦重权时,到底会以什么为目的:引领着学生的,将是渴望有益于城邦,还是有益自己? 比如说这样的学生将会是一心为公的公务专家,还是以权谋私之徒? 苏格拉底惊奇不已,脱口而出大声问道,他自己是否理解了普罗塔戈拉的论证或看法——他这一反应很合乎情理:普罗塔戈拉的讲法含糊不清。

苏格拉底听了普罗塔戈拉的讲法之后,确确实实的是,他立即为他送上最为尊敬亦最天真的回应——[26]其意是,普罗塔戈拉所教乃是"政治的技艺",并要"使人成为好公民"。① 同样确实的是,普罗塔戈拉很愉快地承认,这就是他宣称或"公开宣告"的内容(to epangelma ho epangellomai/τὸ ἐπάγγελμα ὅ ἐπαγγέλλομαι;319a6-7;亦可参考亚里士多德《修辞学》1402a24-26[普罗塔戈拉的"公开宣告",以及"人们"对此作何反应];对比《普罗塔戈拉》318d9-e5,这位智者否认他在教授"技艺"[technai/τέχναι])。

然而,"政治的技艺"这样的语汇,从未出自普罗塔戈拉之口,更别说"好公民"了。刚刚我们已警觉,普罗塔戈拉的活动会牵涉危险,它随时都可能引起"妒忌"或者"恶意与阴谋"(316d2-3),普罗塔戈拉也必然时时求助于隐藏的技艺,为此我们必须特别小心不要像"大多数人对之浑然无知",上了他的当。是否可能说,普罗塔戈拉承诺的是,他将教他的学生如何在公共事务以及私人事务中获得利益,或者说,教他们如何博取显赫的权力来假公济私? 普罗塔戈拉声称要给学生带来很大的政治权力——给任何一位支付学费的人(再请参考316b8-9),无论其自然禀赋如何——这一说法对于他是否多少有点烫手? 所有这一切意味着,当听到苏格拉底提问普罗塔戈拉声称所教授的内容是否实际上可教时,我们必须当作首要问题,亦是更基础性问题的是,普罗塔戈拉所教准确而言到底是什么,以及所教之物是否或多大程度上具有公共精神。

---

① 参考麦考伊(McCoy):"普罗塔戈拉自我定义所教授的是善于谋虑,苏格拉底回应说它是成为一个'好公民'的技艺,这两种说法同时都像是更宽泛的文化意义上的对卓越的理解,然而它们彼此却并非必然相互一致。"(2008,76,强调为引用所加。)

但要说普罗塔戈拉的讲法确定无疑是模棱两可的，这会遭到一个反驳。看法上肯定正确的是，当苏格拉底提问普罗塔戈拉宣称所教的东西实际上是否可教时，他这是在挑战这位智者：他威胁到了普罗塔戈拉在那间屋子里的生意，谁又愿意花一大笔钱去学习那不可教的东西呢？但是，如果我们的怀疑哪怕有几分道理——亦即，普罗塔戈拉并未像他原本可能的那样坦率讲明，他所教的东西没有真正的公共精神——那就不得不说，苏格拉底没有立即直攻对方要害；在此，他出奇地友善对待普罗塔戈拉，这甚至有点令人生疑。或许在这谈话的开始，苏格拉底很乐意让普罗塔戈拉有点对他吃不准，但后一半对话充分表明，如果有必要，苏格拉底也愿意痛痛快快大战一场。

苏格拉底认为，政治技艺或好公民（319a4-5，8-9）是不可能教成的，为此他提出两条证据。其一，当某种涉及技艺的事务要求专家提供建议，比如造船这样对于雅典帝国相当重要的事情，[27]民主的雅典公民大会拒绝聆听其他任何人，除了公认的专家。但当任何时候需要讨论商议城邦的管理时（dioikēseōs/διοιχήσεως；319d1；对比318e6），更普遍的做法却是，任何一位公民都允许发言，因为——在苏格拉底看来——所有人都相信，这样的政治专门知识是不可教的，所以所有公民都一样，都能够（或都不能够）建言献策；政治里没有特定的专门知识要通过教诲而获得，因此也就无法要求任何人拥有这样的知识。据苏格拉底，雅典人是深知这一限度的。雅典民众的"智慧"与苏格拉底自己对于无知的知识有点相仿，虽只有那一点点像，但已相当令人惊讶。

无论如何，如果苏格拉底提供的证据没有矛盾，但他对此的解释却无疑有不通之处，难道公民大会上雅典人不会说，所有公民同样能够提供政治建议，这是因为所有人——至少是所有"绅士们"，人们当中所有那些"高贵且好"的人——不但拥有相关的专门知识，而且能够并在实际中教给了他们的公民同胞，尤其教给他们的子弟(参见比如《美诺》92e3-6及上下文)？民主政治的运行所依赖的思想基础——或许常常没有明言,也仅偶尔予以考察——亦即所有真正的公民都要有必备的训练或技艺,以参与城邦的公共生活,至少比如投票。苏格拉底此处的评论维护了雅典民主实践,这是不假,但其辩护所依据的理由,却可能为民主之士们自己所反对。其二,苏格拉底依据可能是更可靠的依据指出,即使"我们最智慧且最好的公民们"也无法把他们拥有的专门知识传给自己的亲属——这一专门知识苏格拉底现在亦是第一次称之为"德性"(319e2;320a3,b5)。比如伯里克利至今还未能很好地教育由他监护的年轻人克莱尼阿斯(Cleinias),更别说把这位年轻人变成另一个伯里克利了。

回想一下就能清楚看到,关于"政治技艺"或政治卓越,苏格拉底设想了两种相当不同的概念:一种典型体现于好的或尽职尽责的公民,一种则体现于最伟大的政治家。"好公民"之事完全不可相比于居于巅峰者比如伯里克利所展现的"政治技艺",无论后一种技艺是否可教,但难道不是所有城邦都至少宣称要培养前一种,即"好公民"？

但,否认某种东西可教,这是什么意思呢？如果某种东西因自然而存在,它就无法通过教导而获得:自然赠予我们既定的个性、品质或能力,或者不赠予这些(参考《美诺》89a5-7及上下文),正如普罗塔戈拉接下来似乎有理地争辩,伯里克利的某一个才能决定性地依赖于自然,因此就无法通过教育而传给他人,哪怕是传授给爱子,固然教育可能有助于展现出某种自然的能力,或者发展这种能力(参考326e6以及下文,尤其327b8,c1)。[28]因此,对自然在决定学生未来方面的重要性,普罗塔戈拉并非如此不关心,虽则面对希珀克拉底时他对此沉默不语(316b9-10):这个年轻人无论自然禀赋是否有限,他能否支付学费才是重要的,这也至少表明,普罗塔戈拉必定有一门课程提供给在自然禀赋上希望较小的学生,并另有一门课程提供给大有前途的学生。

关于德性,或其他德性——就好公民的意义而言,或就通常行为得体而言,亦即本着热爱城邦而遵从法律或习俗——是否可教,将要看它是否在严格意义上成其为知识(epistēmē/ἐπιστήμη: 361a6-c2;《美诺》87b1-c7)。《普罗塔戈拉》中,苏格拉底在这一点上显然亮出了他的立场,即"政治技艺"或(政治的)"德性"是不可教的,并且他事先还对普罗塔戈拉说,他讲出的全是他实际上如何思考或理解这件事的(319a8-10)。那么,苏格拉底是否意在怀疑,在"教育"中以及通过"教育"所传达给好公民的东西是否合理?苏格拉底就德性是否可教对普罗塔戈拉发起挑战,无疑会危及智者的职业前途,但同时也引入了一个问题,即是什么真正构成了德性,以及无论以什么样的形式或外观出现,德性是否是知识(或理性的)并因此是可教的。面对这一挑战,普罗塔戈拉选择回应的方式,至少是令人惊叹的,因为正是要回答苏格拉底关于德性是否可教的提问,普罗塔戈拉给出了他最长的一段讲辞,正是这一段讲辞使得柏拉图这篇对话最为出名:普罗塔戈拉决定讲他的确是著名的神话故事——普罗米修斯(Prometheus)与厄庇米修斯(Epimetheus)。[1]

普罗塔戈拉长篇讲辞的引言

正如刚刚所说,听到苏格拉底提问"德性是否可教",普罗塔戈拉攘臂而起,作了他这一长篇而复杂的讲辞。同时也看到,经苏格拉底的重述,普罗塔戈拉所教的基本内容就转而包含了好公民、伯里克利式的政治技艺或专门知识,并最终包含有"德性"(319e2;

---

[1] 对此颇可参考的更广泛的处理有:Coby(1987,53-70),Goldberg(1983,13-66)。

320a3,b5)："如果你能向我们更清楚可见地[更有效地：enargesteron/ἐναργέστερον]证明德性是可教的,那就请不吝赐教。"(320b8‑c1)普罗塔戈拉问,作为一位长者向更年轻的人们讲话,面对着所有在场的听众,他是应当讲一个"神话",还是一篇论说(logos,亦即一项有理有据的讲辞,一篇论证),围在近旁的年轻人多数自然从其所好,亦如普罗塔戈拉自己也已料到他们会如此。

[29]无论如何,对话沿此向前,这是普罗塔戈拉自己的决定：在他看来,向年轻人作出这项证明,更令人满意或更为优雅(chariesteron/χαριέστερον；比较309b1)的方式,是作为长者来讲述一个神话(320c2‑7)。除此外,普罗塔戈拉没有再对自己作过解释。或许他认为,作为长者有义务,或就其他方面而言适合于向年轻一代传递神话中特有的智慧,这种形式或许还比"以理据"论说更能立刻吸引住他们。实际将要看到的情形是,普罗塔戈拉通过神话向年轻人讲话,这是在模仿城邦——如他所讲,正是城邦首先教导给年轻人诸如宙斯、雅典娜与赫淮斯托斯(Hephaestus)这些内容,以及他们对于我们的重要性。在转而采取非神话的方式谈论所有公民接受的教育的本质内容之前,普罗塔戈拉以实际行动在模仿或戏仿"神话式的"教育,同时因需要而作改编。

无论如何,普罗塔戈拉如此选定讲辞的形式,似乎要追随荷马与赫西俄德这两位传统的主要缔造者的步伐,因为他的神话包含有若干传统要素,包括作为中心角色的提坦神(普罗米修斯、厄庇米修斯)与奥林波斯诸神(宙斯、赫尔墨斯、雅典娜与赫淮斯托斯)；其中一处,就某一个问题他直接沿用"既有说法"(322a1‑2)。但也有许多新异内容,包括一些未具名的居于地底的神灵们,强调他们对于人类、对于人的生活的重要性——显然他们不同于比如哈得斯(Hades)、塔达罗斯(Tartarus)或德米特尔(Demeter)——还强调厄庇米修斯的重要性,在传统上他的名声要远逊于他的兄弟普罗米修斯。所以,普罗塔戈拉远非完全依从传统。甚至可以说,普罗塔戈拉完全无拘无束，依从己意新旧杂用。若说荷马与赫西俄德真是智者，如普罗塔戈拉所认为，那么智者普罗塔戈拉也真的是一位诗人，一个神话的"作者"。我们再次想起，普罗塔戈拉固然向世人更加敞开，但他同样采取了"防范措施"——"以神的名义说"（317b7；比较《泰阿泰德》151b4）①——以至于他践行其技艺多年而未受伤害：他选择以某位神或诸神的名义讲话，或在讲话中提到神，从而也把自己隐藏在一个"斗篷"或"布幕"之下，无拘无束教授他想教的东西（317b3－c5）。

但普罗塔戈拉这样新旧杂用，到底是出于什么目的呢？很快就清楚的是，他不仅仅是要证明德性（就他所理解的而言）可教——甚至他本人就在教它，固然这对于此刻的实际目的也很重要，但他更另有所图。他的神话故事中有一则简单信息，把他的更大野心暴露无遗，稍作反思即可明白，普罗塔戈拉大部分讲辞都并非服务于这一小得多的或眼前的目的：[30]据普罗塔戈拉，宙斯之所以使政治生活得以可能，并因之保存了人类，是因为赐予全人类"政治的技艺"，这一技艺被表明首先是意味着正义与羞耻感。但既然人类每一分子都已如此装备起来——由神灵分配的，一点都不缺少——人的灵魂据说就具备进入政治生活所必需的特质，那么看来就已经没有什么重要任务剩下，还要留待一位从事于教授好公民、政治技艺或德性的教师来完成，无论他是怎样的教育大师。

宙斯已经完成了我们唯有寄托于或最能由普罗塔戈拉完成的工作。到了真正神话的结尾，普罗塔戈拉说得自己仿佛一无所用一样。能表明普罗塔戈拉这番讲辞的目的远比一开始看起来复杂

---

① 根据克莱因（Klein），"用语 sun theōi eipein/σὺν θεῷ εἰπεῖν 或 theōi eipein/θεῷ εἰπεῖν 并不明晰"（1977,84 n.10）；解释之一可参见科比（Coby），"在普罗塔戈拉的个人词典里，单数词'神'表示的是人类的理智，或是用以制造出复数词'诸神'的创造性能力"（1987,56）。或再参考柏拉图《法义》858b2。

得多,还有这一事实,即他的长篇讲辞出人意料地大大拓展,神话
(320c8-324d1)讲完之外,还有长段论说即逻各斯部分(logos),明
显是这样(324d2-328c2;再看328c3-d2处的结论,它清楚表明这
番讲辞的双重特点)。[①]

讲辞行进到最后,虽然面上还归于神话,但普罗塔戈拉却努力
确立起这些命题:雅典人相信德性是可教的,他们如何在事实上或
践行中在把德性教给所有合乎理性地参与民主公民大会的人,他
们相信德性可教还表现在愤怒于并规劝、惩戒恶行。在此处意外
地放弃更显优雅的"神话的"方式,而转用论说来讲话,普罗塔戈拉
就在继续回应苏格拉底发起的挑战,或他的系列挑战:像伯里克利
这样的"好的人们",如何竟然未能成功把自己的政治技艺教给最
为关爱的人亦即自己的子弟,他普罗塔戈拉自己又如何比其他人
更能使人增进德性,并因此当得起所开的价钱,如其学生以誓言或
行动证实其价钱。

然而,这一切都只在强调我们最初的问题,或可在此重述:出
于何种目的或多重目的,普罗塔戈拉最开始选择神话但后来又放
弃,使得他的讲辞整体上包括两个非常不同的成分,以至于他最明
显的目的竟然被证明得笨拙不堪? 为回答这个问题,就必须指出
其神话的最重要特点。

神话正式登场

从前某个时代,神灵已经有了,但有死的种族还不存在。当说
这些有死种族的命定出生的时刻"也"(320d1)到来时,这至少意
味着说,曾经有那么一个时代,神灵也还没有。那么,是谁,或是什

---

① 如洛兰(Pangle Lorraine)所指出,普罗塔戈拉"同时提供了一个神话和一项论
说,依次回应苏格拉底两项反对德性可教的论证,这些反对基于民众的实践,与重要人
物的经历"(2014年,第139页)。

么,可能使得神灵出现了? 还有什么原因竟然掌管着神灵的出生,因而比神灵还要更为根本? [31]这篇神话开始于"神灵"与"有死的凡人"之间的差别:当然,神灵是不死的。但难以理解的是,既是永生的或没有死亡,那又怎么会在某一时刻出生呢? 这完全不同于永恒,因为在我们的经验里,也正是对"有死的种族"的观察,在证实这一切有生之物亦必有毁灭之时。或许这些神灵一经出生,就永远存在下去。无论如何,他们看起来当然要低于那些为命运(destiny)或宿命(fate)所决定者(heimarmenos/εἱμαρμένος,320d1;heimarmenē/εἱμαρμένη,321c6)。更令人困惑不解的是,此处所说神灵,居于地底之下,并且无名——普罗塔戈拉没有以适当的名字称呼他们——虽则给事物命名正是属于人类的事务(322a5-6及上下文)。这些无名的神灵们不会也确实不可能受到人类的崇拜;他们没有专设的祭坛,也没有神像(对比322a4-5)。看来可能的是,实际上正是普罗塔戈拉第一个描述他们。

　　这些神灵的起源幽暗难明,当他们在从事其典型工作时,其周遭环境亦是如此,因为处于地底,工作之时就全无任何光明。是有死的种族,而非这些神灵,最终走向了光明(320d4,321c7)。这些神灵的工作是在地底下塑造出有死的种族,用土、火以及二者的混合物造出他们。所以,有死的种族们全是物质的(material),土是物质中最重的,而火最轻。如此一来,有死的种族就不含有任何非物质的灵魂或精神(soul or spirit),也更不可能永生不死。我们——就我们之所是而言——是运动中的物质。因此,"心灵"(mind)看来也从物质而来,并由此依赖于物质。一开始,有死的种族们必定彼此无甚差别,因为地底的神灵们尚未给予他们以力量或能力,正是这些力量被表明构成了某一事物的"自然"(nature)(参320e2以及321a7)。接着这些神灵命令普罗米修斯与厄庇米修斯分配这些力量或自然,以适合于几个种族,诸种族由此变得彼此不同。

　　如果普罗米修斯真是"有远见的",那么他的好心或心软,就太容易让他偏离理智之道了,他竟答应他那一向爱犯错的兄弟的请求,让他去分发各种力量。厄庇米修斯开始有条有理地分发这些力量,给予所有那些无理性的动物(ta aloga/$\tau\grave{a}$ $\check{a}\lambda o\gamma a$;321c1,有两种抄本文字如此);那么,从根本上区分理性动物与无理性的动物,人类与野兽,就是唯一要在分发各种力量之前进行的事情? 无论如何,厄庇米修斯以一种"使之平等"的方式,来进行分发,[32]牢记于心的目标是使各个种族得以保存下去,而非某一种族之下的个体。所以,比如说,相对缺乏自我保护的动物,就被给予强大的繁殖能力。

　　普罗米修斯的远见显然不足,但厄庇米修斯却连他兄弟的这点远见也没有,他接着就发现,在其他有死的种族身上,他已分发用完所有(有限)的力量,但还差人类这一种族没有力量可分了:人类还一无所有,"裸身,赤足,没有寝卧之物或者防护"(321c5-6)。于是,现在要靠普罗米修斯来补救他兄弟不经意之间或因其好意而造成的祸害。他首先偷来由赫淮斯托斯和雅典娜掌管的"技艺的智慧"——亦即,"与生存相关的智慧"[bios/$\beta\acute{\iota}o\varsigma$],想必是比如冶铁与编织——同时还有火,这是发展诸种技艺的先决条件(321d1,d3-4,e1-2);他曾有过直接从宙斯本人那里偷火的想法,但又抵制住了(321d5-7)。这样来看,火既低于人类,在下方的地底之下;但又在人类之上,在雅典娜与赫淮斯托斯共有的神殿中;甚至还在人类之中,因为火是塑造他们的材料的一部分;但在普罗米修斯因为爱人类而去偷窃之前,人类并不会使用这火,或者不会使用一切因火而可能的东西。

　　所以,人的种族就"分有了神圣的成分",或"与神有亲缘关系"——亦即,分有了技艺或技艺的能力(322a3-4)。然而,反过来这一能力因为自身的要求,也必定要拥有理性的潜力(*potential for reason*),或者表达出清晰的语言,如普罗塔戈拉在此处上下文所呈现(322a5；请再考虑 ta aloga/τὰ ἄλογα：321c1)相比于其他有死的种族，有些因其自然驱使(亦即本能)，而寻找住处(320e4)以及所有其他生存所需之物，人类则被迫依赖自身的聪明能干，为自己发明制造出居所、饮食与衣物；诸种族当中，只有人类能够从漫长岁月中辛苦地积累经验，从中得到技艺(technē)，即能通过语言表达的实践的法则。

但是"首先"，普罗塔戈拉令人吃惊地说，在诸种动物当中，人类"因着他们与神的亲缘关系"，而信仰或认出了"诸神"，他们开始建造祭坛，并为诸神塑像(322a3－5)；"这之后"(epeita/ἔπειτα)，他们很快借助技艺，当说到什么时，就为所说的事物命名，也为自己提供最基本的生活所需，也是仅够生存之物。这些先后次序令人难以置信。① 人类如何可能崇拜完全无名的神灵呢，甚至在基本的身体需要得到满足之前，就已经这么做？但通过这个时间表或曰序列，普罗塔戈拉表明，太初之时或最接近这一时刻之时，我们人类自身中竟如此深藏着一种冲动，要"仰望"我们所崇拜的事物，要为之立像；一句话，崇拜诸神。

但此处所列举的所有三种活动，或三组活动，都因技术性的本领(technical skill)，或技艺(art)对于我们的重要性，而贯通起来，[33]这一技艺出于应对最初极为恶劣的生存条件而发展并运用起来。因为，发明某种方法以获取饮食与居所，在祭坛崇拜诸神，甚至为事物命名所意味着的给予世界以秩序——所有这一切活动难道不能归结到同一种对安全的渴望，一种面对根本不适合最初的或自然的人类所居住的世界时萌生的对安全的渴望？难道这些活动不是统一于一种需要，需要在一个充满光亮的范围中造出一个有序的世界，一个宇宙(cosmos)，以适于人类居住，当他们——除了拥有像神那样的语言的或理性的潜力，因之能以技艺的方式理

---

① 洛兰在此上下文中说普罗塔戈拉所讲的是"紧张的时间表"(2014,141)。

解万物——是如此彻底地为自然所抛弃？难道普罗塔戈拉此处不是意在指出，"诸神"全然是人造之物，一方面正如各种技艺所制造的事物一样，另一方面是一种特定话语的特殊说法？[①]

如果事情正是这样，那么或可说，我们与其说是自然所生的虔敬者，不如说是自然的弃儿，但依然配有装备——由自然或确切说来由"机运"（323d1，d5）——配备以逻各斯（logos/λόγος），或许可称之为一位"神"（单数词）的事物；这两项事实或环境就一起激发我们创造出了神灵（复数词），这些神甚至或者说恰是通过威胁我们，而显得在保护我们：这些威胁不过是他们热切关爱我们的表征。或许可说，人类一旦配备有火以及技艺，就可以像地底下的神灵那样，制造出他们自己的土与火的组合物。但他们的造物，或其造物中最重要者，在两方面迥异于地底神灵之所为。首先，人类在以技艺灵巧地塑造出产品时，并非处于黑暗，而是处于光亮之中：他们可以看得见正在做的东西，或不必盲目行动。因此，他们可以远胜于地底神灵，更好地回应人类的需求或欲望。确实，是他们而非宙斯在教授战争的技艺，需要战争技艺，就表明政治技艺是有限的，据说政治的技艺掌于宙斯，由宙斯赐予人类（回顾321d4‑5，322b5）。其次，人类所造有用之物并不包括有死的种族，但却有永生者，或无论如何是神性的种族：正如诸种动物当中唯有人类造出了诸神的塑像，以及献给诸神的祭坛，所以，也唯有他们首先造出了这些神。这或许是"天真所为"，也或许是有知而为之。难道普罗塔戈拉不是通过他编造神话的高超技艺，造出了地底的神灵们？正如赫耳墨斯在此作为宙斯的信使，为人类带来正义与羞耻感，从而使得政治成为可能，同样普罗塔戈拉也是一位超级赫耳墨

---

① 科比也这样说："这则神话在不动声色地表明……技艺是宗教的源头；技艺通过普罗米修斯而到达人类；由于技艺，人类相联于神，技艺是人类神性部分的原因与起源；这一神性的部分，或人类与神的亲缘关系，就是他崇拜诸多神灵的原因；所以，经由技艺就产生了宗教。"（Patrick Coby，1987，55，强调为科比所加。）

斯,充任整个神圣世界的信使,从地底深处直到奥林波斯山顶,但他仅仅造访人类当中少数被拣选之人,而带给他们那事后将被证明是新的教义,关于正义、羞耻,因此也关于政治生活的教义。

"人类"的诸种神话性的信念

[34]普罗塔戈拉对诸神的讲述,结束于诸神与人类的关系,并直接引证宙斯本尊的话,其意是,如若有人触犯宙斯的"法",就得处死(322d1-5);并且普罗塔戈拉还直呼了苏格拉底的名(322d5-6,323a4)。不过,他还没有采取逻各斯的方式,这一方式在其开始处被明确标示(324d6-7)。接下来的一节(322d5-324d1)应当划归为所讲神话的部分,哪怕它不具有通常神话的特点。在这一部分,普罗塔戈拉开始引出一些结论或教训,就好像是从截至目前已讲神话中引述出来一样,并以此回应苏格拉底挑战中的具体要点。首先,普罗塔戈拉维护雅典人(以及其他人)的民主实践,但凡与"政治德性"相关之事,他们就允许任何一位公民起来发言,但在那些相关于专门技艺的事情上则不同;这一点完全符合普罗塔戈拉更早的揭示,即拥有技术性的技艺(technical arts)并不意味着拥有政治技艺(political art)(考虑321d3-5,322b5)。雅典的民主制实践是合理的,它不是因为雅典人懂得并不存在什么政治的专门技艺,从而不能这样要求任何人(苏格拉底则持如此观点),而是因为他们"相信",所有人确实都分有这样的政治德性,因此人人都有足够资能来参与大会讨论。在此,城邦的存在这一事实,就关键性地证实了雅典人的信念,即所有人都分享有政治德性,这政治德性被相信是城邦得以存在的必要条件。但实际上普罗塔戈拉在此暗自叫苦,他所建立的不是关于此事的一项真理,而是雅典人(以及一般泛称"人类"的人们:322d6;323a2,a5-6,c2,c8,d5,d7;324a2,a5)所"相信"的东西——在这一节共有七处(323a5,c4,c5,

c8；324a5，c4，c7)，这样指向人类的"相信"，这则是第一处。鉴于普罗塔戈拉在讲话中选择某处来说这一显然普遍的信念，即对拥有政治德性的信念，我们就必须作出结论说，这样的讲话之处就很适当地属于——亦即，其地位等同于——他所谓的"神话"。也是在这一普遍信念的基础上，普罗塔戈拉现在得以允许赞扬雅典民主制的实际所为，比苏格拉底的赞扬还要彻底——正是他片刻之前还语带嘲讽地，也是不太审慎地特别指出，"大多数人"(hoi pol-loi/*oi πολλοί*)或任何民主制的主体，是"浑然无知的"(317a4-5，353a7-8)。可现在这些"大多数人"却远非什么笨蛋傻瓜，通过使用他们相信是人人都拥有的"政治德性"，被看作行事很合理的人了！[35]现在普罗塔戈拉表扬起雅典民主制的实际之行，比起苏格拉底还要厉害，也因此被促使变得更为谨慎或审慎了。

此外，正如普罗塔戈拉接着证明，雅典人还相信，这样的德性并非自然产生或自动获得，而是通过教育，通过一种勤奋或用心而为我们所拥有。在此普罗塔戈拉支持这一信念（的存在）而举出的证据是：没有谁会愤怒于或去规劝某些缺陷——长得丑，虚弱或矮小——这些都源于自然，或者机运（再次参考323d1，d5），但是如果一个人不正义或不虔敬（可以想见，如果只是不节制，人们的反应可能要轻得多，因为不节制自身就会带来惩罚），确乎所有人都会发怒，并予以规劝。人们这样做，是因为他们认为(hōs/*ὡς*)所说的这些德性可以获得，可以通过自己的勤奋努力与好好学习而获得："人类相信"(324a5)，如果这些方面做不好，就该予以责备与惩罚。只有应由我们自身负责的事情，对之产生愤怒才是合理的；可由我们的能力而获得的东西，我们就该负责；并非出于自然或者机运（抑或自动）而是经由学习而得，就是由我们的能力而获得的东西；实际上，人们愤怒于不正义（以及不虔敬）或者未能践行被这样理解的德性；所以，被这样理解的德性就必定是可以学习获得的，可学习的也就是可教的。简言之，因为人们愤怒于罪恶，所以德性是可教的。这一结论依赖众多未经证明的前提假设，这当中就有比如一个人的学习能力不在任何重要的意义上受限于严格来讲的自然或机运，再如，"人类"的愤怒永远是，而且完全是合理的。

从这里开始，虽然依然顶着"神话"这一标签，但普罗塔戈拉能够为实施惩罚而提出一套极为理性的说法。依此说法，只有野兽才会因为一桩过去的不正义，而去惩罚他者，以作为报复或严惩。实施惩罚被认为只是"纠正"行为过错者，尤其是为了防范将来的错误：修复与威慑才是实施惩罚唯一合理的目的，也因此是实际中唯一追求之事。这或许很可以看作是真正论述了实施惩罚的合理目的——在此，普罗塔戈拉或许是依据他自己的理解，说他所希望之事（请注意在这一 logos 的上下文中不然就是很反常的这些表现：324b1，324c3-4）——但这看来并非宙斯关于惩罚的看法，因为宙斯肯定被看作是强烈主张死刑的，也可能并非雅典人在实际践行中持有的看法，如苏格拉底自己将有一天会知道的。普罗塔戈拉把这一关于惩罚的合理性的论述看作一则神话，只要它是被雅典人，或真正说来"人类"都接受为合理的一则神话。①

[36]那么，在讲述我们的创生神话上，普罗塔戈拉就首先附加陈述了若干信念，若干由雅典人以及"其他的人们"就其所理解的德性而持有的信念——这些信念宜被看作是神话性的，因为它们低于理性的东西（what is rational）。其次他附加了关于实施惩罚的论述，因是理性的而高居于"人类"的信念之上（更不必说高于信念之下的实际所行）。为证明雅典人相信德性可教——他们愤怒于罪恶——所举出的证据，就否定了雅典人所认为的实施惩罚的

---

① 因此，我们同意（如果说所持理由并不同）克尔费尔德（Kerferd, 1953, 42）反对戈德伯格（Goldberg, 1983, 52）而提出的看法，即关于惩罚的这一节适合于划归神话的部分，以区分于逻各斯部分。

动机:道德上的愤怒或者义愤,要求的不是修复与威慑,而首先是复仇。

神话的教诲

上述是普罗塔戈拉神话的大体内容,涉及人类与神灵,对此,我们或许出于好奇要问,出于什么目的他要讲这个神话。普罗塔戈拉的选择,显然让他面对众人,其中包括面对他的竞争者希琵阿斯与普罗狄科,展示他作为演讲者的令人眩目的才华。苏格拉底只不过问了一个相对直接的问题,普罗塔戈拉就滔滔不绝,几乎就在描述人类种族的起源,以及整个世界的运行的真理,从最初起源的地底讲到奥林波斯山顶。但是,选择讲述神话,如我们已经表明的,显然也因为想要自我保护:比如若有人怀疑普罗塔戈拉不相信存在颁布礼法的宙斯,则很容易加以反驳,因为普罗塔戈拉明显强调,宙斯自己直接负责我们身上或可称作道德感的东西。当然那也意味着,首先有理由怀疑普罗塔戈拉是个异端,甚至无神论者。

普罗塔戈拉的选择,首先因为他要看人讲话,其例证比如对于某位希珀克拉底,普罗塔戈拉可能就要考虑听者的严格说来政治上的兴趣,而对于一位安替莫洛斯,则要考虑他在理论方面的兴趣。但无论如何,普罗塔戈拉这篇讲话的复杂性所具有的清晰意味,如果展开比较,就开始显示出来——所比较的一端是神话部分(the myth)最明显的结论,重复来说,即宙斯这位立法者给予所有人类以正义与差耻感,以使政治生活得以可能;另一端则是在逻各斯(logos)部分以最长篇幅加以处理的主题:叙述我们如何接受教育以获得"政治德性",这一教育从我们最初听得懂、清楚的语言开始,并贯穿成年后的整个一生。普罗塔戈拉对这后一段的教育所作的解释,篇幅是出奇地长,并且细致入微得令人惊讶,解释我们是如何开始获得正义、节制与虔敬——总之即是同时为妇女儿童与成年男子所共有的"政治德性"（比较 325a2 与 a6）——这等于是说，事实上并非是宙斯给予我们这些特质或性格。[37]这两种叙事无法让人同时接受为严格意义上的真。换句话说，我们对于"政治德性"的信念与实践，在起源上完全平淡无奇，普罗塔戈拉对此加以长篇叙述，意在取代此前的神话叙述。事实上，并且在实践当中，保姆、母亲、父亲、教师、官员或者法律都在劝勉，迫使长记性、命令、威胁以及棒打——"教正之法"——把我们"扭曲了的"深悖常理的天性再纠正回来。我们是正义的并非由于神圣的命令、赐予或天赋，所以我们才必须这样经年累月地养成习惯，时时警醒，且不断强化。

　　如果说普罗塔戈拉在神话部分解释了我们"道德感"的起源，并在他的逻各斯部分（logos）加以补充，那么，在严格说来属于神话的这一部分，他想要完成什么呢？看起来普罗塔戈拉不但相信宙斯是当然存在的，而且相信他还是有益的神圣立法者——这位宙斯关心人类整个种族，在关心中把正义与羞耻感分发给我们所有人，并对此立法，立为一项神圣的法，任何人若不分有着它们就被处死，因为这样的人将被认为是城邦中的"疾病"，由此使得政治生活成为可能（322d1‑5）。然而，实际上——即使无视这一基本事实，即所有这些明显出自一则神话，且这则神话多半也是普罗塔戈拉的发明——细节处却表明，人类在其中的处境相当惨淡。即使从这则神话的表面来看，这也是事实，一旦我们开始仔细检验的话。宙斯关心的是人类这个种族（亦即，他并不关心每个个体的命运）；他对这个种族的关心，仅止于让它不会整体灭绝（321a2,b6，尤其 322c1）；人类幸福与否，他如此漠不关心，以至对其完全无知，竟要靠赫耳墨斯来禀告说，所有最重要的技艺已经如何分配到人类当中（322c5‑d1）；他对我们人类的这点关心，只是被要求如此的，而且是有原因的，因为我们的福祉被（地底的神灵）交给了两个笨蛋，如我们所见，即使普罗米修斯有先见之明，也未能使自己拒绝同意厄庇米修斯,让他把各种能力分发给所有有死的种族,但却忘了我们人类(320d4-8)。确实,这一则神话所传达出的信息,可以很好地总结为,根据普罗塔戈拉,我们的世界根本上是"厄庇米修斯式的":正如在我们身上,心灵后于物质而产生,思想也这样后于而非完全先于"创生"(creation)。完全看不出这个世界的哪一点是由理智设计出来的,就它可能改进人类的境况来讲,尤其如此(请考虑,比如从"宙斯那里到来的"季节,就令人难以忍受:321a2-4)。从神话的讲法中来看人类的基本境况:地底之下无名的神灵们在黑暗中完成工作,因此也就是盲目的;我们人类得到火——依此前提条件,方能发展那唯一能救助我们的技艺——完全是因为一次反抗诸神的行动,[38]因这一行动,"据说"普罗米修斯后来付出了惨重的代价(322a1-2);我们人类所仅有的得以生存下来的手段——且不必说我们仅有的那一点点舒适——完全依靠自己设计的技艺而发明出来。稍加反思这一则神话哪怕最表面的信息,就可证实这一点:没有任何事物,在我们之上或之下,也没有任何谁,在为我们施加神性的呵护。人类只是这个世界的孤客,世界自有其必然,谈不上对我们有何偏爱。

那么,依据普罗塔戈拉,我们人类真实的境况,就是遭到了一种彻底的遗弃,或者——因为那意味着原本或初始之时还有关爱——就是万年孤独。仅有自然的秩序(最多来说)还乐见人类种族的延续;这对任何个体命运都很冷漠。甚至野兽都比我们人类更受惠于自然,除了拥有天然防护之外,它们当中合群的族类,很轻易就能组成一种共同群体,但人类碰到一起,却每每堕入相互杀戮。这样,自然所给的情形就是,人类既不能彼此孤立,又不能一起共处。为了约束我们自己,为了让政治生活得以可能,必然需要的不是存在一位"宙斯"实际成为我们的立法者,而是"所有人"都相信宙斯已经这么做了。这样,普罗塔戈拉的神话就向我们展示出,如果人类要自我约束起来,对抗自身的自然倾向,以足够形成一个稳固存在的政治共同体,那么,所有人都必须深信一点,正义、节制与虔敬都同实异名,都指不同环境条件下,出于对人类同胞或者对神(或者两种都有)的义务感,而向自己说"不"的一种倾向。根据普罗塔戈拉,我们人类并非自然就是政治动物,所以我们也并非自然上就是正义的或道德的存在。① 然而,我们是一种能够信仰神的动物——相信神在立法,在惩戒,并拥有着"政治的技艺"。

　　然而,如果说在普罗塔戈拉看来,要使政治共同体得以存在,就必须让"所有人"都信仰一位能施行惩罚的宙斯,或者都必须行事正义且都行己有耻,这样说并不太正确。普罗塔戈拉在一处对其核心教诲极其关键的段落,就像是在不经意之间提到,并非所有人都是事实上正义的,但如果竟然承认自己不正义,或未能假装是正义的,则那将是"疯掉了"(323a5-c2)。他并没有说,成为不正义的人将是疯掉了,并且他忽略宙斯那致命的愤怒会施及这类不正义的伪装者。公开宣称不正义是疯掉了;但暗中行不义则不是。政治社会所要求的,并非是普遍同意正义即是好,违反正义就遭受神灵可怕力量的惩罚,而只是要求近于普遍同意即可;[39]如果"浑然无知的多数人"同意这些可能一字一句灌注给他们的信条,那么这就足够了。政治社会将会非常完美地运行,如果只有极少数的人懂得这一关于正义或"政治技艺"的真理——尤其是这些极少数的人还同时足够聪明,通过"以神的名义说",来掩藏起他们真实的思想(310e5-7;317b5-c1),或者通过比如神话、诗作这样的机巧的办法,来达到同样的目的(339a3-6)。

　　那么,普罗塔戈拉在讲述神话的过程中,就向那间屋子里潜在

---

　　① 纳斯鲍姆(Nussbaum)辩称,根据普罗塔戈拉,我们自然就是政治动物(1986,102-103)。我们必须说,她这一观点不但"太过强烈"(McCoy 2008,64),而且也不正确:正如麦考伊正确评论说,"普罗塔戈拉从未暗示说,存在一种正义的自然倾向……因为'矫直木材'的意象就表明,棒打与暴力即是纠正"(2008,64)。否定我们出于自然就关心正义,这完全等于宣称我们并非自然地就是政治的,比如普罗塔戈拉与霍布斯就清晰知道这一点。

的学生——当中的阿尔喀比亚德、克里提阿与卡尔米德——暗示他(真正)要教的真理,哪怕他想方设法支撑起习俗的观点,对此他自己以及他最好的学生们都将会看穿,他们当中还有些人可能大大利用这些观点或虔敬,以追求成为城邦中"最强的人"。肯定的是,普罗塔戈拉还在利用至少部分学生的最后残存的虔敬,如果他们不愿按照公开价码支付学费,就要到神庙中去发誓,说出自己认为普罗塔戈拉的教诲值价几何(328b6 - c2;以及 Polansky 1992,119n. 70)。如果未能教导相对少的这部分学生摆脱掉习俗的虔敬,这一失败对于普罗塔戈拉也有些用处:他们会诚实地说出他们的不满意,不会因为钱的原因而去夸大。如果情形更好,通常则是,这些学生们因为摆脱了习俗之见的束缚,摆脱了礼法及其命令,就会非常乐意支付普罗塔戈拉的开价:这点钱又算什么呢——砸下去的也是父母的钱(请参 326c3 - 5)——如果竟然搞懂了这个世界,肥美尽在眼前?

第二章

苏格拉底提问普罗塔戈拉

[40]苏格拉底向友伴坦陈，他也很"迷醉"（bewitched）于普罗塔戈拉的讲辞，在刚踏进卡利阿斯的家时，苏格拉底看到这同样的效果也显之于众人，他们都沦陷于普罗塔戈拉魔咒般的讲话（请比较 328d4‑5 与 315a8）。但苏格拉底还能回过神来，如果说多少还有点困难的话，依他向友伴的重述，其部分原因是他在等普罗塔戈拉继续往下讲，但却终于发现普罗塔戈拉停下来了——在苏格拉底看来，普罗塔戈拉的长篇讲辞中还缺少了什么？要回答这一问题，最妥当的办法是好好看苏格拉底接下来如何回应这篇讲辞。

苏格拉底先向希珀克拉底鸣谢，幸得催促或鼓动他来到这里（328d9）：显然他自己是不会来的，也就会错过普罗塔戈拉刚才这番话——所听之事他很看重。此前，他深信或持有的观点是，"好的人变得好"并非因为"人的照料"或用功努力（epimeleia/ἐπιμέλεια），但现在看情形他"被说服"事情正是这样的。但严格说来并不清楚的是，普罗塔戈拉是否教给了苏格拉底什么东西，或者苏格拉底是否从普罗塔戈拉学到了什么东西，毕竟说服这回事（连同通常所伴随之事,即服从:peithō/$\pi\epsilon\iota\vartheta\omega$)并不一定基于知识或者理解(请参比如 325d5-6 及上下文,以及 329b8-9),或者,并不一定产生于教诲(352e5-6)。但毕竟,如我们所见,苏格拉底声称他听了普罗塔戈拉一番讲辞之后,竟要或者已经"迷醉"了,他苏格拉底还需要一会儿工夫来定定神:在此,"迷醉"就相伴于或催生了"被说服"。无论如何,令人惊讶的是,在此苏格拉底并没有提到什么"政治的技艺"或"好公民",抑或"德性"——虽然,好人的所谓好,显而易见就是(is)德性。从普罗塔戈拉用以结束其长篇讲辞的话题可以判断,[41]所说的"好人"指的是伟大政治家,是相当于伟大雕塑家波利克里托斯(Polyclitus)一类的人物,普罗塔戈拉曾明确说这位雕塑家是"技艺高超的大匠"(skilled practioners/$\delta\eta\mu\iota\upsilon\rho\gamma\tilde{\omega}\nu$ 328c6;比较 311c3,c6):在普罗塔戈拉苦口婆心的教导中,伯里克利的儿子们或许多少也都分有一些他们威严的父亲的技艺。如果苏格拉底想的也是伟大政治家,那么,他到现在一直都认为的在这些人身上发挥作用的人力之外的原因,就很可能是指天性自然(nature)。没有理由强行假定,苏格拉底所想的在人力之外的关照,是"神灵赐予"——在《美诺》的结尾,不可教的德性被说成由神灵所赐予。在那里,苏格拉底通过美诺向被冒犯到的愤怒的安尼图斯(Anytus)讲话,所用论证明显是要使安尼图斯温顺下来,如果美诺能以某种方式让他"信服"于此的话。(《美诺》100b4-c2)

苏格拉底确实承认,要跟上普罗塔戈拉的讲话,有那么一点小困难。但他紧接着不是(在此还不是)评论普罗塔戈拉讲辞的实质内容,而是委婉批评他讲话的方式:许多技艺高超的演说家们,其中包括伯里克利,也能就"这类事"长篇大论,但如果就他们所讲之外的东西提问,他们就一言不发了,并且他们自己也提不出一问;但如果仅仅就所讲之事提问,则他们的回答又是一长篇,就像一件铜器叩击一次就嗡嗡不止。现在诸位有目共睹,普罗塔戈拉可以发表又长又美的讲辞,但他碰到提问,一样能简短回答,正如他也能提问。这里的潜台词再清楚不过：普罗塔戈拉讲话应当简短明了。长篇大论的表演已经够了。苏格拉底会就普罗塔戈拉所讲之事提问吗？抑或在他讲辞之外提问？如果是后一种，普罗塔戈拉是否会证明自己更优于其他演讲者，而不会"就像一本书"（329a3），面对提问默然无应？

苏格拉底所致力于搞清楚的"小"事情（329b6，328e4）是这样的：一方面，普罗塔戈拉刚刚在说，宙斯送给人类以正义与一种羞耻感；另一方面，他又在多处声称，正义、节制与虔敬是某种一体的东西——亦即"德性"。那么，"德性"是包含着正义、节制与虔敬以作为其部分的某种东西呢，还是说这些具体所指的东西仅仅是同实而异名，实际上是指同一种东西？"这，"苏格拉底说，"就是我还想要知道的。"（329d1-2）大概就是这一点，让苏格拉底在普罗塔戈拉实际上已完全停讲的那一刻，还期待他继续讲下去。但无论如何，当苏格拉底这样提问时，他就暗指着普罗塔戈拉讲辞中的清晰分野，"神话"（myth）与"逻各斯"（logos）之分——其一是宙斯对正义与羞耻感的关切，其二则是正义、节制与虔敬的重要性——[42]从而就暗指了这位智者最终所称的"政治德性"的两种大不相同的来源。并且，苏格拉底关乎宙斯的提问的前一半，看起来并非绝对必然会提出事关德性之自然根本的问题，或事关诸如正义、节制与虔敬等多种德性的自然根本的问题；如此开始，苏格拉底就可以很好地继续迫使普罗塔戈拉去处理他论述诸神的（或反诸神的）神话（[anti-]theological myth）的细节。但是，他在此仅仅是暗指了这些微妙之事。

相应地，普罗塔戈拉也就松了一口气，纸面上几乎都听得见："回答这一点，苏格拉底啊，那是轻而易举。"（329d3-4）此时此刻，他一定很同意苏格拉底，认为他的问题就是一个"小"问题。确实，乍一眼很难看出，这会有关什么人类重大问题，它不就是一个技术性层面的问题嘛，差不多就是有关德性或诸种德性的命名或分类。

但超出技术性层面的某种东西（something）很快就出现了，据苏格拉底的转述，普罗塔戈拉接着就发现，苏格拉底的一席论辩"令人不快"或"非常讨厌"（duscheres/δυσχερής，332a2）。确定无疑，对于普罗塔戈拉自己，事关重大的某种东西出现了，这不仅是我们看到他勉勉强强"非常不愿意地"同意某个命题（333b3-4），而且他自己也给这个论辩贴上"令人不快"或"非常讨厌"（duscheres/δυσχερής，333d2）的标签。后来表明，这些都不过是通往最终点的中间站，苏格拉底这样向友伴转述这一最终点："在我看来，此时此刻普罗塔戈拉是被惹怒了，准备要干上一架、激辩一场，他已准备就绪，以唇枪舌战来回答我。所以，当我看到他这副样子，就很谨慎而温顺地问他……"（333e2-5）苏格拉底这个看似平淡无奇——如果不说乏味的话——的最初一问，到底是为什么竟最终使得普罗塔戈拉要准备与苏格拉底大战一场呢？

对于苏格拉底的开头一问，普罗塔戈拉回答："你所问之事，都是德性的部分，而德性则是一。"（329d3-4）但所谓"部分"，还是很含糊，因为有些事物的部分（比如一块金子分割出的部分）彼此就根本一样，只是大小不一，但另有些事物的"部分"（比如人脸面上的各部分：口、鼻、眼、耳）虽则组成一体，但作为部分，彼此在特征与功能上则各各不同。普罗塔戈拉毫不犹豫说德性的各部分就像是脸面的各部分，他这样回答有他很好的理由，或至少有不得不如此的原因：他要争论的，并非是一旦拥有德性的一个部分就必然拥有其余部分，而是要说各种德性完全不同，彼此分离。这样一来，把德性比作脸面就不太贴切，虽然要远好于比作金子。现在，或许是因为苏格拉底到此时为止一路太照顾对方，作为对话者太过友善，普罗塔戈拉就放松了起来。为说明诸种德性彼此不同的特征，[43]他主动提供例证说："许多人很勇敢却不正义，正义却又不智慧。"（329e5-6）正如勇敢可能与不正义结伴（比如说，抢劫得手的银行劫匪），正义却可能缺少智慧——或愚蠢。这样，普罗塔戈拉就指向了这一基础性的问题：如果不智慧与正义有可能搭档，那么，正义是否有可能与智慧结合呢？真正智慧的人会是正义的吗?[①] 或者，正义就是愚蠢的别名？

普罗塔戈拉的论证刚刚发生一个关键转折，标示出这一点的是苏格拉底惊讶之下的提问（无论这一惊讶是真的，还是故意作态）："那么，这些也都是德性的部分……即智慧以及勇敢也都是？"这一提问促使我们看到或回想起，普罗塔戈拉在他整个长篇讲辞中，一开始只提到正义与一种羞耻感，之后才提及正义、节制与虔敬，这些他很小心地统称为"政治德性"（322e2-3；323a6-7，b2，c3-4["这一德性"]；明显的例外——325a2-6；325c1；326e2，e4；327d2；328a7，b1——若从其上下文看，则毫无例外之处）。整体看来，普罗塔戈拉的讲辞所处理的，并非是不作任何限定的德性（virtue unmodified），而仅仅是政治德性（political virtue）。确证这一点的事实是——苏格拉底再次让我们注意到——普罗塔戈拉很小心地使得智慧与勇敢与其他三种德性相分离，或者更准确地说，与三种政治德性相分离。实际上，他在长篇讲辞中最接近于说出勇敢的地方，是仅仅提及要避免变得怯懦，因为在那里，理智（the mind）已被迫长了记性并经受了威胁，从而变得可堪使用，现在它必须被结合到一个强壮的身体上去，这个身体要强壮到在"战争中以及其他行动中"——亦即在对城邦的服务中——不会变得怯懦（326c1以及上下文）。记住这一点对于稍后很重要：此时普罗塔戈拉拒绝用"勇敢"来指称在对城邦的服务中避免怯懦。至于"智慧"，普罗塔戈拉则严格限制自己，只说从赫淮斯托斯与雅典娜那里偷窃而来的是"技艺性的智慧"（technical wisdom，321d1）——比如冶铁或编织（参321e1-2，此处把"技艺性的智慧"

---

① 戈德伯格（Goldberg）这样提出这一关键问题："当普罗塔戈拉宣称，许多人'正义却不智慧'（329e），但他却没有说，智慧的人却不正义。"他没有这样说，是因为使这一点真相大白，"对普罗塔戈拉没有好处"。（1983，48-49）

等同于"技艺"art；以及 322b3）——或者是"解决人类生存的智慧"
（321d4）。与此类似，人类最初并不具备的"政治的［智慧］"
（321d5）或技艺（322b5，b7－8）只存在于宙斯那里，并表明其组成
只是正义与一种羞耻感。但根据普罗塔戈拉，智慧与正义在根本
上是可以分离的：政治的智慧并非真正的智慧（wisdom proper）。

这样，苏格拉底通过几个巧妙问题，就使得或鼓动普罗塔戈拉
比此前更清楚地讲出了政治德性与德性本身（virtue simply）的歧
义——前者指灵魂当中那些非自然本性的品质（unnatural quali-
ties），它们促使我们总以正义、节制与虔敬之名，去优先考虑他人
或全体的善好；后者则仅仅包含智慧（不作限定的 unmodified）与
勇敢。［44］因此，就存在着勇敢却不正义，以及正义却不智慧。

他们将表明要一起探讨德性，在此之前，苏格拉底确立起一
点，即在普罗塔戈拉看来，不同德性的力量或能力（powers or ca-
pacities）彼此完全不同，其情形正如脸面的不同部分彼此不同：德
性的其他部分没有一个像知识一样（苏格拉底在此把它等同于智
慧），或者像正义、勇敢、节制或虔敬。这样，相对于苏格拉底那句
名言"德性即知识"，普罗塔戈拉看来就离得最远。但他是这样吗？
因为如果他否认正义、节制与虔敬值得拥有"德性"之名，那他显然
就会同意说，智慧是（某一种）知识。但勇敢呢？勇敢对于普罗塔
戈拉，亦因此对于整篇对话具有特别重要的意义——表明这一点
的是这一事实，即苏格拉底如此精心编排这场对话，以至在此时无
声无息略过了所有对勇敢的讨论，一直推迟到对话最后的高潮环
节，在那里，在他们思考勇敢进行到某一点时，普罗塔戈拉拒绝再
继续下去。正是这样，对勇敢的讨论就终结了《普罗塔戈拉》。这
篇对话要加以探讨的最重要的谜团之一，就是何以唯独勇敢享有
如此重要的地位，以至于对它的处理竟使这场对话就此结束。

对苏格拉底在这一环节的核心目标，我们一目了然。他要反
对普罗塔戈拉已讲出的看法，寻求确立起这样的观点，即德性并

没有什么不同部分,某种意义上它是一。他三番五次要尝试迫使
普罗塔戈拉同意,正义就是或者非常接近于虔敬,智慧就是或者
非常接近于节制,并且"正义-虔敬"这一组就是或者非常接近于
"智慧-节制"这一组。如果苏格拉底在这一点上得逞,他就会由
此迫使这位智者同意说,不同的德性远非彼此根本不同,相反倒
是本质上彼此一样:德性是一,就像一块金子那样通体如一。那
样一来他就会证明,这位智者,大名鼎鼎的德性的教师,竟然对于
自己所教完全不知所云。但是,正如我们将要解读出的,苏格拉
底几乎就要真正揭穿,普罗塔戈拉完全就是一个教授不正义的教
师,这一步对他的潜在杀伤力,要远过于使他被众人看清是一位
昏昏然不称职的教师。确实,任何一位还有理智的人,当被逼迫
到这一步时都会舍车保帅,宁可失名为昏乱的不称职者,也不可
失身为聪明的邪恶者。

　　苏格拉底像是为了鼓动普罗塔戈拉,现在与他并肩作战,共同
回答一位未名的对话者,这是苏格拉底为达目的而假拟出来的。
在使这位无名的对话者开口之前,苏格拉底先讲自己的观点,即正
义是某种事物(pragma/πρᾶγμα),而非什么都不是(ouden pragma/
οὐδὲν πρᾶγμα:330c1)。① 普罗塔戈拉对此表示同意,不然否定它又
是什么意思呢? [45]即使普罗塔戈拉要公开争辩说,正义仅仅是
依赖于法或习俗,而非依据自然,因而就不是什么真正存在着的事
物,而仅仅是意见性的东西,为此他也不得不同意或坚持认为,几
乎所有人都热烈关切着正义,重要证据之一是,这一关切总带来激
烈的辩论甚至争吵——即是说,正义确乎是某种事物,对之我们非
常关切,或者一直要应对它。对于这一同意,苏格拉底再加两点,
这一次是回应他们未名的提问者:他们两位都同意说,正义自身

① 对于此处的逻辑或糟糕的逻辑的清晰分析,请参见 Goldberg（1983,102 -
109）。

(dikaiosyne/δικαιοσύνη)是一种正义的事物(dikaion/δίκαιον),这意味着,正义类同于正义的事物(the just),是与正义的事物同类的事物。苏格拉底接着也以类似的方式来说虔敬:虔敬也被说成是某种事物(tina/τινά:330d2)——亦即,某种我们关切的事物(pragma/πρᾶγμα:330d4)——它也"自然而然地"类同于虔敬的事物(the pious),是与虔敬的事物同类的事物。然而,在提出这个问题时,苏格拉底承认他很"愤慨",并断喝这位未名的提问者:如果虔敬自身竟然不虔敬,那还有什么是虔敬的(330d4 - e2)!普罗塔戈拉轻易就同意了,这也可能源于他本就相信这一点,但更可能是源于他懒得在乎:这种模棱两可的逻辑,又是细枝末节的分析,有什么要紧?

对于正义与虔敬这两者,提问者都摆出一种可能性,即正义自身可能是正义的,也可能是不正义的,虔敬自身可能是虔敬的,也可能是不虔敬的。正如许多学者已指出,主张正义自身是正义的或虔敬自身是虔敬的,这很古怪;如果对照于普罗塔戈拉所理解的超出政治的德性(extrapolitical virtues),也同样很古怪:勇敢自身是勇敢的吗? 智慧自身是智慧的吗? 这样的断言("不证自明"self-predication)显得不可理解——从中可能要排除理念自身,对此苏格拉底在此处无论如何都绝口不提。根据沃拉斯托(Vlastos),

> 说任何普遍之物是正义的或不正义的,虔敬的或不虔敬的,勇敢的或怯懦的,都是十足的胡说:它们乃是道德判断,也因这一理由,它们就不能用来判断一个逻辑概念,比如普遍,正如它们不能用来判断一个数学概念一样,比如一个数或一个几何图形。(Vlastos,1981,252)

更令人惊诧的是,这位提问者给出另一种可能性:正义自身可能是不正义的,虔敬自身可能是不虔敬的。很难看出,比如说智慧，其自身如何可能是不智慧的。或许线索可以来自这一事实，在虔敬这一例上，提问者添加了"自然"作为一项考虑因素（pephuke-nai/πεφυκέναι，330d6）。正因为，如普罗塔戈拉所述，正义与虔敬根本上是政治性的，是灵魂上的性格从而使得我们可能生活于共同体之中，与我们的自然倾向严重冲突，所以，称之为"正义"与"虔敬"的德性，根据他的说法，其具体内容就是习俗性的，因此也就可能因地方与时代的不同而完全相异。由此，在某地被称为"正义"的具体所指，在另一地就完全可能被看作是不正义的，正如在某地"虔敬"所要求之事，在另一地则可能被认为是不虔敬的。[46]如果这个世界以及人类的自然是如此这般，所有共同体若要生存下去，就必须一致同意称某些事情为正义或不正义，虔敬或不虔敬，但这并没有提供充分理由说，正义与虔敬是依据自然的，因为这些政治德性通常都缺乏恒定的内容："虔敬自身"将会合乎正当地是（或被认为是）虔敬的或者不虔敬的——亦即，所要求于我们的事情在某时或某地是虔敬的，在另一时另一地则又是不虔敬的。

对于每一步摆在眼前的回答选项，普罗塔戈拉仍然是从中挑选更好接受的或更体面的那一个。现在，苏格拉底提醒他们未名的提问者有一个误解：不是苏格拉底，而是普罗塔戈拉（他在此只是被迫同意而已）在主张，德性的各个部分彼此是不同的。此前陪着普罗塔戈拉一起步向险境，现在苏格拉底安全后撤，并且见死不救，因为这位提问者向着普罗塔戈拉紧追不舍，比逻辑还要逼迫人："那么，虔敬就不是一种类同正义事物的事物，正义也不是一种类同虔敬事物的事物，而是类同于不虔敬事物的事物；虔敬类同于不正义的事物，也因此即是不正义的，而正义的事物即是不虔敬的——是这样的吗？"（331a7–b1）若如普罗塔戈拉所主张，不同的德性彼此完全不同，那么虔敬就不同于正义的事物，正义也不同于虔敬的事物。从这里起，我们就可以看见苏格拉底要奔向的结论（伪装在未名提问者身后），这一结论猝然提出而难以置信，但丝毫没少挑战人的神经:虔敬竟然不正义,而正义竟然不虔敬!这一结论或许是真的——但除非所有"不是虔敬的"(not pious)事物,恰因这一点都是不虔敬的(impious),而完全不会是既非虔敬亦非不虔敬;同理,所有"不是正义的"(no just)事物,都是不正义的(unjust)。苏格拉底自己则主张,"正义是虔敬的,虔敬是正义",因为"正义或者完全相同于虔敬,或者极其相近,并且正义远比其他一切更相同于虔敬,虔敬也最相同于正义"(331b1-6)。这样的表达松散不严,再明显不过了:正义有可能类同于虔敬,但也有可能不同。事实上,在此苏格拉底从未证明正义与虔敬相互近似,更别说证明二者相同。但这一段整体上确实达到了重要目的,强调这两种德性之间可能的联系,或特定的相近之处。《游叙弗伦》致力于考察"什么是虔敬?"这一问题,在其中苏格拉底尝试探讨的想法是,虔敬归于正义这个大题目之下,或者是正义的一个子领域(《游叙弗伦》12d1-4)。现在,在这一问题的处理行将结束之时,苏格拉底表现出他很惊诧,或很惊异于普罗塔戈拉的观点,即正义与虔敬竟然只有微乎其微的相似(331e4-6)。[47]毫无疑问,对于苏格拉底而言,正义与虔敬之间有何关联这非常重要。这一态度强烈对照于普罗塔戈拉,①他一定非常反感或惊恐于这位"提问者",在如此敏感的问题上竟这样轻口薄舌,放肆大胆,他也第一次在这一环节公开表达不同意苏格拉底——是不同意于苏格拉底本人,假拟的"提问者"现在则被完全抛开:"这真的不是我的看法,苏格拉底……如果承认正义是虔敬的,而虔敬是正义的,于我而言就太简单了。在我看来,这当中有根本区别。但这又有什么要紧?[……]如果你想要,那就让正义对我们而言是虔敬的,而虔敬是正义的好了。"(331b8-c4)对于正义与虔敬这两个仅属于"政治德

---

① 普罗塔戈拉"竟毫不在乎正义与虔敬之间特别不同之处,以至于在他看来毫不值得反对苏格拉底糟糕的逻辑"(Pangle 2014,153)。

性"的方面彼此间有何关联,普罗塔戈拉未能发现这一问题有任何理论重要性,他会很乐意放弃这个问题。但苏格拉底的反应则让人大吃一惊,这就重点强调了正义与虔敬之关系的问题有着特别的重要性(我们会再回到这一问题):"我可不要这样[Mē moi/μή μοι]……我要检验的不是什么'如果你想要'与'如果你这样看',我要检验的就是你与我。"(331c4-6)苏格拉底同样注意到,就在他们处理正义与虔敬这个问题的最后,普罗塔戈拉发现这样的探讨是如何令人"恼火"(332a2)。

接下来,苏格拉底转而考察余下的两种德性,智慧与节制(sophrosune/σωφροσύνη),勇敢则只字未提就被拿掉了。他们两位都同意,愚蠢是智慧的反面:显然智慧的人最为远离愚蠢者。并且,那些行动愚蠢的人——苏格拉底加以定义且得到普罗塔戈拉赞同的是,这些人相反于行动正确且有益的人——在如此行动时没有做到节制。得出结论就是,行动愚蠢的人相反于行动节制的人。于是,在再次得到普罗塔戈拉同意之后,苏格拉底确立起这样的观点,即每一种事物或性质有且仅有一种相反之物:有力与虚弱,快速与缓慢,高贵与可耻,好与坏,高亢与低沉。那么,行动愚蠢的事在方式上就相反于行动节制的事,既然前者由愚蠢而行,后者由节制而行,那么愚蠢与节制就彼此相反。但他们又已同意说,智慧的反面是愚蠢;又,既然任何一样事物的反面有且仅有一个,现在愚蠢同时相反于节制与智慧,那么,节制与智慧就必定是同一个!换句话说,因为节制与智慧共有同一个相反面——愚蠢——它们就必定同一。

苏格拉底被允许进行这一修辞术式推进——普罗塔戈拉对此同意得"非常勉强"(333b3-4)——部分原因在于"节制"(sophrosune/σωφροσύνη)很有模糊性,"节制"意味着拥有通常健全的理智,一种头脑冷静,正如它的缺失或其反面"愚蠢"(aphrosune/ἀφροσύνη)有着相对广泛的含义。[48]此外,他们两人在此既未定义也未描述何为"智慧",只是声称愚蠢是它"完全的反面"。但是,如果有人争辩说,智慧是拥有对最重要事物的知识或科学(knowledge or science)——比如,相关于依据自然为最好的或享有最高荣誉的事物的知识,这样的自然完全超越于凡俗的人类,甚至包括宇宙或其组成者的自然(请参亚里士多德《尼各马可伦理学》第六卷第七章)——但"节制"却是或密切相关于"行动正确且有益"(《普罗塔戈拉》332a6-8),那么"节制"与"智慧"就的确很不相同。相应地,"愚蠢"就或者指对于最高(永恒的)事物拥有错误的意见,或者指某时某地错误地把有害当有益。换句话讲,完全可以想见,缺乏最高意义上智慧的人,却可能拥有几乎完全正确的实践判断或理智(practical judgment or good sense),正如另一方面,人们否认"阿那克萨哥拉、泰勒斯以及其他这一类智慧的人是审慎明智的,当他们发现这些人对什么事物于己有利很无知"(亚里士多德《尼各马可伦理学》1141b3-6)。普罗塔戈拉对这一论证的大部分轻易就同意,这是否表明对他而言智慧也密切相关于,甚至完全就是如何对自己有利的知识? 他的同意是否意味着,在他看来,设想中的更高的智慧对于我们是遥不可及的?

但在这一可能之下,普罗塔戈拉在他长篇讲辞中把节制与智慧分割开来,这就变得更加奇怪了。在他最初的评价里,为什么节制实际上与正义、虔敬一起同属于纯粹的政治德性的部分? 更显然的归类该是正义、虔敬与勇敢——同为灵魂的性质,一起促使我们尽义务于人、于神,并使我们能拥有所需之物去履行义务——相比之下,节制与智慧则看起来属于一起,都是正确理解这个世界,包括实践的与理论的,人类的与超人类的。这样的理解自然而然是有益的,甚至使节制而智慧的人自己也很愉悦。普罗塔戈拉对勇敢的评价,仅被设置于对话的最后环节,但相关于节制,我们则指出这一意味:一开始普罗塔戈拉把节制看作非常相近于正义(请看首次提及,323a1-2),在愿意延缓或拒绝满足欲望的意义上,把节制看作是"有理智的"(sensible)品性。这一意义上的节制,当然也能描述孩童"受教育"于七弦琴(或文艺的 music)教师这类情形,这些教师孜孜不倦地把"节制"注入到孩童身上,直到他们不会犯错或做出坏事(326a4-5 以及上下文):此处的节制等同于做到所教导之事,或行事一丝不苟。[49]但在他的长篇讲辞中,普罗塔戈拉确乎在完全不同的意义上使用这个词:在已强调其重要性的一处明显"离题话"中,普罗塔戈拉指出,虽然在吹笛这件事上承认自己事实上并非好手,这可能是"节制的"(有理智的),但如果一个人并不正义却又承认这一点,不去假装自己是正义的,那就不是"节制",而是"发了疯"(323a5-c2,特别是 b2-5)。在这一例里,"节制"将会要求对自己的不正义撒谎,以避免"发了疯"去坦率承认不正义。正如有一种节制用来指称孩童依照教导来行事,也有一种节制来引导不正义的人小心审慎地欺骗。但不变的是,这节制的后一种用法并不等同于智慧——可以推想,一定程度上,智慧在于很明白正义的真正特性,而此处的节制在于理智地掩盖这样的明白——如此相关于智慧的节制,在普罗塔戈拉的长篇讲辞中,并未几乎同等地像恭敬顺从的孩童身上的节制那样得到强调。

　　苏格拉底并未立即引出结论说,节制与智慧是同一的。相反,他提供给普罗塔戈拉一个选择:要么他们放弃前提假设,即每一样事物有且仅有一个相反面,要么普罗塔戈拉收回其论点,即智慧不同于节制。但是,苏格拉底并不探讨某些事物是否可能有不止一个相反面,也不允许普罗塔戈拉这样去做,他强行得出一直在寻求的结论:这样,智慧与节制就一定是同一的。换句话讲,苏格拉底实际上等于在说:现在 A 或者 B 必居其一,所以就一定是 B! 准确来说,"愚蠢"就可能有两个不同的相反面——智慧或者明智(wisdom or good sense)——正如勇敢就可能相反于无畏(过于鲁莽)或怯懦(也请比较 332e2 与 d4,注意后一处"相反面"很古怪的复数用法)。苏格拉底继续专横霸道、错误地回忆起此前论证正义与虔敬时的结论:"那么同样,正义与虔敬在此前就已清楚明白地向我们显示,它们相当程度上就是相同的东西。"(335b5-6)

　　随着"正义-虔敬"与"智慧-节制"这两组被分别确立为,或被主张为是同一的,苏格拉底接着探究它们之间的关系。或可想象,他在这么做时可以这样论证,比如说虔敬等同于智慧(对比361b1-2),或正义等同于节制。他的实际选择却是如此地揭示着整个探讨的关键:苏格拉底选择迫使普罗塔戈拉考虑这一可能性,即犯下不正义是"节制的"(有理智的)! 自然地,普罗塔戈拉拒绝承认这一点:"就我而言,我羞于同意这一点,虽然许多人都这么讲。"(333c1-3)①[50]苏格拉底委婉地拒绝把问题指向这些"许多人"或他们的看法:"我是在同等地检验作为提问者的我自己,以及回答者(亦即普罗塔戈拉)。"于是,毫不奇怪,此处普罗塔戈拉称这一论证"令人恼火"(或"可恶得很")。苏格拉底现在一再揪住不正义带来的令人心醉神迷的好处不放:成为不正义的人是节制的——因此也是理智的,也就是很善于谋虑的(of good counsel),会一路成功的,会获得好的因而也有益于人类的东西! 苏格拉底一开始扮演着礼貌的甚至顺从的好榜样,现在摇身一变,突然很无礼甚至是死对头了。普罗塔戈拉拒绝讲他个人的看法("就算是这样吧":333d4,d6),除了谈到善好:他确实说,有些事物是好的,因此也就是有益的。他这样拒绝合作,完全可以理解。按他自己的讲法,若是承认自己不正义,那将是"发了疯",这样他就几乎不可能同意说不正义是好的。此外,还应注意到,普罗塔戈拉并没有利用这个机会,干干脆脆否定践行不正义可以作为好的策略,因为这么做,就可能损害到他的事业前景,比如在克里提阿、阿尔喀比亚德这样的学生身上。这样,他就发现自己进退维谷,要么承认他在表扬不正

---

①　正如克罗波西(Cropsey)在此看到:"普罗塔戈拉并没有很好地抓住机会指出,这种广泛堕落就正好更加需要他所提供的那种普遍道德教诲,因为按他的讲法,公民大众对于年轻人以及对公众自身都是道德教诲的来源。"(1995,14)

义,要么要公开否定他的真实教诲当中的最胆大之处。在此,苏格拉底竟然作出结论说,在列出不正义的种种好处的长单上,成为不正义的人是属于"善于谋虑的"(eubouleuesthai/εὖ βουλεύεσθαι 333d6)——他在清清楚楚地回应普罗塔戈拉开头的广告语——这正是普罗塔戈拉声称他能教会学生的本领所在(euboulia/εὐβουλία;318e5)。

后果:普罗塔戈拉论善好

苏格拉底的粗暴令人无法忍受。这就促使这位智者喊出了他在全篇对话中第一个也是唯一一个起誓语("是这样的,以宙斯起誓!"),并且还可说是勃然大怒了(334a3-c6)。还有什么更明白的标志,表明苏格拉底有效使得这位闻名全世界的聪明演说家现在方寸大乱呢?重复一下,苏格拉底在此推出结论说不正义是理智的,其立足点是它可以让我们"一路成功",一路获得成功是说可以为自己获得好的或有益的东西;对此的分析或探讨停了下来,普罗塔戈拉激烈否认说,所谓好的东西并非就是对人有益的东西:"即便它们对人无益,我同样称它们为好的!"

正是在这里,当看到普罗塔戈拉已经发火要搏斗,苏格拉底在向友伴转述中说,他很小心地前进,温顺地提出下一个问题:你的意思是说有些好的东西无益于任何人,还是说有些好的东西就是无益(无论对于任何事情或任何人)?[51]可以想见,后一种可能性意味着普罗塔戈拉接受一种看法,即"好的东西"分离于所有益处,因此也就无关于任何可见的需要(比较色诺芬《回忆苏格拉底》3.8.2-3);也有可能意味着,依柏拉图主义者的正式看法,"好,是某种自身独立的事物,分离于许许多多的好的东西,它又是所有这许许多多的东西成为好东西的原因"(亚里士多德《尼各马可伦理学》1095a26-28)。现在普罗塔戈拉出于他全部的恼怒,立即清楚明白地说,他也把好理解为有益,也就是对某种事物或某个人有益:他仅仅坚持,这里的某种事物不必就是某个人。也就是说,至少他并没有不同意苏格拉底,苏格拉底在这位智者发怒之前强行推进的论证的最后结论是:一路获得成功就是获得对于人是好(也就是有益)的东西。当然,因为现场已开始火星迸发,很容易让人看走眼,错过当中的这一同意。

普罗塔戈拉发表了一通长得出人意料的高论来证明一点,这一点看起来也足够显而易见,即对于人类之外的生灵,也可以讲什么有益什么无益。他首先讲动物的不同种类(在人类之后,是马、牛与狗),接着讲到树木。普罗塔戈拉讲到树木时,有别于此前讲到动物——所有那些都是群体的,一群或一阵——他现在第一次讲到单一整体的各个部分:他强调说,对于树根好的东西(比如粪肥)对它的初芽却是有害的。那么,也就不能说像粪料这么难闻或可恶的东西,就完全是坏的(或好的),它的好并不依赖来源、外表或者名声,而要看它是否能满足特定的需要。普罗塔戈拉还强调,有些东西可能有害于嫩弱者(嫩芽或花蕾),却非常有利于成熟者(已经长牢的根须)。与此类似,橄榄油闻起来很好,很有吸引力,但却有害于所有植物,也有害于动物的毛发,对于人的头发则除外;对于人,橄榄油则实际上普遍有助于身体健康。(普罗塔戈拉就遵守了这样的次序:人类、[其他]动物、植物、[其他]动物、人类。)不唯如此,好的东西"过于复杂,情况多样,以至于有些东西对于人的体表是好的,但对于身体内部则有害"(334b6-c2)。现在,普罗塔戈拉不但说人体的不同部分,就像说到树那样,还说到人的身体之外与之内;身体外表可见,同时有不可见的内部,但不是不可见的灵魂,所以他仅仅关注着有益于身体的东西(对比 313c5-6)。

普罗塔戈拉普泛地评论好的复杂性,就促使他强调甚至橄榄油也可能有害,如果有人身体虚弱却大量食用的话:[52]它顶多只能少量地被使用,以掩盖饮食中"恼人"或可厌的(duscherian/

δυσχέρειαν 334c4；比较 332a2 与 333d2）气味，大概这样的饮食是病人所需要的那种。可见，丑陋或可恶的东西也有可能是好的，至少对于成年人是如此；很有吸引力的东西也有可能是坏的，至少对于病人是如此，当然是用于掩盖什么，以有利于病人。那么，成熟而健康的人就既可能受益于丑陋的东西，又可能受益于有吸引力的东西：在好（有益）与美之间，就不存在必然的联系。可以更总结性地说，在苏格拉底粗暴无礼的驱使之下，普罗塔戈拉就间接地但同样很能说明问题地讲出了他自己的活动，以及他所关切的好乃是严格理解为有益，并且这种有益不仅仅是就一般性的人而言，而是尤其对于成熟且健康的人来说的。而且，如果"不正义"可以比作"粪肥"，那么他似乎间接地屈服于苏格拉底在探讨中采取的主要行动或攻击，哪怕他能够发表一通聪明讲话来自卫。这样，至少从听众的反应来看，普罗塔戈拉就重新夺回了刚刚原本可能失去的阵地："在场的人爆发出一阵喝彩，因为他讲得漂亮。"（334c7-8）

第一次幕间插曲，或旁人干预

接着出现了全篇对话中在场旁人两次"干预"中的第一次，目的是避免对话未完就中辍，或引导对话进程以免中断。现在很清楚，当普罗塔戈拉可以长篇讲话时，他就赢得了现场听众，正如当苏格拉底可以使普罗塔戈拉服从于问答时，他的势头就会回升。现在，就在旁人干预之前，苏格拉底声明他完全跟不上长篇讲辞：他是个健忘的人（他可是能够"一字不差向友伴重述整场对话"！[Pangle 2014，158]），如果对话要继续，普罗塔戈拉就必须同意讲话简短，他当然有能力做得到，正如苏格拉底很快指出的那样（334c8-d5；334e4-335a3）。苏格拉底这是不是在要求普罗塔戈拉更简短地回答问题，比在他看来所要求的还要更加简短？如果

他以前遵守着这样的要求,他就很难被看作是优胜于任何其他人,
"普罗塔戈拉"之名也就不会像现在这样闻名于希腊人。此处苏格
拉底向友伴评论说,他当时判断,普罗塔戈拉很不满意于自己到此
为止所作的回答,也不再愿意通过回答苏格拉底来谈话;那么,实
际上的困难就不是他讲话的长或者短——[53]很快阿尔喀比亚德
就会说出再明显不过的事,即苏格拉底根本不会健忘(336d2-4;
对比309b6)——实际困难在于,苏格拉底的问题很难,或很可恶。
当苏格拉底重申他没有能力跟上长篇讲话,而普罗塔戈拉则能够
简短讲话,他声称,既然普罗塔戈拉不愿意采取他苏格拉底所唯一
能够的谈话方式,而他又没有什么闲暇(tis ascholia/τις ἀσχολία:
335c4),还要去别的地方,这次见面就应当结束了事。正如苏格拉
底在说他很健忘时,并没有讲真话,现在当他说并没有闲暇,也是
假话,因为当这场漫长对话最后结束——目前还未到一半——苏
格拉底再路遇友伴,并且当然就相当完整地重述这次对话,他这样
奢侈的闲暇,不是一个有急事要忙的人所能有的。所以,苏格拉底
不但善于记忆,而且也善于长篇地讲话,而且也可以说,他总有闲
暇。苏格拉底的谎言——就其实际所是来讲——可以因其显然目
的而得到辩护:为了保护希珀克拉底,以及像他那样的青年们,以
抵制这位伟大智者的魅惑。

在接着发生的"干预"中,讲话的有五人:卡利阿斯、阿尔喀比
亚德、克里提阿、普罗狄科与希琶阿斯。他们争辩一个实际问题,
如何最好地安排后续对话,以同时满足苏格拉底与普罗塔戈拉。
这场争辩最终走向了一种票决形式,显然它能使谈话继续下去。
这样,我们就见证到一个具体而微的行动中的政治共同体——其
中恰好同时有一个智者和一个哲学家。诚然这个场景包含许多谐
剧性。比如,在这场很民主的讨论中,核心发言者却是克里拉亚,
一位未来的寡头党棍,他同时批评卡利阿斯与阿尔喀比亚德他们
都太党同伐异! 这一场还取笑了讲究语言精确的普罗狄科,以及

自负名为"智慧"的希琵阿斯，他竟然说，现场的人出于自然而非仅仅因为习俗或礼法，正处在高山巅峰的峰尖上：他们都是希腊人，正在雅典，并且在卡利阿斯的家中，"全希腊的真正智慧殿堂"。（337d3－e2）

如我们所见，现在这场共同商讨，就变成众人热心赞许普罗塔戈拉了（他受到众人鼓掌欢呼），但紧接着苏格拉底提出一项修正，结果又完全废止了共同决议。总结说就是，众人决定选举一个裁判，由他负责监督，不许哪一个讲话过短或太长——这是"智慧者希琵阿斯"的一条实际建言——但苏格拉底解释为什么这完全无法实际操作。诸多理由之一是，普罗塔戈拉就是智慧的，没有谁比他更有智慧能够或应当被选为监督者：苏格拉底在此所依赖的原则是，智慧统治名正言顺；我们也从发生的事实见证到，这一原则正在生效。[54]作为替代，苏格拉底建议，保留讲话简短这一要求，但改为普罗塔戈拉来提问，而苏格拉底则扮演模拟的回答者：他将展示给普罗塔戈拉看，如何来简短作答。（当然，苏格拉底结束时发表了一通长篇讲辞，未曾中断，也是整个《普罗塔戈拉》长度第二的讲辞——虽然应当说明，他这么做时，在场所有人都已允许：342a4－5以及上下文。）苏格拉底的这一"修正"，实际上是宣告此前决议无效，它得到"所有人"的赞成（338e2；比较337c5与338b2），但普罗塔戈拉没有，他"很不愿意"继续下去，但还是被迫这么做。

从这场笑剧来判断，哲学家苏格拉底既应当统治，也实际在统治。他不但能辩论为什么这场谈话一定要按他满意的方式进行，而且他还（对比于这位智者）言与行双面夹攻，或以行动来强化言辞的力量：他站起身，仿佛竟要离场（335c7，d6）。显然，苏格拉底永远不会把政治技艺等同于修辞术，更不会把修辞术列于政治技艺之上，据亚里士多德的说法，智者们通常都倾向于这么干（参《尼各马可伦理学》1181a12－17）。所以，普罗塔戈拉从众人的赞誉中跌落,责任在苏格拉底,他如此安排就使得对话完全按他喜好的方式进行下去,并且还得到在场每一个人的同意——当然,是除了普罗塔戈拉之外的每一个人。在这个缩微的共同体中,智慧在统治,虽然说哪怕是在这里看上去还得屈就于民意;这一共同体当然不是雅典,而是一个很不同寻常的,相对更小的,且聚集于一处私宅之中。不过,看起来不是普罗塔戈拉,而是苏格拉底才是"善于谋虑每个人自身事务"的教师(318e5-319a2)。

代理人之战:西蒙尼德对阵庇塔库斯(338e6347a5)

普罗塔戈拉这样"被强制"或被迫继续进行对话,遂改弦易辙。现在他提出说,一个人的教育很大程度上在于,他在诗艺方面有多聪明——亦即,在于理解诗人说了什么,理解得"正确"还是"不正确",并懂得如何通贯全篇,在被要求时还能讲出一二。显然,普罗塔戈拉所想,并非学童早期正式教育的内容,那些学童们"被强制"去背诵"好诗人们的作品",它们包含有"许多劝世良言,并详细描述且表彰颂扬着古代贤良(the good men of old)",这样能起到激发学童们言行端方的作用(325e4-326a4)。[55]但与之相反的是,普罗塔戈拉现在的问题在咬文嚼字,显然不为别的而是意在考察苏格拉底,看他所获得的教育是否真正够得上一个"人"(man)该有的教育(对比 325a6 与 338e7)。普罗塔戈拉在此借道于诗,这令人惊讶。① 如我们所已知,此前他把三位伟大诗人——荷马、赫西俄德与西蒙尼德——看作老派的智者,他们借助诗来掩盖智者术(316d7 以及上下文),普罗塔戈拉对此做法大加批判:相比于前

---

① 我接受科比(Coby 1987)、戈德伯格(Goldberg 1983)、韦因加特纳(Weingartner 1973)的观点,认为对诗艺的讨论"推动了对话的大主题"(Weingartner 1973,95);相反不同意比如肖瑞的看法,"这对主要论证几乎或完全没有关系"(Paul Shorey 1983,178-180)。

人讳莫如深,他则(相对地)坦率敞开,他自评,就审慎而言,这要高妙得多。现在,与苏格拉底的对话远不止是"令人恼火",而是让人怒火腾腾了,但就在明显要准备战斗一场之时,普罗塔戈拉却撤退了一步。即是说,当至少遭遇如苏格拉底这样的机敏的检验者提问对答时,普罗塔戈拉极具修辞的自我表演就步履维艰、困难重重了,他实际上的应对办法,是求助于诗的技艺,亦即老派智者们的古旧避风港。这难道不在表明,普罗塔戈拉的敞开有着严重缺陷,或者他在实际行动中必须接受老一代诗人们的智慧吗?然而,普罗塔戈拉的撤退——如果实际是如此——只是部分意义上的。这更可能是虚晃一枪,因为他对苏格拉底、接着对众人说,现要讨论的问题完全与此前一样——"关于德性"——只不过换成在诗当中来讨论:"这是唯一不同之处。"(339a3-6)所以,我们期待普罗塔戈拉寻求探讨——间接地或拐弯抹角地——相对于不作任何限定的德性(virtue unmodified),亦即智慧,可能还有勇敢,"政治德性"会排在什么位置,尤其是正义对于好生活的重要性,这一德性在智慧的指令之下被践行于一切事情当中。简言之,我们期待普罗塔戈拉以某种方式展开反击,或者防守他自己关于行不义的智慧的讲法,或者设法进攻苏格拉底。

普罗塔戈拉引述一首诗,由西蒙尼德写给施戈帕斯(Scopas),那是帖撒利统治家族的一位成员——他质疑,西蒙尼德在其中自相矛盾,因为西蒙尼德对"智慧的凡人"庇塔库斯(Pittacus)所作批评的内容,也正是诗人自己说过的东西。[①] 一方面西蒙尼德提出主张说,"要真正成为一个好人,很难"(a good man truly to become is difficult),另一方面他又转而非难庇塔库斯,因为后者说过"做高贵的人,很难"(difficult to be noble)。对这一切,苏格拉

---

① 原诗已不存,辑佚重构的努力可参见 Adam and Adam(1921,194-200),Goldberg(1983,178-180)。

底本人怎么看,我们远不清楚。如果说,提问什么是德性,等于提问一个人如何成为好的或高贵的人,那么两位写诗的人并没有直接议论成为有德性的人是难还是易,更遑论二人对此互不同意。事实上,普罗塔戈拉立即关注的,并非西蒙尼德与庇塔库斯两人所主张的准确内容是什么,相反他关注于西蒙尼德的粗暴可恼。他问苏格拉底,西蒙尼德"批评的庇塔库斯的话,正是他西蒙尼德自己也讲过的话……但当庇塔库斯像他这样说时,他却拒绝接受,这难道不令人恼火?当西蒙尼德批评任何一位跟他自己说同样事情的人时,很清楚,他也在批评他自己,[56]所以,或者是之前,或者是之后,西蒙尼德必有一处讲得不对"(339d5-9)。所以,苏格拉底与普罗塔戈拉讨论的第一个话题是,一个好的或智慧的诗人是否也会自相矛盾。虽然传到今天的文本存在一点解读困难,但能看到的是,当苏格拉底清楚同意说,一首诗若有这样的自相矛盾,就不能算是写得"很高贵"或"很美"(kalos/καλός),但他并未那么清楚地否定,它也可能还是写得很"正确的"(orthōs/ὀρθῶς)(339a7-10;再回忆一下 339a2;还考虑一下 352d4:高贵的并不必然就是真的)。如果是无意中自相矛盾了,那是一时疏漏,但一个"智慧的"人,比如苏格拉底认为西蒙尼德就是这样的人(345d9-e4),也很有可能故意自相矛盾,如果这样做有助于一个好的教育目的,或者某种其他合理目标(也请考虑《美诺》96a3-4 及其上下文中的泰奥格尼[Theognis]的例子;《普罗塔戈拉》361a6-8)。但无论如何,普罗塔戈拉不可能自己前后保持一致而又批评有意的自相矛盾,因为他自己就在长篇讲辞里大用这样的手法,无疑他自认为那篇讲辞讲得很正确:回忆一下,在那里他提出,我们有正义感与羞耻感是因为宙斯,但与此同时他又说,在既定的共同体之内所有人都会以完全凡俗的方式,把这样的感受灌注给周围人。

　　但依然很难看出,这如何会关系到苏格拉底。一位死去的诗人(愚蠢地)自相矛盾,这与苏格拉底又有何干?当炮轰西蒙尼德时,普罗塔戈拉的火力集中于这一事实,即这位智慧者公开批判另一位智慧者的缘由,竟是对方持有与自己一样的观点:如果西蒙尼德不是一时糊涂,那么他就是个臭不可闻的假道学。普罗塔戈拉以这种方式给出的信号是,他正在这样被苏格拉底搞得狼狈不堪,正如庇塔库斯遭遇了西蒙尼德的胡搅蛮缠:你苏格拉底是同意我对德性的看法的——你的看法(即便你没有明说)与我并无二致,都认为智慧远胜于所有其他德性,或者对于正义在真正好的生活中居于何种地位,也看法一样——然而,你却假装不同意,当着众人的面把我架在火上烤!(由此,普罗塔戈拉一定认为,存在一些有意自相矛盾的例子,谈不上是正确的,更别说是高贵或美的了。或者他尤其反对苏格拉底的卑鄙,反对他此时行动中卑鄙? 普罗塔戈拉很乐于回答那些很"高贵地"提问的人[318d5-7]。)这样来解释普罗塔戈拉的论诗,就有助于讲通苏格拉底何以有这样的反应,不然他的反应就太不寻常了。因为虽然苏格拉底怯生生地说过,西蒙尼德的评论"看起来"是前后一致的,"至少在我看是如此"(他在向友伴转述时就坦承,甚至他对这都很不确信[339c8-9]),但当听到普罗塔戈拉对西蒙尼德的批评时,苏格拉底声称"就如同遭到拳击高手的一击":"当听到他这样讲,听众一阵骚动",他顿觉"头晕目眩,眼冒金星"(339e1-3)。[57]对此能站得住的解释就是,苏格拉底就把普罗塔戈拉的批评,当作是针对他的直接一击。

现在苏格拉底的正式任务,是要为西蒙尼德辩护,以解除对他自相矛盾的指控。为此,苏格拉底采取三种不同策略。前两种都很简短,并且显然都遭遇惨败;第三种策略则是一个长篇的讲话——正是苏格拉底前已声明他不能为之的那一种——其开头戏谑搞笑,但当讲述整首诗的意图时,就变得严肃,甚至沉重起来。这里我们或可再次强调,在普罗塔戈拉答以长篇来论述所谓好即是有利时,聚集的听众们爆发出热烈欢呼(334c7-8)——亦即,到此为止无论苏格拉底赢得了什么进展,又都一笔勾销了。在对西蒙尼德诗作的意图作了一番精心解释之后，苏格拉底的势头又明显上升，或回升了，即使他并未获得掌声：在我们所谓的第二次干预中，他指定了对话的规则，甚至抛开了用于装点的民主商议过程（当中有阿尔喀比亚德必不可少的大力助攻）（考虑347b3-7与348b2-8；比较336e1-2以及上下文，在该处，阿尔喀比亚德的偏心仍难逃批评）。无论苏格拉底采取多么奇怪迂曲的路线，依据现场众人判断，他最终还是成功为西蒙尼德辩护了，也因此为自己辩护了。在这里，令人印象深刻的是，苏格拉底自己很"善于谋虑"（good counsel），无论是短兵相接的问答，还是长篇讲辞，都是明显如此。

苏格拉底在向友伴的转述中说，当时他先呼唤在一旁的智者普罗狄科前来相助，但不是真的因为他需要那位语言专家、"完全智慧而神样的"人来帮忙，而是——他对友伴转述说——"跟你讲真"，这样可以为自己争取一点时间，好思考一下诗人是什么意思（339e3-340a2）。这样，苏格拉底就骗得普罗狄科以为真的需要他帮忙，甚至竟以此为他正义的义务（dikaios/δίκαιος：340a1）来答应苏格拉底的请求，这一欺骗就贯穿在苏格拉底前后对他的颇为戏谑的相待之中（尤其考虑341d7-9）。苏格拉底以荷马史诗中阿基琉斯大战河神斯卡曼德（Scamander）的场景作比，他自比于斯卡曼德，普罗狄科则被比作斯卡曼德的兄弟西莫伊斯（Simois），无形之中，苏格拉底就不再把普罗塔戈拉比作俄耳甫斯（Orpheus），而是比作戏剧性地大战河流的阿基琉斯（《伊利亚特》21.308-9以及上下文）。在那场大战中，阿基琉斯最终赢了，虽是险胜，还得到最有技艺的神赫淮斯托斯的干预。现在，无论苏格拉底是否呼唤普罗狄科来助战，普罗塔戈拉凭他超一流的技艺也会赢得战斗吗？至少，苏格拉底看上去很不确定诗人的意图到底是什么，因此也不确定他是否能够解除针对诗人自相矛盾的指控。他做得到吗？他真的希望这么去做吗？

[58]苏格拉底对问题的第一次处理看起来不错。他装模作样要借助普罗狄科的专门知识,把众人的注意力集中到语词上来,两处矛盾的讲法所用动词是不同的:西蒙尼德说"成为 becoming(好的)",庞塔库斯则说"是 being(高贵的)";普罗狄科以其令人惊叹的学识帮助我们理解到,"是"与"成为"是很不相同的——"宙斯在上,竟是这样的!"(这至少符合这样的思想,即根据普罗狄科,万物并非都是生成性的,或并非万物皆流。)但是,亦如《泰阿泰德》也将确证,普罗塔戈拉当然很清楚,是与成为,根本不同。① 苏格拉底的论证更进一步,援引权威人物:赫西俄德也肯定说,成为好的,是很困难的——因为"在德性之前,诸神放置有汗水"——但一旦"攀登成功,之后就易于保持了,虽然此前困难重重"(《工作与时日》289-92)。这样解读之下,西蒙尼德就讲得很对,成为好的是很困难的(此处"好的"就必须等同于"有德性的"),庞塔库斯则错了,他说攀登上顶峰之后,始终保持高贵,这很困难(此处"高贵"也要等同于"有德性的")。换句话讲,庞塔库斯对于保持真正的人的卓越——有别于获得卓越——过于悲观了。既然苏格拉底提到,这首诗名义上所致献的人,是帖撒利政治权力强大的施戈帕斯(Scopas),这不禁让人好奇,假定施戈帕斯自认为是有德性的,那么他是否乐于听到西蒙尼德说,有德性的人要保持一直有德行并不困难(考虑346b5-8)。无论如何,苏格拉底在开口以及在建立他的第一次解释尝试时,依赖于西蒙尼德、赫西俄德与荷马——亦即为普罗塔戈拉所引证、批评的三大隐秘智者,批评他们以诗为"斗篷"来伪装自己。在这一意义上,苏格拉底就与他们联合起来,共同反对普罗塔戈拉。

但普罗塔戈拉将得不到他们任何帮助。因为,在苏格拉底寥

---

① [译注]后文专论《泰阿泰德》中普罗塔戈拉名言"人是万物的尺度"时,所涉关键术语正好也是 becoming、being,但那里显然是"理论性"的用法,明显不同于此,故那里的译名则取 becoming[生成]、being([常驻不变地]是着),特此说明。

寥数语之下——他一定想到了赫西俄德——如果赫西俄德被解读成主张德性是件容易事，一顶"极其愚蠢"的帽子就戴在了"诗人"头上，因为"几乎所有人"都认为，德性是"最困难"的事。并不民主的、毋宁相当自命不凡的普罗塔戈拉求助的是"所有人"的意见，显然因为他也持这样的看法——但随后他又恰恰断言，"人们"许多话都不正确，甚至他们是瞎撞到什么就说什么，正如他曾不经意中提到，"多数人"不过是鹦鹉学舌，重复城邦中少数有权势者所宣讲的东西（352e3-4,353a7-8；317a4-6）。城邦一定要采取措施，以将"政治德性"灌注到公民身上，这当然就表明，在此意义上成为有德性的人是非常困难的；而且更重要的是，既然持续有必要依赖于礼法，且要有惩罚托底，这就表明保持德性又是多么困难：[59]在这些方面，普罗塔戈拉的确同意"人们"，他们终究在德性的形成中是主要的获得者或受害者。无可否认，至少在这一例中，苏格拉底与西蒙尼德及赫西俄德为伍，普罗塔戈拉则与"所有的人们"一起。或许普罗塔戈拉与众人还有着更多的共同之处，他却未意识到？（再考虑351c2-3）

　　然而，赫西俄德可能并不能被指为"极其愚蠢"，如果某种意义上他的讲法也只是"斗篷"，其意在隐藏他的思想。无论如何，乍看之下，赫西俄德所说的"德性"到底是什么，他的诗说得很模糊，因为他对正义、对正确行动之路——普罗塔戈拉会称之为"政治德性"——给出长篇而有力的讲法，这尤其针对他那任性的兄弟，正如他给出过同样有力但简短得多的讲法，讲述通向理解"万物"或通向智慧的"道路"（对比《工作与时日》216-17行与288-93行）。苏格拉底所引诗行原文的上下文表明，赫西俄德所想到的困难，并不在于通向正义、正确或"政治德性"的道路之上，而是存在于通向智慧的道路之上。所以，赫西俄德所论相对容易之处是，一旦获得了智慧或理解，保持它就容易多了：立于这一峰顶是相对容易的，但攀登则一路困难重重。并且，历经险阻而获得的智慧在拥有与运用中带来的快乐,显然并不见于拥有并运用于正义之中,或者履行严肃义务之中。

苏格拉底的第一次解释尝试意在为西蒙尼德辩护,但他显然不愿为此而战斗,但比之更为显然的是,他更快放弃了第二次尝试,那也是处于中间位置的尝试。依其解释,西蒙尼德所谓"难"(chalepon/χάλεπον)并非"困难"(difficult)之意,而是"指'不好'或某种你不理解的意思"(341b5‑7),这一解释尝试得到普罗狄科的支持(341c2):"难"(chalepon/χάλεπον)确实指"不好(bad)"。如苏格拉底接着所解释,这样诠释"难",将使西蒙尼德对庇塔库斯的批评是,"当庇塔库斯说'成为高贵的是很难的(difficult)',就好比听到他在说'成为高贵的是不好的(bad)'"(341c3‑5)。苏格拉底也请普罗塔戈拉反对这一点,他这么做了。普罗塔戈拉再一次倚靠在所有人的说法上,无论如何是倚靠在西蒙尼德以及"我们这些其他人"的说法上:"难"(chalepon/χάλεπον)并非指"不好"(bad),而是说不容易,因此是伴有许多麻烦。借用普罗狄科的权威也就到此为止了——普罗狄科仅仅是,依苏格拉底的说法,对普罗塔戈拉开个玩笑,测试他一下,看他是否能维护他自己的观点。在这当口,普罗狄科并未讲话,但也没有显见的理由认为,他是在开玩笑。而且,苏格拉底自己很快就把"难"(chalepon/χάλεπον)恰恰用作为"不好"(bad)之意:一个"困难"(difficult,亦即一个"不好"[bad])的季节时令,可能打垮一个农夫,哪怕他知识丰富(344d4)。[60]那么,如果我们反对普罗塔戈拉这么快就退却,或者如果我们依赖于普罗狄科的智慧,或许可以提问,这一新的解释尝试,显然如此笨拙而无效的尝试,到底会意味着什么呢?

这当然很奇怪。开始处,苏格拉底以"不好"来代替两位作者诗中的"难",但正因此,他为西蒙尼德辩护但未能成功解除对他自相矛盾的指控!那么,苏格拉底可能意在承认或者确认,一位智慧的诗人可能会设下自我矛盾,如果他出于什么原因要这么做的话

（再次考虑 339b9-10 以及上下文）。现在很清楚，摆上台面的问题非常微妙，也应当被这样微妙地注意起来，因为如果西蒙尼德认为庇塔库斯是在说，"成为高贵的是不好的"，那么他就是在反对庇塔库斯一个极不高贵的思想。这一思想与普罗塔戈拉核心的政治教义有何关联，并不难发现：行正义与虔敬之事，这显然是高贵的（考虑 325d3-5），但正因这一点，它又是不好的，它对行动者自身是无益的，这当然就是普罗塔戈拉所谓不好（bad）的实际所指（再次参见 334a3-c6）。单纯的智慧，或再有勇敢加持，是诸德性中"最大的"那一个。正如苏格拉底立即就要指出的，在庇塔库斯这样讲出的见解（sentiment）中，有点东西确实很刺耳，如果不说冒犯人的话——这就是他所说"唯有诸神可能获得这一奖项"，这一事实可作为"重要标示"或"证据"，表明庇塔库斯不可能有苏格拉底所尝试解释的意思。那么，苏格拉底尝试对西蒙尼德的解读，刚刚被提出、加以发展，就立即被撤回了，在这一解读之下，庇塔库斯在警告人们不要成为高贵的：只把这一"奖项"颁发给神（341e5-6）。可以批评西蒙尼德，他把这一思想搞得众人皆知，尤其是我们后来得知，庇塔库斯这句话仅仅是"私下"讲的话，并得到"智慧者"的赞许：事实上，庇塔库斯从未不加区分地向所有人讲话——"噢，人类啊……"——如苏格拉底对西蒙尼德的解释所暗示的（343b5-7，343e6），并且庇塔库斯完全不是发表一项逻各斯（logos），他只是作个简短评论（rema *ῥῆμα* 343c1-2，344b5），亦是说，这样的简短之语，依其自然特性就可以作多种诠释，也因此又是隐藏性的（考虑 347e3-7）。或许这就是为什么苏格拉底要说西蒙尼德肆无忌惮或不节制，标志这一点的是，苏格拉底只是片刻点到的那层意思，他给说出来了，人们原本以为苏格拉底会如此批评庇塔库斯的（考虑 341e6-7）。当然，西蒙尼德在讲出庇塔库斯这层意思之后，就对它大加抨击了。但是，如果我们认为，西蒙尼德在批评庇塔斯时仍有可能有意地自相矛盾，因为他自己本来说过同样的东西（在

高贵或有德性这一意义上说"成为好的人，这是不好的"），[61]那
么，他对如此摆上台面的这一思想，虽然大张旗鼓地拒之千里，但
在暗中却是同意的。反过来，这或可引向一个难以接受的想法，即
苏格拉底大张旗鼓与普罗塔戈拉争吵，更多也是表面的（修辞性
地），而非实际要严格探讨德性的特性或内容这一问题——这一想
法之不可接受，尤其因为它将使我们无法解释，苏格拉底与普罗塔
戈拉这两个人所采取的生活方式何以明显不同。

　　苏格拉底两次尝试为西蒙尼德辩护。其中第一次就使德性一
词的准确含义成为问题，这由苏格拉底引用赫西俄德时带来："德
性"可能指政治德性；也可能指智慧，如普罗塔戈拉将要使用；再或
者如赫西俄德所使用的，"德性"可能指正义行动的道路，也可能指
依赖自身而通向理解"万物"的道路。① 苏格拉底的第二次尝试则
走得非常远，讲出了普罗塔戈拉的一个核心论点，据之，"成为高贵
的是不好的"，其意是指，奉献于公共的善好，其真正代价是牺牲部
分个人的善好。苏格拉底的两次策略放在一起看，就指向其分析
中一个原本会被忽略的疏漏。其策略的第一条，就很合理地让人
注意到，两首诗所采用动词明显不同；第二条则让人注意到两首诗
中存在同样的语词；苏格拉底对最明显不过的差别则完完全全只
字不提：西蒙尼德说成为"好的"（agathos/ἀγαθός），庇塔库斯则说
保持为"高贵的"（esthlos/ἐσθλός）。显然，普罗塔戈拉把这些语词
看成一样的。但西蒙尼德是这样的吗？苏格拉底呢？可以确定的
是，esthlos/ἐσθλός这个词含义模糊，在最重要的方面，它模糊不清。
其含义首先指某事物在其同类中是好的，但当用之于人时，它指勇
敢、强壮，最终结果就常常带有一种道德上的分量或意义（请参比
如色诺芬《居鲁士的教育》1.5.9；但请把《阿尔喀比亚德后篇》

① 还可以参见："On Hesiod's *Works and Days*"，Bartlett（2006，196以及上下
文）。

143a1,150e3 比较于 148c2-3）。依据上下文，那么 esthlos/ἐσθλός 一词更多指向"高贵"（kalos/καλός），而不是指向"好"（agathos/ἀγαθός）。①由此，西蒙尼德仅仅在说，成为好的，是困难的；庇塔库斯则在争辩说，困难的是，一直保持为高贵的。庇塔库斯这样就错了，因为"只有神才可以［或将会，抑或有一点点可能］获得这一奖项"。苏格拉底并没有利用这一最明显的办法，来解除对西蒙尼德自相矛盾的指控，因为他并不想这样清楚明白地说出——抑或不想被迫这样直接地探讨——esthlos 与 agathos 两词之间可能的张力。但是，如果我们并不随同普罗塔戈拉，去简单等同 esthlos 与 agathos，或者严格根据什么是 good（advantageous［有利的］）来判断什么是 esthlos——亦即，如果我们还希望，这两个语词的含义确实不同——恰恰这一不同可能指向普罗塔戈拉立场的核心：[62]它等于说，拥于"政治德性"不同于拥有智慧——两者之一终究是非自然而有的，也因而是迫于强力而获得的东西，它不过是真正的卓越或"最大的"德性（330a2）的幻影。

现在，苏格拉底开始他第三次，也是最后一次且是最长篇的回应（342a6-347a5）。在其中，他为众人（"你们"humin/ὑμῖν：342a7，亦参 343c6）完整讲述他对这首诗的看法。他首先以一个谐剧方式，处理德性即智慧（或知识）的命题，但他同样表明这也是真正严肃的（342a6-343b7）。其次他证明，西蒙尼德全诗有一个始终一贯的意图，这个意图是要实现他的最大野心，成为（闻名于）智慧的：他寻求来反驳、扳倒智慧的庇塔库斯的说法。这里我们得知这一事实，即善好（goodness）被理解为行动得好或者一路成功，它仅

① 鲍勒（Bowra）在讨论柏拉图对西蒙尼德的引用时，这样说这个词："从偏于寡头与贵族的诗人们看，这一观念当然是很熟悉的。Esthlos 这个词已经被用烂了，特奥格尼斯（Theognis）用来讲他自己与朋友们，品达则用它写帖撒利的君主们（Pyth. X. 69），并一样写过珀罗普斯（Pelops）（Nem. II. 21）与忒勒福斯（Telephus）（Isth. V. 41）。到公元前六世纪末，已被贵族们自认为政治标签，用于他们反对平民的斗争当中。"（1934,233）

仅在于拥有知识，但作为知识的德性（virtue-as-knowledge）恰恰必然要面对"不幸"，面对我们作为有死者的后果，以至我们就不可能"是"（be）好的，亦即经久不衰地是（且不说永远是）好的（343b7–345c3）。第三，苏格拉底引出这样理解德性所产生的结果，以对之进行赞扬，尤其是批评：因为知道不可能找到一个十足的完人（panamomon/πανάμωμον；345c9；比较346d4），西蒙尼德就不愿批评任何人："要对抗必然性，甚至诸神也不干。"然而，在他长篇回应的第四亦即最后一节，苏格拉底概述，何以西蒙尼德最终确实有理由要批评庇塔库斯。

再回到苏格拉底长篇回应的第一节，我们惊奇地听到，拉栖第梦人（斯巴达人）称雄世界，竟然并非如所有人以为的是基于他们的勇敢或男子气概（manliness），以及在战争中武艺高强、无可匹敌，而是因为他们的智慧。不是雅典，而是斯巴达才是全希腊真正的学校；不是雅典，而是斯巴达才是爱智者的真正家园，这些爱智者追求着哲学。这里，苏格拉底事实上收回了此前他所肯定的"其他希腊人"的观点，即"智慧的"是雅典人（319b3–4；337d5–7）。当理解了此事的真实所在，那么就会看到，德性确实就等同于智慧或知识。就这样，这一命题在之前由苏格拉底尝试着正当或不正当地强加给普罗塔戈拉，现在它则再次回来。如果全世界都知道，智慧才是强盛于世的根源，那么所有人都将践行智慧，而不是"搞斯巴达化"，可笑地效仿斯巴达人所伪装给外人看的错误样子，斗篷搞得短短的，两耳也在拳击练习中开花。所以，斯巴达人实际上在小心翼翼守着秘密，暗中在践行智慧；他们时时求教于智者，而避开所有外邦人的耳目，这些外邦人都被强行驱离城邦。所以，他们也就精熟掌握"拉哥尼亚式的"言辞方式，善用简短有力、投枪式的短语，这样的讲话唯有"完美受到教育的人"才可能做得到（342d4–343a1）。[63]就像普罗塔戈拉掀开老派隐秘智者们（以及一位当代）的伪装，苏格拉底现在也揭开斯巴达人掩盖秘密智慧的面纱。这也就意味着,我们在《普罗塔戈拉》中所有遇到或听说的被说成有智慧的人——斯巴达人、庇塔库斯、荷马、赫西俄德、西蒙尼德,实际上所有老派智者即希腊七贤(343a1－b3)——都同意,智慧要掩藏起来,或者智慧者们因其不能,都不向世界展示他们的实际所是。亦即,所有智慧者们都在践行这种或那种"拉哥尼亚式的"言辞方式——甚至苏格拉底在他这长篇讲辞中也恰是称赞"拉哥尼亚式的"言辞。所以,在坦白或敞开讲话这个问题上,就只有普罗塔戈拉一人在反对"智慧者"。一定程度上这就强调了这一想法,即苏格拉底再次提醒我们注意普罗塔戈拉的敞开式讲话,他在第二次尝试为西蒙尼德辩护中,描述了普罗狄科智慧的古代特点:普罗狄科在尽可能远避任何新奇的智慧。正是在这同一上下文,也基于这同一理由,苏格拉底把自己呈现为学习普罗狄科智慧的学生,并说普罗塔戈拉对这一智慧并无经验(340e8－a4,尤其由343b3-5得到阐明。)

　　苏格拉底把斯巴达人描画成超级爱哲学的人,热衷与智者们为伍,这当然是个玩笑。① 一个好的玩笑,就有它的价值所在。此前一节,双方对话第一次谈崩了,苏格拉底与普罗塔戈拉彼此不同意,不同德性之间到底是彼此根本不同,还是同实而异名。普罗塔戈拉当然接受前一种看法,苏格拉底则取后者。如果苏格拉底赢了,我们就得到命题,德性是一,或更精确说,正义、虔敬、节制与智慧是一,是同一种德性——这个命题很容易转换表述,从而符合苏格拉底那句名言,德性即知识(或智慧)。在前一节提问普罗塔戈拉时,勇敢被忽略,在此我们仍然看到这一忽略还在继续——斯巴

---

① 请尤其考虑苏格拉底对斯巴达妇女教育的赞扬(342d4;对比亚里士多德《政治学》1269b12-1270a11),以及343a4处 elegeto(ἐλέγετο,"据说")一词所暗含的苏格拉底的不完全确定。斯巴达人"并非哲学家,而是出了名的严厉,缺乏教养,寡言少语,思想贫乏。他们的生活永远在准备战争,用一种残酷严厉的体制培养青少年"(Hubbard and Karnofsky 1982,129-130)。

达人竟然实际上(actually)并不勇敢！——现在苏格拉底在其格言(其中一个版本)的基础上继续前进:再重复一次,德性即知识(或智慧)。普罗塔戈拉对德性的理解,同样也与此有些亲近关系,因为就算苏格拉底永远无法接受普罗塔戈拉揭穿正义、节制与虔敬,显然他也一定同意他,即某种程度上智慧就是"德性"真正内涵的顶峰,是其组成的核心。尽管苏格拉底的处理是谐剧式的,或者因为这样处理更易被接受,现在他则要讲出"德性即知识"这一观点的若干结果。

因为苏格拉底把斯巴达的世界地位仅仅归结于他们(真正)的德性,[64]这就给出这样的思想,即无论德性的确切特性是什么,它都是成功立于世界的必要并且充分的条件,有德性就够了。现在讲斯巴达人时,苏格拉底再未像此前多次提及西蒙尼德(342a7-343b7),在那时他要作(相当牵强的)文本分析,①要确立起这样的观点,即西蒙尼德整首诗的用意是攻击庇塔库斯,"反驳"他的讲法(343c6-344b5),在之后我们则看到,西蒙尼德其实另有想法,并不同于苏格拉底在那时的看法。西蒙尼德想要强调:成为一个好的人,是真正的难点所在,但庇塔库斯却说,唯一的难点,在于长时间里保持一直是一个好人。事实上不可能这样保持住。(动词是 to be[是]与 to become[成为]之间的重要差异——在苏格拉底第一次解释尝试中看到的——就这样得到恢复,如果说另有新结果的话。) "难以驾驭的厄运" (amēchanos sumphora/ *ἀμήχανος συμφορά*:344c5)会击倒一路成功的人,会使让人成功的唯一原因,亦即他们的知识,变得无效。一场风暴就可能让一位经验丰富的舵手身败名裂,一个荒年就可能让很有知识的农夫破产。确实,正是"又智慧又好"(344e2)的人可能被"难以驾驭的厄运"击

---

① 正如洛兰所讲,苏格拉底在"继续把很奇怪的结构加之于语词,并牵强附会地解读希腊语句法"(Lorraine Pangle 2014,168)。

倒,因为那些"并不智慧和好"的人一直难以驾驭什么。这样,我们就遇到这样刺耳的讲法,即在厄运面前,知识或智慧虚弱不堪。事实上,有德性是不够的;知识是虚弱的。仅仅有它,能带给我们的东西太少了。关于斯巴达人的玩笑——以为斯巴达人是智慧的,但实际上他们是尚武而富于男子气概的——现在这个玩笑则给出了另一种样子。在此我们可以猜测,通常所理解的德性不是作为知识的德性,而是政治德性,它能有望为有德性的人带来东西,这些东西被认为并非作为知识的德性所能——亦即,能为我们提供牢不可破的保护,抵抗厄运、时间或者死亡。

现在,就在这一节,苏格拉底干了一件令人惊讶的事:他临时把这样的观点,即成为好的(agathos)人很难,归于庇塔库斯,这样他就未能严格地注意到两行诗之间存在差异(344b7、c1;亦参344a2;对比344e4-5)。当然,也有可能苏格拉底把两词当成同义词,agathos/ἀγαθός与esthlos/ἐσθλός。如我们所注意到,普罗塔戈拉肯定认为,庇塔库斯与西蒙尼德的话是一样的。但同义词必定共有彼此同样的语义模糊性。因此,当我们说"好的人"(good human being)是指拥有真正对自身最好的事物或品质,真正的有益或有利,一种健康,此时esthlos可能与good同义或者esthlos也可以在另一层同义于good,当我们说"好的人"(good human being)时,[65]指在所有事情上都对其他人尽到自己的义务,或力求服务于公共善,他自己的结果则可能是:成为一个"高贵且好的"(noble[kalos/καλός]and good)人或者"绅士"(gentleman)。再沿用此前的说法——虽有炒冷饭之嫌——我们强调,esthlos之义有两个方向,或者是agathos(good,好),或者是kalos(noble,高贵)。这种双重性也可能保留在苏格拉底所引的无名氏诗中,它说"一个好的人(a good man),时而不幸(bad),时而很好(esthlos)"(344d8):此时这位诗人的头脑中也有两种情况(good = esthlos;bad),抑或三种? 一个真正好的人必然是esthlos,还是说,就何为

esthlos 之物来讲，一个好的人有时也可能遭遇不幸？

　　无论这位无名氏诗人的本意是什么（考虑 347e3‑7；色诺芬《回忆苏格拉底》1.2.19‑20），苏格拉底如此引述看来是把 esthlos 等同于 agathos ——亦即，把前者消隐于或归在后者意义之下（344d5‑7）。无论如何，在现在所讨论的这一节，苏格拉底几乎为了 agathos 而放弃了 esthlos，因为他所考虑的，重申一下，是"又智慧又好"，德性在此处当然就等同于知识（344b7,c1,e3；345a1‑3,b3,b7,c1‑3；比较 344d5 与 e4‑5）。与这一用法相一致，苏格拉底强调那些完全在于或唯一源于拥有知识的行动顺利或成功的重要性。长于文书者、好的医生或好的建筑匠人，都是"好的"，因为他们因其知识而在本行做得好。就他们所做到的程度而言，因为是知识之士，他们在世上到哪里都走俏吃香。在此我们也知道，一个好的人也可能变得不幸，"由于时间、劳苦、疾病或其他某种灾难"；那么，可能毁掉我们的，就不只是厄运，还可能是我们这有死的躯体所必然有的种种弱点："唯一让人变得不幸[行动得坏]的原因是：缺乏知识。"（345b2‑5）①人的好或卓越，固然很脆弱，在此就严格理解为拥有知识，稍作引申，即拥有智慧——属于"受到完全教育的人"的东西。这样一来，"坏"（badness）就不是如此地不正义、不虔敬或放纵无度，因为它只是缺少知识，或没有能力依据（关于好的）知识而生活：这样的知识是"又智慧又好"的特征所在，或者是作为智慧来理解的好的特征所在。

　　在他评论的第三部分，苏格拉底从对德性的如此理解中引出其结果，以作赞赏或批评。这里他强调说，依据西蒙尼德，不可能找到一个"完美无缺"的人：重复一下，庇塔库斯则错在主张说，困难的只是一直保持着有德性。再者，苏格拉底还提出（依据一种极

---

　　①　[译注]柏拉图文本中还有下一句，为完整理解文义，在此补充如下："坏的人从来不可能变得坏，因为他一直是坏的。"

其可疑的希腊文的读法），[66]西蒙尼德不至于如此缺乏教养而坚持认为，竟有这样的人愿意或主动去干“可耻”（shameful）之事——此处“可耻”一词或许可以理解为等同于“坏”（bad）（请考虑345d5 的话在345e2 得到重申，该处连词 kai /καί或许只是表示补释前项；另外，345e4 处则省略了“可耻”一语；但请比较于345e2）。最令人惊掉下巴的是，苏格拉底强调说他本人认为（ego...oimai/ἐγώ...οἴμαι），“所有智慧的人都不认为，竟有任何人愿意[主动地]犯错，或做下既可耻又很坏的事情。相反，他们很清楚的是，所有做下可耻或很坏之事的人，都是不情愿的[并非主动的]”（345d9－e4）。智慧的人都一致认为，如果德性即知识，那么作恶就一定是无知——不知道什么是真正的好，或者，不必废话，就是无知于什么是好（343d6－e2）。没有谁将会愿意是、或者一直陷于无知，因为这必然代价高昂：对于好感到无知，则等于宣判了一个人将生活得很坏（或者更坏），这样的事情没有人会主动接受。

然而，眼前段落并未如此关注所有人的动机，更多关注的是西蒙尼德“很乐意地”给予他们表扬或批评：既然所有人都不会愿意去做坏的事情（345e4-6），西蒙尼德就不可能，很乐意地或者以别的什么方式，挑出他们来予以表扬。至少就进行的论证而言，西蒙尼德相反是表扬一种“又高贵又好”的人，这样的人虽然因其母国或父母之所为，而非自己的原因，已成为异己，但依然强迫自己怀着亲切友好之情，并颂扬他们：这样的人可以说是，出于子女的孝敬或义务，而言行举止持重得体。这即是一种“强迫自己”的动机。（345e7）。“恶劣之徒”（the wicked）则对母邦或父母之失幸灾乐祸甚至夸大其词，因为，作为结果，他们可以从此免掉对他们的义务，还逃脱他人对此的谴责（346a3－b1）——在简短说到“恶劣之徒”之后，苏格拉底接着讲“好的人”（the good，346b1-5）。“好的人”有别于“又高贵又好”的人，差别在两方面：只有“好的人”才被说成是强迫自己为尊者讳（epikruptesthai/ἐπικρύπτεσθαι：346b2），

也 只 有 他 们 被 说 成 是 能 够 自 我 排 解 (paramutheisthai/ παραμυθεῖσθαι)任何怒气,且与之和解(diallattesthai/διαλλάττεσθαι) (346b3 - 4),如果母邦或父母对他们行有不义的话;好的人会讲出道理而不因遭受不义而生怒气。这一种"自我强迫"的动机,与"又高贵又好"的人的动机不同,前一种情况下,起作用的是对事物之真理的理解,而后一种情况下,最起效的是一种义务感。[67]这一差别就在苏格拉底接下来要讲的例子,即西蒙尼德之例之中被强调。西蒙尼德在一条道上走得太远("常常如此"!),竟然赞扬僭主或其他这类人,为之作歌赞颂,但他这么做不是主动愿意的,而是在强迫自己(346b5 - 8)。(他当然并没有走得这么远,以至于强迫自己去热爱或者对那些同样的僭主们友好。)这第三个自我强迫的例子,则最为远离于在"又高贵又好"的人身上起作用的东西,因为它显然是西蒙尼德一己的好或利益的计算——可能是他的生命安危,也更可能是他的舒适或快乐——使得他去赞扬施戈帕斯和其他臭名昭著的一类人。那么,"强迫"这件事就很复杂。它可能多半来自外部(比如外在的强力),也可能来自内在,作为"自我强迫"。这种内在的强迫可能表现为一种信念,认为避免可耻(或践行高贵)就是无上的好;也可能表现为一种被理解为好的真理的指令;或者,最后,也可能表现为,在西蒙尼德式的方式下,对自身利益的计算。然而,"没有哪位智慧的人"会坚称,这些人当中,有谁是自愿做坏的事情;人们所干的这些坏事都是非自愿的。从同一硬币的另一面看,智慧的人会推测,所有这一切做法看上去对他们都是最好的,并且是愿意这么做的,这是当然的,但某种意义上,也是非自愿的;即使是去赞扬一位僭主,方方面面考虑下来,对于西蒙尼德也是更好的选择,所以在这一看法之下,他在强迫自己做出赞扬。他所感受到的必然性的压力,就很不同于又高贵又好的人,比如当要赞扬有缺点的父母时所感受到的压力,但这种不同,都不能让两者中任何一个免于必然性的力量——对此即使诸神也不去对抗（345d5；比较《法义》818b1-6 与 d8-e2）。在后续对话中，我们将看到，普罗塔戈拉迫于"羞耻"的压力，采取了一种相反的行为方式，全不是肯定被他看作最有利于自己的方式（参见 348c1；也请考虑 338e4 处在他身上发生作用的必然性的力量，或强迫）。讨论的必然性，看来可能会严重限制所有道德褒贬的范围，因为予以褒贬的前提是，行动者如此行动时，并非受制于强力或被迫行动，相反是自由的，因而要为之负责。

　　所有这一切就使得论辩现在发生转折，并构成这一部分的最后一小节（346b8-347a5），这多少令人吃惊。苏格拉底再拿出西蒙尼德反对庇塔库斯的例子，它包含着谴责，甚至就以此为最高潮部分而结束（psego/ψέγω；346c1，d3；347a3），尽管西蒙尼德事实上不厌其烦地解释，为何他并不热衷于此类批评。在此我们不但被提醒，"在我们这些大地所养育的人类当中"，不可能找到一个"完美无缺"的人，[68]而且还被告知，"蠢货总是无穷的，代代都不缺乏"：面对一个蠢人，又可能有什么理由来批评（有别于同情）他呢？然而，虽然庇塔库斯是"凡人中有智慧的"（339c4），但西蒙尼德把他看作是"太过鲁莽了"（agan apalamnos/ἄγαν ἀπάλαμνος①；346c4；这一令人吃惊的表达式显示，这位诗人或许能容忍从城邦来看仅仅有点"鲁莽"的人），因为庇塔库斯并不理解正义，尤其没有理解到正义是"城邦的有利因素"，比如一个"良好[或健康：hygies/ὑγιής]的人"所知道的（346c3-5）。我们认为，西蒙尼德如此针对庇塔库斯的批评（当然，这是依苏格拉底来看），实际上主要是苏格拉底意在普罗塔戈拉。普罗塔戈拉固然很聪明，但他没有看到，自己依赖于政治共同体，依赖于城邦，哪怕，或恰恰因为长期作为一个外邦人生活在外邦人当中。普罗塔戈拉理解到的是，"对等

---

　　①　关于 apalamnos 的英译，参见 Bartlett（2004，47n. 155）。[译注]该译本注 155是，"apalamnos 一词亦可指'无助的'（helpless）"。

互惠的正义与德性"是有利于"你们所有人的"(humin/ύμῖν；327b1-2，依主要抄本的读法)，但他未理解的是——或，无论如何他并未足够严肃地对待自己这一理解——这些对他自己也是有利的。即使普罗塔戈拉拒绝承认，后来亚里士多德所谓的伦理德性(moral virtue)有其内在尊严，即使他一贯希望把 esthlos 等同于有利(好)，或者把好区别于高贵，并且总是选择前者，从不青睐后者，至少不因后者本身而选择它，但是，他依然应当避免粗鲁的错误，把正义认作由外强加的负担，由从不失手的利益大师们操控着，牺牲的总是也必然是又正义又高贵的人——亦即"老实的傻瓜"。毫无疑问，普罗塔戈拉并非"邪恶"，但他有某种"邪乎"的东西。讲得狠一点，做个寄生虫是一回事；但做寄生虫之外，还拼命毁掉主人最需要的东西，以求得生存，并且还吃香走俏，这就是另一回事了：这(连同其他事情一起)就极其不审慎。那么，普罗塔戈拉就像庇塔库斯，被认为讲出了真理，是一位智慧或聪明的演讲者(请回忆310d5-6，e5-6)，可事实上他对于"最重大之事"全讲错了。因为这一点，他应当受到公开的谴责，如果不追究罪责的话(346b8-347a5)。但无论如何，普罗塔戈拉自己也说，进行惩罚不是出于复仇的愤怒而野蛮报复，而是为了纠错扶正，这样说完全有道理。比之于苏格拉底的做法，还有更谨慎或更优雅的方式吗？他解释更早时代两位外邦智慧者之间的争论，却是来间接针砭忠告普罗塔戈拉。我们或许也注意到，对于苏格拉底与普罗塔戈拉的关系这个问题，苏格拉底足够清楚地表明了，他抱着何种个人动机，或动机之一，来与最伟大的智者这样交手(并不辞辛劳对外公开这次实况)：[69]他知道，就像西蒙尼德，如果战胜如此声名显赫的一位对手，他将在"那个时代的人们当中"获得突出的美名，如同一位奥运赛会的冠军一样(请参343b7-c5)。到对话的最后，即使希珀克拉底都不再能说普罗塔戈拉是他所有认识的人当中"唯一"智慧的人(310d5-6)。

苏格拉底的长篇讲辞有个特征,我们前面忽略了,但现在值得再提出来。语境中讲得很清楚,即使德性真的就是知识,它也是脆弱的,或者当其面对恶运时,或者因为我们的躯体会死去;但苏格拉底作了如下评论,一个其他时候他会推脱的评论:"最好又最长久的,是那些为诸神所喜爱的人[philosin/φιλῶσιν]。"(345c3)所以,苏格拉底并没有说,善好(the goodness)由神灵赐予我们,上下文很清楚,善好源于拥有知识(请参345b5),也没有理由认为,因为我们为神所爱或与神为友,我们就会拥有知识;苏格拉底更没有说,作为神的爱或友谊的结果,我们就永久地好下去。我们作为有死者的境况的残酷性,在苏格拉底的长篇讲辞中被说出了,显然它还在。苏格拉底的讲辞并没有很多事先准备,更非精心编织(或真正的论证),他没有讲多少这个世界的必然性的真理,但更多讲了一些至关重要之事,这些重要之事在普罗塔戈拉长篇讲述诸神时被遗漏。

普罗塔戈拉强调,宙斯是一个可怕的神灵,他把"法"颁布给人类,并强令如有违反,必有一死。正如我们所见,普罗塔戈拉意在摆出,"政治的德性"如果要受尊重就需要这么一种论证:这一德性必须自我呈现为,或被强令要求于一项神圣的法,并伴随绝不会缺席的神圣审判,而且还要绝大多数公民们对此信以为真。政治的技艺确实在宙斯之处:一个稳定的政治社会所需要的这样的道德(morality),极其需要人们共同地信仰宙斯般性格的诸神。那么或可作出结论说,依据普罗塔戈拉,位于虔敬的核心,是无限有效的恐惧(fear),且不说恐怖(terror),在我们的世运令人难以置信地变幻不定时,恐惧就被加以利用。苏格拉底的纠正或补充意在表明,还有其他可以带领我们走向诸神,这些神灵不是被理解为可怕的惩罚施行者,而是我们的朋友——亦即爱着我们的保护者。换句话讲,作为我们自然境况之特征的可恶的恐惧,并不是或并不仅仅是在驱使我们走向神灵:它也是希望,能够保有此时此地就能获得的善好,不因厄运下的灾难而失去,不因时光流逝、我们衰老而减少。它还是爱的奉献,是高尚的,有着鼓舞人心的力量,这样的奉献带来虔诚的崇敬。[70]我们就这样被鼓励着信仰那照看着我们的诸神,不是或不仅仅是通过惩罚,而且也是通过充满爱的友谊。

第二次幕间插曲,或旁人干预(347a6-348c4)

苏格拉底直呼普罗狄科与普罗塔戈拉,由此结束他对西蒙尼德的解释,呼喊前者可能是因为苏格拉底讲话中曾涉及他。另一位在场的智者希琵阿斯显然并不喜欢被人无视,他曾提议选一位监督者,开始所有人都接受,但之后被苏格拉底不客气地踢到一边。他赞赏苏格拉底的努力,但要主动提供他自己的解释,他告诉这群听众,那将是一个"好的"解释——显然他的意思是他这个"更好"。此时我们看到一个重大的理由,为何苏格拉底——在《普罗塔戈拉》开头——向友伴说,那一天阿尔喀比亚德帮了他大忙(309b6):阿尔喀比亚德感谢希琵阿斯的慷慨之举,但坚定地说,可以合乎正义要求讲话的,是普罗塔戈拉与苏格拉底,无论普罗塔戈拉依然希望向苏格拉底提问,还是他们对调,让苏格拉底来问普罗塔戈拉(347a6-b7)。这样,我们又免掉了一场希琵阿斯的浮夸大话(请参考337e2-338b1)——事实上,在余下对话中,希琵阿斯再未开口讲他自己的话。(请参 358a1-359a1)

紧接下来,苏格拉底发誓他愿意采用任何普罗塔戈拉更喜欢的方式,无论是提问还是回答。但他确实表示更倾向于对他此前提给普罗塔戈拉的问题作个结论(347c1-2;以及 348a7-9),为此目的,苏格拉底还发表了一通相当刺痛人的批评评论,大大损了一把刚刚进行的由普罗塔戈拉发起的这场诗论。依苏格拉底看,他们应当把论析诗人这事抛在一边,无论如何大多数人总是在讲话中引用诗人,有的人讲诗人的意思是如此这般,另有的人又说应该是这般如此。他苏格拉底和普罗塔戈拉则应当"模仿"（348a3）那些又高贵又好的（绅士般的）、受过教育的会饮者们——并非所有又高贵又好的人都受过教育——因为这些人聚在一起时，不需要这种那种乐器的异域之音，或者其他乱人耳目的东西，他们可不像一些宵小庸俗之辈。相反，他们倒是喜欢有序发言，或聆听他人（就他们自己这些人）的讲辞，哪怕他们饮酒很多。与会饮之事相对比，无论高级的还是低俗的，这都很怪异，即使柏拉图在《普罗塔戈拉》中挑选出场的人物，表明与《会饮》有某种关联（参见本书后文第216-17页）；比如，在这次一大早的聚会上就根本没有酒。[71]苏格拉底最明显的要点是说，绕道于西蒙尼德的诗，这等于是乱人耳目，岔开了最主要的目的地——这样的岔路应该为他们这等人避免才是。当阿尔喀比亚德再次帮助苏格拉底，问主人卡利阿斯，普罗塔戈拉现在不说清楚他到底想怎么样，是否"也"是高贵的（请参考更前面336b4-6处，卡利阿斯为维护普罗塔戈拉所作的评论），苏格拉底在转述中向友伴讲——至少在他看来——普罗塔戈拉感到羞愧了。阿尔喀比亚德典型的霸道评论，连同卡利阿斯以及"几乎"现场所有人的请求——当然希琵阿斯没有——都强使普罗塔戈拉最终同意继续进行下去，再一次顺从于苏格拉底的提问。现在我们仅强调一点，普罗塔戈拉使自己在讲话中处于能让对话进行下去的位置，这有违他所愿，或他更好的判断，因为他感到一种羞耻，如同芒刺在背。

苏格拉底立即设法安抚普罗塔戈拉。他的做法是两次称引荷马——刚刚他还在批评大多数人在讲辞中依靠引用诗人！正如不得不半信半疑于苏格拉底对书本的一语带过的批评——如果对书本提问，它们没有任何反应（329a3）——对他在此批评诗作，也不能太当真。无论如何，苏格拉底说，他曾经相当注意西蒙尼德的诗，并且事实上"知道"或"理解"它（epistamai/ἐπίσταμαι：339b5；339c1；对比于339e3-5）——这样的声明，他可是极少用于其他什么事情。然而至少可以说，即使苏格拉底没有，但柏拉图设法写作的书确实是在回应向它们提出的问题，首先引导读者看什么是其正确的问题，并且柏拉图本人肯定要算作第一流的诗人。现在苏格拉底首先引用荷马诗句是这样的："两人行走肩并肩，一个更比一个有先见。"（《伊利亚特》10.224）原诗中，作此评论的是狄奥墨得斯（Diomedes），他刚刚受到涅斯托尔（Nestor）的激将，要潜入敌方特洛伊人的营地，他从众多自愿与他同行的人当中挑选了奥德修斯。实际上苏格拉底这是在表明，这两个人现在合力一处，探险敌营，互帮互助，苏格拉底好比狄奥墨得斯，普罗塔戈拉则是奥德修斯：苏格拉底不再把自己看作足智多谋的奥德修斯，这顶荣冠他送给了普罗塔戈拉。① 并且，"如果一个人思考［noēsēi/νοήσῃ］"，他马上去寻找另一位，跟着同伴他或许能确定，自己之所想能为同伴所理解。与此相同，苏格拉底讲得很清楚，他被激发起来，是因为渴望彻底探究他自己迷惑不已的事情。由此我们可以尝试作出结论，[72]余下的对话将更少相关于希珀克拉底或其同类人的命运，更多是苏格拉底自己对事物的理解，对之，他将与普罗塔戈拉一起，或借用他，来予以验证或加以肯定。苏格拉底并未显示出，他有任何专门兴趣要来找普罗塔戈拉，但他同样很乐意充分利用这样白捡的机会。

---

① 亦参 McCoy（2008，72-73）与 Coby："在苏格拉底假装之下，发生的结果是，普罗塔戈拉从一个热爱荣誉的阿基琉斯（在分析之前），转变为一个灵巧的、爱知识的奥德修斯（在分析之后）。"（1987，131）

第三章

普罗塔戈拉与勇敢问题

[73]最初在普罗塔戈拉长篇讲辞结束时，苏格拉底立即提出了他的问题，现在他再次重复这一问题，但已是一个新的版本（349a8‑d1；请对比329c6‑d2）。苏格拉底所作的改变中就有这一点：他现在把所有五种德性一起打包，就模糊了普罗塔戈拉曾作出的截然区分，即一边是"政治的德性"，另一边是智慧与勇敢。苏格拉底也"重复"了普罗塔戈拉先前的讲法，即诸种德性都是一个整体的部分，其情形就像是脸面各个不同部分之于整体，但这一次他留下一道门，允许普罗塔戈拉改变此前立场，"如果你当时这样说只是试探一下我，我也不奇怪"（349c8‑9），原有立场已让他如此窘迫不堪。

普罗塔戈拉的确抓住了这个送上门的机会。他现在说，除勇敢之外，其他四种德性"彼此间可以合理类比"——明显放弃了他此前的立场，这必须注意到——但勇敢则与它们"非常不同"。就这样，此前对话中未曾处理的德性现在重现，在这一德性上，普罗塔戈拉就押上他对德性之多样性的整个辩护。① 于是,普罗塔戈拉与苏格拉底就仍然没有彼此同意。为支持勇敢的特别地位,普罗塔戈拉举这一现实为证:可以找得到这样的人,他们非常不正义、不虔敬,放纵并且无知(未经学习的)——然而却"非常勇敢,到极其突出的程度"(349d2-8)。勇敢并不是正义、虔敬或节制——此前我们看到普罗塔戈拉说,勇敢与不正义可以轻易走在一起(329e5)——但他现在强调,勇敢不是(某一种)知识或智慧,尽管他本来把勇敢列于智慧一边,与"政治的德性"相区别(330a1及上下文)。但这并无矛盾,在他眼里,勇敢能补充,因此也有别于智慧,[74]并且初看之下就有了这一种意义:看起来尤其属于勇敢所有的坚决(tough resolve)或"勇烈"(gutsiness),并不能明显被等同为或简化为知识。那么,普罗塔戈拉在此依赖于勇敢来开展他关于德性的辩论,是否仅仅因为五种德性之中唯有勇敢还未作讨论,从而也不受束缚于其他四种德性? 这或当可能,如果我们十分相信,苏格拉底并未精心编排这场对话的进路,并未精心使之不但重回这一话题,而且在其检验中达至对话的最高潮。但我们怀疑,苏格拉底有他很好的理由,或有强烈的预感来这样编排,并且余下对话将会证实,勇敢对于这位智者确实有着特别的意义。无论如何,接下来的对话,许多地方都将测试,普罗塔戈拉是否有能力始终如一地坚持他对勇敢与知识的切割,哪怕他在某种方式上,或出于某种原因,把二者放在一起。

接下来的对话可以轻易三分。首先一部分是,苏格拉底试图但未能强使这位智者同意勇敢是(一种)知识或智慧(349e1-351b2)。其次也是篇幅长得多的部分(351b1-359a1),苏格拉底突然放弃明确追问勇敢,替代问题是,我们在所有事情上追求的好,是否可能理

---

① 这个复杂又是最高潮的部分处理的是勇敢问题,这引发许多学者的评注:Coby (1987,131-141 and 165-172); Devereux (1975); Duncan (1978); Pangle (2014, 181-209);还有 Weiss (1985)。

解为某种有别于快乐的东西。换句话讲,居于中间的一节是对享乐主义的追问,并且在许多地方苏格拉底与普罗塔戈拉联合了起来,共同反对"大多数人"或"这些(有限的)人类"。根据苏格拉底的讲法,"大多数人"是深陷迷惑的,因为他们认为自己是在关注快乐之外的某种终极的好(some ultimate good),相伴于这一迷惑,他们又低估了知识特别可能成为快乐的仆从,被呼来唤去跟在后头,也因此就低估了知识与快乐判然有别,格格不入。最后一部分,先是简短放开话题,以确认他们对于现有问题以及相关要点的(几乎)一致同意,接着苏格拉底突然返回勇敢问题,尤其针对普罗塔戈拉,这就构成了第三部分(359a2–360e5)。再之后是一个简短的结束语与交谈,就结束了全部《普罗塔戈拉》(360e6–362a4)。

概览之下,我们看到,探讨勇敢占了两个部分,中间隔着长篇的对快乐或享乐主义的追问:勇敢/享乐主义/勇敢。并且,在第一部分,普罗塔戈拉似乎不但挡开了苏格拉底的进攻,甚至还在一个逻辑的点上占了上风;在第二部分,他们愉快地达成一致,一起批评教育"大多数人"。[75]这些事实就使人更加惊讶,在最后,普罗塔戈拉竟如此快地紧张起来,或恼怒起来,并最终拒绝再回答苏格拉底了——"你就自己搞完算了!"在这第三部分究竟发生了什么,竟使普罗塔戈拉完败,前两部分又如何有助于苏格拉底最终战胜对手,竟使苏格拉底将这位伟大智者一剑封喉?

对勇敢问题的第一次处理(349e1–351b2)

当然,苏格拉底的意愿是要驳倒普罗塔戈拉这一论点,即勇敢与知识或智慧"非常不同",这样苏格拉底就可以为自己的命题辩护,即德性某种意义上是"一",一个统一体。他的进路是,首先使这位智者同意,勇敢的人是真正自信的或大胆的(tharraleous/ϑαρραλέους:349e2):普罗塔戈拉对此主动加注说,这些人甚至会急切奋起,迎战"大多数人"都会被吓坏的东西。这样,在普罗塔戈拉看来,勇敢的人就成为一种精英,以区别于"大多数人"。之后苏格拉底就从普遍来讲德性:你是说,德性是某种高贵的东西(kalon/καλόν),你自任(sauton parecheis/σαυτὸν παρέχεις)它的教师,前提是说它是高贵的?此处苏格拉底提及普罗塔戈拉从业于教师——作为一个必定以某种方式呈现自己的人(319a6-7以及上下文;对比312a4-6:sauton...parechōn/σαυτὸν...παρέχων)——就可能会,也被存心用来左右普罗塔戈拉的回答。无论如何,他的回答模棱两可:"一件非常高贵的事[……]不然,我这是疯了(mainomai ge/μαίνομαί γε)!"这一语式,让人回想起普罗塔戈拉先前的评论,不正义者应当永远声称或伪装是正义的,因为那些真实坦承自己的人是"疯了"(mania/μανία:323b5,mainesthai/μαίνεσθαι:b7)。作为教授德性的教师(349a1-3),面对着必定涵盖"大多数人"在内的"所有希腊人",普罗塔戈拉当然要声称,他所教的德性是"高贵的"。除此外他还能怎么说?!

然而普罗塔戈拉在此的立场,如苏格拉底所逐步揭示,或可说是:构成(真正)德性的智慧,必须鲜明区别于"政治的德性"(正义、虔敬、节制),这些被真实地或象征性地烙印到我们身上,违背我们的自然倾向,因为唯有(真正)德性是好,或引导人到达好,一种理解为对自己有利的好——亦即,严格说来的好。那么,名副其实的德性就是真正好的东西,但也正因此而大大区别于所谓"高贵"的东西——亦即,那种可能给自己带来重大损失的"好"。如我们在论诗一节所见,普罗塔戈拉倾向于把高贵的东西(esthlos)混同为好的东西,或否认高贵的东西超越于有利。[76]在更前面的对话中(332c3-6),苏格拉底已经不声不响地引出了普罗塔戈拉的信念——作为进一步的也显然是额外的证据,以佐证一个已经足够清晰确立起来了的总结论(331c1-3)——即,高贵只有一个对立面(亦即可耻 the shameful),好也只有一个对立面(亦即坏 the bad)。但同意这一看法即是认为，高贵与好亦彼此迥然有别，这就可能意味着，高贵是坏的（"成为高贵的是坏的"）：比如，一个人可能做可耻但却是好的事情，或者可能做高贵的但却是坏的事情。似乎普罗塔戈拉只把身体上的一些好看成是自然上（或因偶然的）"高贵的事物"：好的长相、身高、强力（参见323c8-d6）。与所有这些相一致，苏格拉底在某一点上提出，普罗塔戈拉并非仅仅（monon/μόνον）自认为是"又高贵又好的"，可以这么说，一位"十足的绅士"（有其他人自言如此但却不能使他人也变成这样）；毋宁是说，他是"好的"，并且还能使其他人变成"好的"。可是，普罗塔戈拉根本就没有自认为是"又高贵又好的"，虽然他有那么一点可能"声称"使得他的学生变得"又高贵又好"或变成十足的绅士（328b3），但事实上或实际当中，他仅仅使他们变得"好"（348e2-5；也请参考318a6-9：普罗塔戈拉用以吸引希珀克拉底的，严格限于他将获得好，如果他报名学习的话）。

再回头讨论勇敢时，苏格拉底把勇敢者的大胆与德性的高贵相联系，亦即勇敢的高贵。苏格拉底举出三例大胆的行动——其一可说是城邦之内的，另两个则是军事方面（下井潜水者、骑兵与轻盾兵）——使普罗塔戈拉同意，所有这些人如此（大胆地）行动，是因为他们掌握了某种知识。"在其他所有例子上，"普罗塔戈拉还补充说，"如果这就是你要得到的[……]有知者都要比无知者更大胆，他们学到东西后就比此前更加大胆。"（350a6-b1）这也与这一看法相合，即不仅仅整个的大胆，而且大胆的进一步提升或增强，也可以追溯到拥有知识。但是，在普罗塔戈拉看来，如果没有相应必需的知识却大胆行事，这些行动就大胆"过度了"，也就是一种"可耻的"或丑陋的勇敢。既然他刚同意，真正的德性是高贵的，这些可耻的"勇敢"那就根本不是什么勇敢了。这样，普罗塔戈拉就区分了高贵的大胆——他称之为勇敢——与低贱或可耻的大胆，对之他拒绝称之为勇敢，而称作"疯狂"（350b6）；使得高贵的大胆有别于低贱的或疯狂的大胆,是有知识存在,比如对于专业的潜水者、骑兵或者轻盾兵来说。

重申一下,作为勇敢德性的大胆并不能被简单归入或等同于知识。[77]显然有些人能有"理论性的"(theoretical)把握,比如对于下井潜水,但他们依然缺乏促成纵身一跳的东西。不过,普罗塔戈拉此处的论证确实把高贵的大胆或勇敢与知识相联系——这一步明确走在苏格拉底主要论证方向上,对普罗塔戈拉的公开论点也明确造成困难,他讲一个人可以同时"非常勇敢"与"非常无知"(再看 349d6-8)。当然提出这一公开论点,要先于苏格拉底引入所谓德性的高贵,亦因此是勇敢的高贵(以 349d4-8 对比于 e3-9)。从普罗塔戈拉这一同意并且明显的让步之上再出发,苏格拉底要尝试证明,在所举例证当中,最智慧的人最为大胆,因为最为大胆,也就最为勇敢。所以,他作结说,"根据这一论证,[所讨论的]智慧将会是勇敢"(350c1-5)。

普罗塔戈拉现在表现得相当地大胆,或至少相当自信,他平静地拒绝强塞给他的高度简化的论证:苏格拉底的复述可不高贵(350c6-7;比较 318d5-6)。普罗塔戈拉的反驳分两部分,至少可以说,每一部分都有其复杂之处。首先,他争论说,虽然他曾同意勇敢者是大胆的,但从未说过且现在也不会说(所有)大胆的人都是勇敢的。这好比说,法国人确实是欧洲人,但并非所有欧洲人都是法国人。其次,普罗塔戈拉表示,虽然有知者比无知者更大胆,但他否认"勇敢与智慧就是同样的事物"(350d5)。他的论证非常倚重于一个类比,以阐明勇敢与大胆之间的联系——这一类比即是强力(strength)与力量(power)(或能力 capacity:dunamis/δύναμις)的关联。①

---

① [译注]此处及接下来两段的相关译名颇难下字,勉强将 strength 对应译为强力,将 the strong 译为强者,词根上也有呼应。

　　第二个论证的要点在于：强者（the strong）是有力量的（有能力的），既然相比于不懂摔跤的人，学习摔跤的人更有力量，或比他们自己未学习摔跤之前更有力量，那么所讨论的智慧或知识就是强力（的一种增强）。若将强力比于勇敢，那么力量（能力）就相当于大胆；那些有力量的人当中，依赖知识而有力量的人，可以真正被称作强者，正如那些大胆的人当中依赖知识而成为大胆的人，可以真正被称为勇敢者。这样，普罗塔戈拉看起来就，也是再一次地，认可在勇敢与某种智慧或知识之间存在一种必然关联。但是，他声称，"无论此处还是其他地方，我并不同意有力量的人是强者，虽然强者是有力量的。因为我并不同意，力量与强力是同一回事"（350e6-351a1）。如果我们从字面上或严格地来看这一评论的第一部分，刚刚建起的类比又崩塌了，普罗塔戈拉应该说，并非所有有力量者都是强大的，正如并非所有大胆者都是勇敢的，而不是说有力量者并非强者：如果所有强者都是有力量的，那么必定有些有力量者是强者，因同一原因，如果所有勇敢者都是大胆的，那么有些大胆者必定是勇敢的。[78]换句话说，此处普罗塔戈拉似乎一时认为，力量完全区分于强力——并且，至少在暗示，大胆与勇敢也完全不同。

　　在下一步论证中，普罗塔戈拉认为力量（power）可能的根源或成因是：(1)知识，(2)疯狂，(3)激烈的愤怒。与此相对，强力（strength）的根源是"身体的自然与好的营养[rearing: eutrophias/εὐτροφία]"（351a2-4；比较326c3-4作为力量的一个额外的源头）。如果在有力量者与强者之间还有部分重合，那么生成强力的"身体的好的营养"就一定包含着知识，由知识生发出强力。普罗塔戈拉并未明确讲出这一关联。他最终回到原来的论证，争论说大胆并非就是勇敢，因为虽然勇敢者是大胆的，但并非所有大胆都是勇敢。大胆可能源于：(1)技艺（technē，亦即一种知识），(2)激烈的愤怒，(3)疯狂，正如力量可以从这些来源产生出来，依类比则

勇敢产生于"灵魂的自然与好的营养[rearing：eutrophias/
εύτροφία]"。如果在大胆与勇敢之间还有部分重合，普罗塔戈拉此
处的讲法需要这样的重合（"并非所有大胆都是勇敢"，亦即部分的
大胆是如此），那么，造就大胆的"技艺"，就必定相当于造就勇敢的
"灵魂的好的营养"。普罗塔戈拉或者必须分开强力与力量，勇敢
与大胆，或者他必须承认，部分力量（即强力）与部分大胆（即勇敢）
来源于知识或技艺——因此，如果缺乏某种类型的知识或技艺式
的专业知识，就既不可能有强力，也不可能勇敢。看起来普罗塔戈
拉即使同意以上所有，也只是坚持认为，"勇敢与智慧并非同一回
事"（350d5）。可以同意或承认说，勇敢与智慧并非同实而异名，
并非某个同一种特定的"存在物"（349b4）。但对于普罗塔戈拉，
是否真的能依然坚持认为，既可以"非常勇敢"而又"非常无知"？

这些唇枪舌剑，一来一往，很难知道该如何评价。在其发言的
第一部分，普罗塔戈拉指控苏格拉底犯了逻辑错误，但实际上苏格
拉底并未犯此错误。他总结的是，那些同时最为智慧又最为大胆
的人——亦即，指大胆的人当中，作为子集，又因其智慧或知识而
划分出来——是最为勇敢的，并非所有最为大胆的人都是最为勇
敢的（再看350c1-5）。然而，苏格拉底并未反驳这一指控①，当场
没有，最终也没有，并且他对此沉默在效果上就助长了普罗塔戈拉
的信心或大胆：我们就在眼前看到，大胆与智慧（被认为是在）联
姻，结果就生出勇气来坚持阵地或者发起反击，至少在论辩中如
此。[79]在此我们强调，虽然"疯狂"被列为力量得以产生的原因
的正中间那一个，但"激烈的愤怒"或"激情"（thymos/θύμος）则是
大胆得以产生的原因的正中间那一个（对比351a2与b1）；普罗塔
戈拉在关于好或有利这个问题上的"暴怒"也表明，他并非不争强
好辩，虽已是一个老人，并且此处他笃定自己抓住了苏格拉底的一

① 对于苏格拉底此处逻辑的深有思考的辩护尝试，可以参见Weiss（1985）。

个逻辑错误，这就更助长了他的好胜争强。

我们记得，普罗塔戈拉在第一次讲到勇敢时，区分了高贵的大胆，与可耻的或"疯狂"的大胆，前者而非后者才由知识引导着。现在苏格拉底的例子中，知识或专业知识发生的效果，是减少每一位专业者所遭遇的危险。换句话说，如果一位非专业人士，一个无知者潜入一口井，那是十足的"疯狂"，是"可耻的"或丑陋的大胆；一位专业人士去做，才是"高贵的"——即亦令人佩服的——因为它是明智的(sensible)。专业的潜水者仍然要面对一些危险，这是肯定的，但因其知识，这当中的危险就少得多了。如此理解清醒的大胆或勇敢，就类同于普罗塔戈拉到目前为止的自我理解，因为，正如他最开始告诉苏格拉底与希珀克拉底(316c5-317c5)，他公开自称为智者而活动，这是危险的：这么做，必定真真确确地需要勇敢，或一种大胆。即是说，普罗塔戈拉明显很得意，自己有能力应对这些危险，认为这些危险对他的生活，或对他成功如意的生活，是绝对必要的东西；他，作为一个来自外邦的人物(anēr/ἀνήρ：316c6)，很愿意进入各大城邦，在那里诱惑最好的年轻人——这些子弟的父辈谁都不傻，他们是每一城邦当中最富有、最有力量的一群人(请参考 326c3-5 与 317a1-4)——抛却亲朋好友，转头拜倒在他(很昂贵！)的脚下(316c5 及上下文)。他这些活动会引起，如他所注意到，不只是一点点妒忌，有些情况下甚至是恶意与敌对阴谋(316d1-3)。那么，在这一重要方面，勇敢——亦即一种特别类型的勇敢——确实就在智者生活的经济之道中占有特殊地位。但紧接着，普罗塔戈拉又表示，他已想出更好的修辞，一套更好的"防范措施"，凭此他作为智者已多年没有遭遇什么危险：他的专业知识极大地减少了危险，减少了他必然面对的危险。那么，他在此所赞扬的"高贵的大胆"，就几乎没有任何通常意义上的高贵，因为通常我们仰慕其高贵的勇敢，是明知山有虎、偏向虎山行，奉献于最无私的事业，尤其是敢于战争。普罗塔戈拉所仰慕的勇敢，看起来虽标识有知识，但只用于最大程度地降低自己的危险，至少在他自己的例子上是如此，是首先服务于他自己私人的好或利益。

那么，如何才能解释普罗塔戈拉讲论勇敢时的明显不一致之处呢？亦即说，对于勇敢与知识的关联，他似乎既在坚持，[80]但好像又否认（349d7-8），或至少严肃地加以限制，这是为什么呢？有一条线索呈现于其反驳的第二部分，普罗塔戈拉在那里引进了一个明显是全新的想法——对于"自然"的考虑（351a3，b2）。无论是苏格拉底的开头提问，还是普罗塔戈拉的最先回答，都没有这样提到自然。在笔者看来，普罗塔戈拉对于勇敢的真正的或综合性看法，可以沿以下路径被重构出来。有某种自然的勇敢——可称其为大胆（boldness）、勇烈（gutsiness）——无法教会人拥有它，有或没有全凭自然。然而，这样自然而然就有的勇烈可以进一步加以发展，方式有二。其一，由城邦来发展，使之成为战士身上的勇敢，高贵而勇于自我牺牲，绝不胆怯，"在战争中如此"，在事关城邦的"其他活动中"中亦如此（请回顾326b6-c2）。但是，普罗塔戈拉明确把这一点表达为对身体的训练或发展，通过体能锻炼来进行；因此，它就不可能是"对于灵魂的好的营养"，但普罗塔戈拉现在又在"对于灵魂的好的营养"之外，再加上自然，把二者一起表达为勇敢的来源，或勇敢的多种来源（由城邦所实现的这种对灵魂的训练，可以追溯到强行要求记忆爱国诗歌等内容，这使得孩童"更为驯良"，"理解力"[dianoia/διάνοια：326b7]也更"有用于"或"能服务于"城邦：326b4，b7）。可以想见，正是这一原因，如我们当时即已指出（326c1及前书第43页），普罗塔戈拉未能把避免战事方面或身体上的这类胆怯称之为"勇敢"。

其次，自然产生的勇烈也可以通过"对于灵魂的好的营养"得到发展——亦即，通过智慧，或一种通向真理的教育。这就是为什么普罗塔戈拉讲勇敢时首先要拿智慧作伴。换句话说，自然的勇烈可以联姻于对世界如其所是的洞察。这一联姻就能使人有能力来为自己获利,就像普罗塔戈拉很得意于自己所为。而且还可以加上一点,这样的勇烈还可以使人直面最原初的真理——这一真理,如普罗塔戈拉所讲,对于"有死的种族"有它的严酷与丑陋。那么,智慧就要求加上一种自然的勇烈或者坚韧——真正高贵的、令人仰慕的或令人印象深刻的勇敢——哪怕它还要教导这样的勇烈,引导它服务于自然的好,或者服务于这样的目标即成熟而健康地获得最有利于自己的事物。通常,"高贵的勇敢"之名,实际上都是说不聪明地("疯疯傻傻地")惯于服从,通过身体训练或锻炼来获得,尤其是去经历城邦强迫公民面对的重大危险的洗礼,比如骑兵或轻装步兵的例子即如此(不同于深井潜水者为取利而行动)。如果这些危险因拥有知识而大大减少,那么正因此,在大多数人看来他们的高贵性就大大降低了——但普罗塔戈拉并不这样看。[81]大多数人所仰慕的高贵,普罗塔戈拉却归之为疯狂的过度鲁莽。不过,他还是坚持,对于好的生活而言居于中心地位的,还是一种大胆或勇烈。

那么,对普罗塔戈拉而言,存在一种与知识完全无关的自然的勇敢,并且就其自然而言它又模糊不清。它可以被非自然地发展为服务于城邦——这通常也错误地被称为"高贵的勇敢"——也可以为智慧所驾驭,为个人经营最好的生活,比如普罗塔戈拉自己,出于必然他无疑也担着一些危险,不是为城邦无私奉献,而是就在当前精明地为自己谋得可能的好处。现在苏格拉底突然转而讨论享乐主义,或者快乐即是善好这一观点,他这就要考查普罗塔戈拉对于善好的理解,考察他以他自然的勇烈服务于哪一种善好。

转向享乐主义(351b3-359a1)

引　论

苏格拉底轻易取得普罗塔戈拉的同意而共同认为,有些人过得很好,而有些人过得很糟糕(badly);过得很不舒服、很痛苦就不会是过得很好;"终其一生都过得很快乐的人"就可以说是过得好的人。那么,普罗塔戈拉就很接近于同意这一呼之欲出的命题,"过得快乐就是好的,过得不快乐则是坏的(bad)"(351b7-c2 以及上下文);"亦即",在其一生中,"如果他的快乐是从高贵(noble)事物中获得的"(该强调多少算原文含有的[eiper tois kalois g'/εἴπερ τοῖς καλοῖς γ':351c1-2]),正如苏格拉底接下来立即就要呈现出来,普罗塔戈拉谢绝同意快乐就是好而并非仅为好的一种;亦即他认为,人只应追求并沉浸于高贵的快乐,这也就意味着,"高贵"应当是标准,以从许多可以得到的快乐中进行挑选。那么,根据普罗塔戈拉,有些快乐应当被放弃,并且推测可得,有些痛苦应当被承受,因为前者有损高贵,而后者正是高贵的。

　　这样突然诉诸高贵,令人意外。苏格拉底自己就对此惊讶不已,或惊讶于这意味着在快乐之内还能再划分。他问道,显然你不会把有些快乐称作是坏的,而把有些痛苦称作是好的——就像"大多数人"那样(hoi polloi/οἱ πολλοί)? 这样,苏格拉底就通过利用普罗塔戈拉自视高人一等或自命不凡的倾向,轻轻地嘲弄他:在这事儿上,你真的要同意庸众之见吗? 如同苏格拉底在此所给出,绝大多数人并不自认为把快乐生活等同于好的生活。[82]他们会放弃一些快乐,因为它们无论快乐与否都不高贵;亦即,绝大多数人并不认为自己是享乐主义者。普罗塔戈拉的回答令人吃惊:"苏格拉底啊[……],我不知道我是否应当如你提问所指那样简单回答说,所有令人快乐的事物都是好的,而令人苦恼的事物都是坏的。"(351c7-d2)在此是什么考虑让普罗塔戈拉这样回答呢? 在他看来,他不应仅仅回答眼前这个问题,还要考虑到"[他自己的]整个余生"(或可能是"余下的生计":351d4 处的 bios/βίος)——因为这是"更安全"之事! 当苏格拉底进一步逼近时,普罗塔戈拉就完全跳开了:"苏格拉底[……],正如你经常说,让我们一起来考察吧,如果我们的探讨看来很合理，如果有同一样事物看起来既令人快乐又是好的，我们就同意它是。如若不然，那我们再对它进行辩论。"(351e3-7)换句话说，普罗塔戈拉首先为了高贵之物而断然拒绝享乐主义；但接着他说，他给出的回答必须是对他漫长生涯"更安全"的东西；到最后则说，享乐主义这事完全是一个可开放讨论的问题。

　　如果追踪这一环节的论证或剧情，就无法不认为极有可能的是，普罗塔戈拉自认为就是一位享乐主义者，但他又被苏格拉底搞得小心翼翼不承认这一点。① 他看到正义的习俗性特征，对于超越一己之好这样的高贵性又加以拆解，由此再跨一小步就是这样的思想，即我自然而然追求的一己之好，就是我自己的快乐。在这一关联之下，请注意看到，当最初在卡利阿斯家中，普罗塔戈拉要决定他愿意面对的听众是多是少时②，他的考虑是，怎么做将"最令我快乐"(317c4-5)，亦如在论诗一节之后，苏格拉底让普罗塔戈拉来决定，提问还是回答，其中哪一种"更令他快乐"(347b8-9；还请参考361d6)。在此或许足以批评普罗塔戈拉太过温顺，更准确说，批评他怯于拒绝给出一个直截了当的回答："工于辞令"有时就是狡猾。但这样批评，就表露出还未理解普罗塔戈拉最初对于勇敢的说法。现在苏格拉底已表明不是战友或盟军，普罗塔戈拉若是甘当一名享乐主义者，冒此危险，那就傻透顶了，显然就是"发了疯"，况且被普罗塔戈拉推崇为"高贵"的大胆，是要有知识相伴随的，这知识要能减少危险，服务于一个理智的目的。像英雄一般屹立不动，并公开坦陈自己的信念，那不对普罗塔戈拉的胃口。

----

　　① 洛兰(Lorraine Pangle)评论苏格拉底在352a6-b2处的讲法时说："苏格拉底所言实际上是在说，普罗塔戈拉已经表现得足够清楚明白，在他绅士般的举止背后，他就把快乐看作真正的好，所以勇敢与其他德性对于他就不过是当作为手段时是好的，他的审慎小心才让他没有公开宣布自己的真实信念。"(2014,188)

　　② [译注]即，是面向众人，还是私下仅对希珀克拉底与苏格拉底。

作为导入的这一节,其结束处是苏格拉底让普罗塔戈拉选择,由他还是由苏格拉底来引领接下来的探讨。[83]普罗塔戈拉很得体地顺从正义的要求,催促苏格拉底来引领,这样做他也就暗暗拒绝了自己再为此负什么责任:"因为事实上你在引领[katarcheis/κατάϱχεις]这一论证。"(351e10-11;353b6)

揭开普罗塔戈拉:论知识的地位(352a1-356c3)

二人将要共同探讨快乐即是善好这一命题,其探讨将会如何,苏格拉底选用了一个比喻来加以刻画,这个比喻也显示出,普罗塔戈拉并未轻易就实现鱼儿脱钩。

苏格拉底把普罗塔戈拉比作一位要进行身体检查的病人,依医生吩咐要坦露前胸后背,"这样[医生]好更加清楚地查看",接着苏格拉底说,他已看到普罗塔戈拉明确说出他关于好与快乐的主张,"来吧,普罗塔戈拉,也向我这样坦露你这方面的思想"(352a8-b1)。之后实际则是检验普罗塔戈拉,并且将等于是(进一步)揭示或打开他对事物的理解。现在苏格拉底就像一位"技艺高超的灵魂医生",普罗塔戈拉则成了他的病人。(回顾313e2及上下文)

立即上手的主题是知识问题,或更准确说,是知识与快乐的关系问题。苏格拉底好奇的是,在这一方面普罗塔戈拉是否"也"持有与"大多数人"一样的观点——这样苏格拉底就再次提及普罗塔戈拉最开始对享乐主义的拒绝——依享乐主义来看,知识是虚弱的,其典型表现是,它既无强力又不能统治我们。毋宁是,"大多数人"认为,当知识存在时,通常对人不起支配作用;相反,能左右人的,一会儿是激烈的愤怒,一会儿是快乐,再一会儿又是痛苦,还有时候是炽热的情爱,但最通常则是恐惧。简言之,"大多数人"认为,知识就像是一个奴隶,被其他许多人呼来唤去。那么,依苏格拉底的讲法,"大多数人"认为,虽然我们能够知道一件事物比另一件更好,但依然践行了或追求着另一件也是更差的事物,因为被愤怒、快乐或其他东西裹挟前行。他这样向普罗塔戈拉送上可能选项：情况是否倒是这样，知识是一种高贵的事物（kalon/καλόν），它是如此高贵以至要统治主导着人，

> 如果有人事实上认识到某事物是好是坏，他就不会屈从于任何其他，去做知识命令之外的事情，相反，明智（prudence）将助他一臂之力——情况是不是这样的？（352c2-7）

苏格拉底在此所讨论的现象，将表明就是"屈从于诱惑"：即我们明知 X 更好，也没有什么阻止我们去这样做，但最终我们却做了 Y，影响着我们的是这种或那种激情（passion）。

[84]与对享乐主义缄默不语相反，普罗塔戈拉此处愉快宣布，他与大多数人意见不同，这也与他一贯的品位或倾向相符："我认为[……]人们还说了其他许多都不正确的事情。"（352e2-3；也参考 353a7-8）无论如何，千万人当中尤其对于他可耻或丑陋的是，去否认智慧与知识是人类之事中最强大、最卓越的（kratiston/κράτιστον）；因为苏格拉底已经把知识之"高贵"等同于知识使人分辨事物之好坏的能力，普罗塔戈拉对这一点轻易就同意了。就以这一方式，普罗塔戈拉与苏格拉底一起都反对大多数人而共同说，知识是在我们身上的一种强大的东西，当我们知道什么是最好并能这样去做，就再也不会屈从于快乐或任何其他激情，而不至于不去做所知道的更好的一项。由此，现在苏格拉底与普罗塔戈拉作为同一方，开始与苏格拉底假拟出的另一方"大多数人"展开对话。苏格拉底对昏头昏脑的"大多数人"的观点很感兴趣，这很令人注目，普罗塔戈拉对此颇为不解，苏格拉底则回应说，当前这样的探讨进路事实上与勇敢有关，并且是关于它与德性其他部分有什么关系：相关于知识（以及享乐主义）的这一节明显跑题了，但却不仅相关于勇敢，而且相关于勇敢的相对地位，它被宣称为德性的一

种，而区别于所有其他德性（353b1－3；也请参考 354e7－8 处苏格拉底其实很隐晦的评论）。换句话说，并且也如后续所看到，"勇敢"某种程度上就与那种坚持自己有更好知识的能力相关，因此也就与知识紧密相关。

　　进而苏格拉底作出对享乐主义的连贯绵密分析，这一分析长久以来持续影响着享乐主义作为一种哲学教义的发展。① 苏格拉底以自己之名，也拉上普罗塔戈拉，意在向大多数人解释——显然这要求有耐心，也因此篇幅很长（354e4－5）——他们自己到底在说什么，当说自己无法抵抗比如食物、饮品与性事（353c2），从而做了他们明知是低级或坏的事情，不然有可能做他们认为的更好的事情。如果再追问一下，依据苏格拉底看，大多数人事实上没有能力辨认出，除了快乐之外还能追求其他什么好，除了痛苦之外还要逃离什么坏。这一立场的核心在于：真实说来，所谓"坏"仅仅是指"产生更大的痛苦，或更少的快乐"，正如"好"仅仅是指"会产生更大的快乐，或更少的痛苦"——当然，这一切都在长时段中得到判断。所以，当大多数人说，源于食物、饮品、性事的快乐是令人愉悦的但却（也有可能）是坏的，那么，他们并不像他们自认为的那样，能够区分快乐与好；他们不过是在（不自知地）说，这些最终导致了更少的快乐；[85]在这一意义上，选择它们当然就是选择了更坏的东西，引导他们选择的是无知，是在既定之事上对真正的更为快乐的事物无知。与此类似，当大多数人宣称，身体锻炼、战争行动或者医生治疗过程都是令人痛苦的但却（有可能）是好的，事实上他们并未能像自己以为的那样区分开痛苦与坏；他们不过是在说（也

---

　　① 比如密尔（J. S. Mill）就对苏格拉底此处的论证印象深刻，"两千年之下，同样的讨论还在继续，哲学家们还是集结在这些同样的论辩旗号之下，思想家们或一般人类看来都没有在这一问题上更进一步取得一致意见，不变的还是年轻的苏格拉底在聆听年长的普罗泰戈拉并主张……功利主义理论，以反对由所谓的智者宣称的流行道德看法"（1969,205）。

是不自知地），这些是好的并因此最终带来了更大的快乐（或更少的痛苦）。那么，一项必要的医生治疗是好的，是因为虽然此时此刻很痛苦，但它将让人更长久地享受更大的快乐。（此处苏格拉底是在面对大多数人讲话，这也能以他在此提到的仅有的快乐与痛苦都是什么样的本性（nature）来证明。（［亦即食物、饮品、性事，与身体健康、财富、战争胜利与帝国］：354b2‑5 以及上下文；对比McCoy2008，67。）

　　在与不在场的大多数人取得同意的基础上，苏格拉底进而展示，他们原本的立场是多么"可笑"（355b4，d1）：他们说，他们做了明知是坏的（亦即痛苦的）事情，是因为被快乐（亦即好的事物）打败。也就是说，他们做了坏的事情是因为被好的事物打败了！或者，也可以说，他们做了痛苦的事情，是因为被快乐打败了。一旦我们命以合适的名称——对于好的事情，名之为"快乐"，对于坏的事情，名之为"痛苦"——我们就看到，实际上，被快乐"打败"绝不会是一件坏事：快乐当然就是好，还有什么更应在我们身上最终取胜呢？没有。苏格拉底这样来向大多数人解释他们的错误（因为他们确实犯了这些错）：当你们犯错时，你们错在选择了更大的痛苦，而非更大的快乐，产生这样的错误是因为在衡量相关的快乐与痛苦时，是更大还是更小，是更多还是更少，这些事你们全搞错了。被"打败"，也就是困于无知，不知道什么是最快乐的，或最不痛苦的；当有快乐的知识或科学（knowledge or a science）时，它就是我们身上的权威，绝不会因眼看有快乐就被瓦解：这一快乐的前景只会强化知识在我们身上的力量！

　　现在，正如"某个人"直呼苏格拉底之名并指出——这位某人不必归于"大多数人"之列——"即刻产生的快乐，远远不同于事后的快乐，痛苦也是如此"（356a5‑7）。前一种要远比后一种更有吸引力，它或者引人入胜，或者令人讨厌。比如，如果眼前有某种恶，沉溺其中即刻就能带来快乐，哪怕之后可怕的疾病缠身数十年也都顾不上了。这就可以看到，生活得好，就是活得尽可能地快乐，但现在这位反对者让人看到，这当中的挑战一定很大。一个人当然要正确判断快乐与痛苦，每一次行动或选择时，无论事大事小，都要正确判断快乐与痛苦的数量与强度（356d6－7）。[86]除其他之外，这一判断还必须要能校正因即刻产生的快乐而导致的扭曲；甚至它还必须包括预计未来的能力——完全就是这样。对较小快乐的牺牲要变得有意义，就只有希望中的更大快乐实际上真的到来——当然，还要能活着享受得到。至少因为这些原因，无论苏格拉底想坚持什么或要"大多数人"相信什么（356c5－8），对快乐的判断实际上非常不同于对差距的量度，比如当我们在判断不同的体量、厚薄、数目或者音量时。

　　要正确判断快乐与痛苦，会遭遇普遍难题，为此苏格拉底引入"测量的技艺"，这引起相当多学者的注意。① 这一技艺旨在以真正的科学精确性，解决人的好生活的问题。看来，此前在论诗一节想要抓住不放的希望彼时化为了泡影，现在倒要实现了，亦即"一路成功"唯赖于知识，除了知识再无其他——让厄运或者自然的衰退都去见鬼（以 344e7，345a1－3，b5 对比于 356d1 及其上下文）："这一衡量的技艺[……]，通过使真理变得明明白白，难道不会让我们的灵魂得到安宁，立于真理面前而不动摇，并拯救我们的生活？"（356d7－e2）苏格拉底显然未能——实际上，他甚至都没有尝试——解决上述判断快乐时的挑战。最为显然的是，他描述了"衡量的技艺"将会做什么，但没有说它将如何来做，甚至没有讲它到底是什么："这一技艺与知识到底是什么，我们后续再探讨。"

---

　　① 对此"测量的技艺"或"享乐主义分析论"，可参见 Dyson（1976）；Richardson（1990）；Weiss（1989）。纳斯鲍姆（Nussbaum，1986）虽然承认，苏格拉底不可能把快乐看作生活的真正目的，因此也不可能看作他所勾勒出的科学的测量技艺的目的，但她依然坚持认为，苏格拉底当真认为有可能完全依照科学来生活，这样的生活在她看来意味着远远摆脱所有偶然或不幸。事实上，这样的教条以及形成这一教条的背后希望，来源于一种可称作最典型的非哲学的观念。

(357b5－6)但《普罗塔戈拉》里再未见到。这也意味着，幸福的希望唯有寄托于知识或科学，但在此依然没有实现。若以为苏格拉底是在严肃地提出这一"测量的技艺"，那就还没有进入这一对话的情节当中，尤其是把一种天真归之于苏格拉底，全篇对话都在反对这一点；①希望有知识，并希望从知识那里有所得，这么做的人是普罗塔戈拉这位智者，他的这一希望可能被表明大大过头了。

引入这一"测量的技艺"，甚至突然讲起享乐主义，意图之一则于结尾表露无遗。在那里苏格拉底突发怪论，若不说是惊人之语的话——竟然说"大多数人"一定要从学于智者！营造好生活，要诀就在知识——能测量快乐或痛苦的知识——正是在这事上，普罗塔戈拉连同普罗狄科以及希琵阿斯都宣称是"专家"（再次对比 313e2 及上下文）。（整篇对话中，普罗塔戈拉当然没有这样讲过。）在此要注意，关于德性的思想，即德性是一、是知识——测量的技艺——而且还是可教的，这一思想将表明对于智者们是多么有用。[87]苏格拉底搞得如此过头，竟然指责大多数人没有支付学费：

> 但是，就因为以为[被虚幻的快乐所打败这件事]并不是无知，你们就既没有自己来找智者，把他们当作教授这些事情的老师，也没有把你们的子弟送到他们这里来，以为这不是一件可教的事情。相反，因为你们在乎你们的钱，也就没有付费给他们，你们办事可太差了，私下与公开都是如此。（357e4－8）

苏格拉底对智者的态度突然一百八十度大转弯（比较 313c4－314b4），这如何才能得到解释呢？

苏格拉底在这里为智者术做得一手好广告，远胜过普罗塔戈拉，这位智者不得不给出讲法，说他所教授的"德性"的自然本质是

---

① 请参考上一脚注。

什么，但又模模糊糊没说清楚，而当苏格拉底真正逼近要揭示出它时，他又要支支吾吾，没有个所以然。这样我们就看到，普罗塔戈拉决定审慎地（"更安全地"）否认自己是享乐主义，其结果，他就如苏格拉底在此所给出的，丢掉了对他很有利的论证进路。假定普罗塔戈拉坦率承认——即他确实认为快乐就是好——他就可以非常有力地吸引在场的年轻人，毕竟所在是一处私宅且有人严密看管，因为他是一位最高级的教师，教授最精确也最有用的知识或科学：即对于人的好（the human good）即快乐这一知识。正如现在看来，普罗塔戈拉先前决定面对全部听众进行对话，这是一个糟糕的提议，现在他决定否认自己的享乐主义，看来也够糟糕了：教授"善于谋虑"（good counsel）的人自己正缺乏这样的东西。（列奥·施特劳斯在此处的讲课稿，1965 年）

论享乐主义

在此，对这一节再多作几点总评是合适的。苏格拉底的论证并未确立起享乐主义为真理。实际上，这样论证是在想当然：快乐（或痛苦的缺席）即是我们所寻求的好，因为当我们寻求好时，实际上是在追求快乐（或避免痛苦）。苏格拉底在此所依赖的这些"证据"，来源于百依百顺的大多数人，当苏格拉底一再请他们给出除快乐或痛苦之外其他一些所关心的目的时，严格说来他们沉默了（354d1-4，e2；355a3-5；356c1-3；比较354b7-c3）。但并不难为他们讲句话作个回应，因为如果他们在许多事情上追求明知是坏的快乐——重复一下，苏格拉底的例子是关于食物、饮品与性事的快乐——至少他们并没有用"坏"（bad）来指"对更大快乐的破坏"，或甚至是"对自己不利"；相反，他们的意思是，这些是可耻的、不高贵的或不道德的快乐。苏格拉底也可能指向这种可能性，他有两处用词很反常，通常会使用 kaka/κακά（"坏"：请以 353c7，9 对比 353d5，d8，e7；354c5［两次］，c7，d1；355a2，a4，a7［两次］；

355b5，b7，c2［两次］，d1，d2，d4，d7［两次］，e3，e6），他则用了 ponēra/πονήρα（base［卑鄙］甚至 Wicked［邪恶］）。［88］当苏格拉底第一次引入好是否就是快乐这一问题时，他描述这一看法的特点时说，一个人只能沉迷于高贵的快乐，如大多数人所认为的（再一次看 351b7‑c3）；当要确认什么是好时，大多数人的确可以提供另一种回答——亦即那高贵之物。

苏格拉底在此讲话，绝大多数时候似乎从未闪过这样的念头，即有些快乐是可耻或不道德的，或者在场众人也没有去想这一点，这也就再一次等于说，苏格拉底是在假定而非证明了享乐主义是真理。普罗塔戈拉也没有想到这样来回应苏格拉底，这也正是此段文本的意图之一：如果这并没有证明普罗塔戈拉就是享乐主义者，那么至少进一步提供了证据，表明他有此可能性。实际上，由苏格拉底强加给大多数人的关于好的看法，他们并未真正接受为真理，但普罗塔戈拉认同了这一看法。虽然此时苏格拉底与普罗塔戈拉结成联合阵线，由苏格拉底所假拟的"大多数人"实际上代行的是普罗塔戈拉自己；有些时候，普罗塔戈拉作出的回应是他设想的大多数人的回应（比如 356c6，c8，357a4‑5，357b5），但另有些时候，他则明显是自己在说话（参见 356e4，357b3［两处都肯定用于测量快乐的技艺的重要性］；他的这些回应，354a7，b5，c5，356c3［sunedokei/συνεδόκει］以及 354c3［Oud' emoi dokei/οὐδ' ἐμοὶ δοκεῖ］，正是在这一方面模棱两可）。正如更早时候普罗塔戈拉虚伪不实地归之于"大多数的人们"（333b8‑c3）的一个观点，实际上是他自己所秉持的观点（亦即，做一个不正义的人是理智的），所以现在苏格拉底也伪装着把这么一个观点（亦即，快乐是最重要的）归之于大多数人，但实际上是普罗塔戈拉持此看法。苏格拉底玩这一手也真不赖。

在苏格拉底分析享乐主义的过程中，谜团之一是他对那位未名的反对者（"某个人"）的回应，这位反对者强调说，即刻产生的快乐非常不同于长时段之后的快乐或痛苦。苏格拉底的回应仅提及知识与无知：选择即刻产生但更少的快乐，而不计更长时段之后更大的痛苦或快乐，这是深陷于无知。于是，所有我们要做的，就只是学会苏格拉底所许诺的测量的技艺，我们身上的无知也就破除了。但这并未解释，一个人是如何从拥有知识的状态，进入到无知状态，然后——如果后悔所为的话——再如何回到知识的状态。许多人会说，在我们身上最主要是快乐（或痛苦）在发挥着影响。苏格拉底，与普罗塔戈拉一道，反对这一点——但他的替代看法又是什么呢？

　　要看这一论证中遗失了什么，亚里士多德会很有帮助，《尼各马可伦理学》(1145b23-27 及上下文) 有对《普罗塔戈拉》这一段的讨论，那里亚里士多德正在分析他所谓的 enkrateia/ἐγκράτεια ("自制"或"克制") 与 karteria/καρτερία ("坚忍不拔")。[89] 这些能力令人印象深刻，能坚定地听从关于好或更好之行的知识（或实际是意见），面对快乐的强力吸引而能自制，经受可怕的痛苦而坚忍不拔；那么，就存在某种基础性的能力——称其为坚韧——能使一些人水火不侵，坚守他们关于好的知识（或意见）。相应地，那些缺乏这样的自制或坚忍不拔的人，则随环境而轻易改变他们的意见甚至知识；如亚里士多德所言，当好的事物出现时，他们并非不会必然去追求好，情况毋宁是，好的事物在他们眼里很容易就变得不同，尤其当产生快乐或快乐的前景时：在那一刻，实际上另一种做法在他们看来就更好，于是就改弦更张追求另一种去了，无论事后怎样后悔不迭，如果他们先前的知识或意见又回来的话。这一讲法一定意义上就辩护了苏格拉底的立场（请参考《尼各马可伦理学》1147b14-19）：关于好的知识或意见实际上总是在起作用的——但这一知识或意见，至少当与感觉 (sense perception) 相连时，一旦缺乏克制与坚忍不拔，也就摇摆不定了。

　　如果借助亚里士多德的讨论，来读苏格拉底在《普罗塔戈拉》

中的讲法，就可以看到苏格拉底忽略的可能性是，哪怕知识坚如磐石，当面对快乐或痛苦时，若无更根本的"坚韧"，它也可能易于动摇。更有甚者，哪怕最为精确的测量技艺，也将无法单凭自身改正这一缺点，虽然苏格拉底在此说起这一技艺来，仿佛仅此就足够了，因为这一技艺同样无法使我们避开诱惑，诱惑会使我们对技艺的指令置若罔闻。依据色诺芬的刻画来判断，苏格拉底自己有这样的坚韧或"克制"，这样的 enkrateia[自制]，到了超常的程度——这一 enkrateia[自制]是"德性的基础"，因此不是德性本身（《回忆苏格拉底》1.5.4）。

或许现在可看到，苏格拉底对享乐主义与知识的讨论，有两处典型的忽略。苏格拉底完全忽略从道德上反对享乐主义，据说是因为，大多数人想不出除快乐之外还有什么其他的行动目的；并且完全忽略"坚韧"或类似的东西，不提坚守好的信念这一基础性能力，这一能力对于这些信念是必然的补充。要解释这些"忽略"，不在"大多数人"，而在普罗塔戈拉——他的理解正在接受苏格拉底这位医生的检验。[1] 如我们所见，普罗塔戈拉除去了高贵的勇敢所有的自我牺牲这一特征，绝大多数人则将其——它在道德上的美——与勇敢相连。并且，在享乐主义这一节，普罗塔戈拉只提到快乐，而没有考虑其他任何可能为大多数人关心的东西，这或许是因为他自己就从未想过其他。[90]也许可以大胆说，普罗塔戈拉具有道德迟钝的特点。无论如何，更谨慎来讲，依普罗塔戈拉的说法，他并未严肃对待"大多数人"的意见和"一般人类"的意见，毕竟他们说出的，是任何流俗意见给予他们头脑的东西（353a7－8）。假定他能严肃对待这些意见，或者他自己对它们思考过，他或许能

---

① 在这一节，可以始终记住麦考伊（McCoy）的正确评论："[在享乐主义这一节]苏格拉底提给普罗塔戈拉的问题，意在引出普罗塔戈拉自身观念的内在问题；即是说，它们是针对个人而改动了的论证。苏格拉底在享乐主义一节的论证，不能归结为他自己对于快乐与智慧之自然本质的看法。"（2008,61）

看到苏格拉底在这一节所提出的事实的意义,亦即人们"常常"因为恐惧而离弃他们更好的知识。这也就意味着,如果不用亚里士多德与色诺芬的语汇,一种胆怯就常常促使我们违反更好的知识去行事,或(同一硬币的反面)需要某一种勇敢,来坚守这一知识(参考356e2处 menousan/μένουσαν 及上下文:是什么东西能使灵魂"立定于"真理之前,或促使它持续保持在那? 也请参考353b3处 emmenein/ἐμμέννειν 及上下文,也提出了同样的问题)。那就是说,如果勇敢就是一种能力,抵挡特别因经受恐惧而产生的痛苦,并且这恐惧是"某一种对[什么是]坏的预期"(358d6-7),那么,勇敢虽是一种有别于知识的东西,但对于依赖知识之光而生活,它就是必要的,或者对于知识在我们生活中占有合适位置并发挥作用,它就是必要的。

普罗塔戈拉一方面正式否定享乐主义,另一方面他又接受这种观点,即那些知道什么是好的人们必然会去追求它,这两个方面有何可能的关联,我们最后提出一点尝试性的看法。先回到一个观点会有帮助,它由苏格拉底在解释西蒙尼德以及"所有"智慧者的思想时讲出,根据这一观点,因为仅仅(alone)被剥夺了知识,就形成了坏的行动,或生活过得很糟糕,那么(或可推断),获得或保持知识就足以(alone)形成好的行动,或一路成功顺利(345b5 及上下文)。因此,拥有知识(亦即智慧)就是人类生活合适的目标,达此目标可以清楚地计算,这是测量的技艺,生活依此进行:一切有助于智慧的是德性(virtue),一切有损于智慧的是丑恶(vice)。但是,如在那里所强调,智慧者也会拒绝就任何可耻或坏的行动来批评谁;显然,智慧者也不能分辨出,这世上可能还需要什么来支持道德应得(moral desert)或好品质。而且,在同一上下文,苏格拉底还勾勒出一个并无"天意"(providence)的世界:善好(the good)必然在疾病、劳苦与时间中衰败,无论诸神还是知识最终都不能保护人们摆脱这些。智慧者的这些信念,无论其基础是什么,都要求信念持有者具有相当的坚韧或顽强，一种勇敢（当然还有其他品质）。如果知识就是我们要追求的真正的好，如智慧者所主张，那么，就没有任何保证能让这个世界，由我们追求的知识所揭示出的这个世界，来支持我们每一个与它相联的希望。[91]如果获得关于最重要之事的知识，其代价是失去我们最初的也可能最心爱的对于这个世界的期望，那么在此程度上，这将是深入骨髓的不快乐或痛苦，也因此在伟大的智识（a great intellect）之外还需要某种能力，从而不但把握到这样的知识，还能按照它来生活。那些不能忍受这一痛苦的人，也就会更固执地追随意见，这些意见是屈从于痛苦的奴隶，或要躲避痛苦：这种类型的意见由苏格拉底在陈述多数人看法时含糊说出或抽象概括出来。这样一来——再次回到享乐主义与知识的力量这两者的关系问题——除非快乐就是真正的好（the good），并且知识或智慧就是不掺杂痛苦的纯粹的快乐，所提到的顽强不屈（toughness）才是不必要的：要去寻求、获得这样理解下的知识，并依照它而行动，就不需要一种特别的顽强不屈，因为依据定义，这样的知识就永远是令人愉悦的。

幕间插曲：众人意见调查（358a1-359a1）

或许因为此前苏格拉底的兴趣一直在于其他人甚至"大多数人"的意见，现在他转而要调查所有在场者的观点，尤其点名希琵阿斯与普罗狄科。苏格拉底向众人一共抛出了八个问题。但其中只有一个引起分歧：苏格拉底提供出"害怕"（dread）与"恐惧"（fear）的定义（"某种对于［什么是］坏的预期"），普罗塔戈拉与希琵阿斯表示同意，但普罗狄科仅接受它是"害怕"（dread）的定义（358d5-e1）。在明显占绝对多数的例子上——六个——众人都一致同意接受苏格拉底对所提问题建议的回答，其中第一、六两个问题上的一致同意被加重强调而突显出来（比较 358a4, d4 的 hapasin/ἅπασιν［quite all］与 358c3, c6, 359a1 的 pasin/πᾶσιν［all］；

358b1-2则说"普罗狄科与其他人"都同意)。仅有一次苏格拉底说,对问题的回答中,有一个观点是多人同意的(sunedokei/συνεδόκει:358b6),但并不必然升级为一致同意。最后,还有一处强调很显著,在述及一项有关"人的本性自然"(human nature)之事时,"人的本性自然"这个用语在全篇中仅在此提到(比较315e1,316b9,323d1与d5,327b8与c1),苏格拉底向友伴重述,"所有这些[hapanta/ἄπαντα]事情在我们全体[hapasin/ἄπασιν]看来都是如此",这也是仅有的一次苏格拉底把自己也包含在共同同意之中(358d4)。

这八个问题所诱导出的答案,不但受到在场所有人或几乎所有人的强烈支持,而且还表明在接下来一节发挥根本作用——把普罗塔戈拉掀翻在地。[92]为了理解它们最终如何发挥着这样的作用,我们来总结一下其成因。苏格拉底起首处,是从"几乎全体"现场者获得同意说,刚刚他和普罗塔戈拉所讲都是合乎真理的,超级地(huperphuos/ὑπερφυῶς)合乎真理。他并没有问,它是否还是高贵的(对比352d4)。接着第二点,苏格拉底问,他们是否同意,"令人快乐的就是好的,让人苦恼[或痛苦的]即是坏的"。这一结论,"普罗狄科及其他人"表示同意,但它并不等于肯定了享乐主义,因为可以把它肯定为一个通则,即快乐是(一种)好的,而不必同时宣称它就是好(the good):苏格拉底并未问,是否好即是快乐。并且,如果这一前提的意思是说,令人快乐的事物就是(亦即,总是)好的,那么它就确实排除了有些快乐可能是坏的,更不必说排除了有些还是可耻的。接下来,也就是第三问,套出来的同意(相对而言)是整节中最弱的。苏格拉底问,是否使得生活没有痛苦而有快乐的行动,就总是高贵的而且有利的(358b5处采取抄本的读法),一项高贵的行动既是好,又是有利的。无从知道现场有谁谢绝同意这一命题。但这一拒绝并不难理解:把高贵等同于好,等同于理解为(只是)有利的好,这些前提就夺去了高贵所特别具

有的美或自我牺牲的特征。即使一个人开始的想法是，所有真正
高贵之事都总是有利的——通往幸福路上唯有践行高贵——但他
很快就会遭遇一类行动，它们被认为是高贵的，但正因此，却不可
能说是有利于行动者自己。典型如一位高贵的骑兵司令官或轻装
步兵，其行动之为高贵，极大程度上是因为他可能为此付出的代价
高昂。如果由此要来救回高贵中的好因而是有利，就把有利于自
己定义为仅就行动而言的"高贵"，其中的困难并未得到解决。即
便出于最好的意图，这也等于夺去了高贵所特有的崇高与吸引力；
它最终相当于普罗塔戈拉本人关于"高贵"的立场。那么，我们就
很有理由笃定地认为，普罗塔戈拉不会对苏格拉底的命题持有
异议。

第四个问答——得到了一致同意——说的是，如果有人知道
或自以为，比之正在做的事还有更好的事情，还有可能去做更好之
事，他永远不会放手不做更好之事；换句话讲，所有人都寻求去做
他们知道是或自以为是更好的事情，永远不会去做被他们看作是
更坏的事情。无知不过就是"屈服于自己"，或追求了（实际上）更
少的好，智慧不过就是"战胜自己"，或追求（实际上）更大的好。这
些命题是否为真，并不依赖于把快乐等同于好（虽然好并不排斥快
乐）。[93]第五个问答非常简短，苏格拉底诱使众人一致同意他对
无知的定义，即，对于重大之事，有着错误的观点，并说着错误的
话。由之或可推论，他会把智慧定义为，对于重大之事有着正确的
观点，说出了种种真理——也就是说，如果可以认定，智慧必然就
同时是说出所知道的很智慧的事。但这一对智慧的定义看来更被
普罗塔戈拉所接受，而不是苏格拉底，由普罗塔戈拉大吹大擂的坦
率即可想见这一点，苏格拉底学习的则是普罗狄科古老的也是"斯
巴达式"的智慧，更不必提他所搞的一整套"反讽"。

苏格拉底现在得出一个重要结论，据此，"没有人愿意去靠近
坏的事情，或去靠近他认为是坏的事情"，正如"人的本性自然"

（human nature）中不会有这样一个部分，"会愿意去靠近他认为是坏的事情，而不靠近好的事情"。更进一步讲，如果被强使或被迫在两种坏的事情中二选一，那么如果可能择轻，就没有人会选重（358c6-d4）。正是这一主张，即好（或更小的坏）在所有我们所为之事中具有全面的优先地位，引诱出这一节中最为显著的同意，包括苏格拉底本人也在其中同意。这一讲法也不依赖于享乐主义是否为真理。接下来，苏格拉底把坏与"害怕"或"恐惧"相连：我们恐惧或害怕的事，准确地说，我们认为是坏的事情，无论是什么，我们这样认为了，就永远不会愿意靠近或接受它。

就在这一点，苏格拉底突然再次把目标转向普罗塔戈拉：

> 就让普罗塔戈拉向我们辩护一下，他开始的回答如何是正确的——不是指他最一开始的讲法。最开始之时他说道，德性的五个部分没有哪一个与另一个相同，每一个都有自己独特的能力。我现在并不是指这些。

这样，苏格拉底就狠刺了一下普罗塔戈拉，提醒现场众人，他放弃了自己"最一开始"的回答——"相反，我所指是他后来所言"。于是，苏格拉底就归纳普罗塔戈拉第二次或修正的立场，大意是，其他四种德性彼此"可以合理地对比"，但勇敢则与它们都"非常不同"（359a2-c2）。

普罗塔戈拉的垮台（359c2-360e5）

"'那么，来吧，'我说，'告诉我们'"：苏格拉底接着提醒普罗塔戈拉他的论点是，勇敢者面对某些事情甚至表现得"很渴望"，这些事不同于胆怯者渴望之事。胆怯者渴望他们感到大胆或有信心的事——可以想到比如临阵脱逃——勇敢者则渴望可怕或恐怖的事情。[94]普罗塔戈拉聪明过头，竟没有看到由天边隐隐到来的危险。在以自己之名给出两个回答之后（359c4），他还再次试图伪装成是"人们"在说（以 333c1‑3 对比整个享乐主义一节）。苏格拉底完全不吃这一套："这非我所问。我要问你本人认为勇敢者渴望什么？是渴望可怕的事，并相信它们是可怕的，还是渴望着并不可怕之事？"（359c6‑d2）这样，普罗塔戈拉被迫同意，鉴于此前的论证，勇敢者就不可能有信心或大着胆，从而去靠近可怕、恐怖的事，因为依据定义，这些事情预示着某种坏事，但没有人会愿意或主动靠近坏事，至少在可以避免时不会去靠近。那将有违"人的本性自然"。

在此同意基础上，苏格拉底逐步建立起的论证，很快就被普罗塔戈拉发现是无法忍受了。没有人去靠近（或向着：epi/ἐπί）他认为可怕的事情（这么做，那将是"无知"，可以想，对这一可怕之事无知意味着什么，或势必造成什么），相反所有人，包括胆怯者与勇敢者，都会去靠近同样的事——亦即他们对之感到有信心或能大胆的事，因为他们认为那是好的（或者相比于别的选项，是更少的坏）。那些看起来完全相反的人却有着同样的动机，这一情况就诱使普罗塔戈拉给出一个合乎基本常识但强有力的反对："但是［……］，苏格拉底，胆怯者与勇敢者走向的［或，向着］，可完全是［pan ge/πᾶν γε］相反的事情呀：比如后者愿意走向战争，但前者就不愿。"（359e1‑4）这里，普罗塔戈拉直呼苏格拉底之名，举例不是"勇敢"的智者们，甚至不是井下潜水员，而是像骑兵或轻装步兵这样的人——简单说，举出的例证是彻底政治性的战争中的例子（请回顾 326b6‑c3）。如普罗塔戈拉在此感觉到或认出来，勇敢进入了它自己的领地，尤其是战争。用亚里士多德的话来说，

　　　　没有谁［比勇敢的人］更能坚定地忍受可怕之事。最恐怖的事莫过于死亡，因为它是一个终点，对于死者看来没有任何

别的东西留给他,好与坏都没有。但勇敢的人却似乎在任何
或每一种环境条件下都不在乎死亡——比如,死于海上,或死
于疾病。那么,在什么环境条件下呢?或者,是在最高贵的条
件之下吗?这样的死,是发生在战争之中的,因为他们身处最
重大、最高贵的危险之中。[……]在权威的意义上,那么,一
个勇敢的人可以说是一个无畏的人,他可以无畏地走向高贵
的死,可以面对死亡会突然而至的任何情形。与战争相关的
事就尤其具有这样的特征。(亚里士多德《尼各马可伦理学》,
1115a24-35)

[95]重复一下,苏格拉底的论点是,胆怯者与勇敢者身上,同
样的动机在发挥作用。事实上,如同所有人,他们去靠近自己认为
是好的事情,避开认为是坏的事情,至少尽可能这么做。那么,他
们彼此何以区分?他们的区别一定在于所认为的好有所不同。在
此,苏格拉底加入第三个关键前提,或者说前面一节刚刚同意之
事。当普罗塔戈拉被迫同意说,勇敢者走向战争因其是"高贵的",
当然不是因为它是"可耻"的一类事情;而且,如"我们曾经同
意"——勇敢者也会这样绝对同意吗?——高贵的也就是好的,
"因为我们都曾经同意,所有高贵的行动都是好的"。对此,普罗塔
戈拉加上他自己的明确赞同,竟说这"永远"是他的意见。这一同
意模棱两可,尤其因为苏格拉底并没有加上他在前一节所强调的
内容——亦即,所谓高贵就是好,这指的是,好即是"有利"(于高贵
者他们自己),或"高贵"不让人吃亏(再看358b5-6)。此处说高贵
即是好的,所谓好,可能是或者说可能不(同时)是对高贵者"有利"
或有好处。难道勇敢者们自己不会争辩说,在值得选择的意义上
走向战争是好的,最大的原因是这么做是高贵的,无论这对勇敢者
们自己怎么"有利"或有何好处?

苏格拉底继续进逼:当他问普罗塔戈拉,在他看来那些不愿意

走向战争的人——虽然走向战争是高贵的因而也是好的——是勇敢的,还是胆怯的;这位智者回答说,它(当然)是胆怯。现在苏格拉底加入一项前提条件,这至少让人想到第二个问答,根据那一回答,令人快乐的是好的:如果走向战争是高贵的并因此是好的,那么它也必定——现在苏格拉底加上的不是"有利",而是同一方向更进一步——"是令人快乐的"。由此,苏格拉底最后就把开始时对于勇敢的讨论,与继之而起的对快乐的讨论相连:勇敢现在就用快乐来评判了;它将在享乐主义的基础上进行判断,或者讲得更好一点,胆怯与勇敢之行都将在享乐主义的基础上获得解释。这就是整个《普罗塔戈拉》最后一节的最核心目的。勇敢者愿意走向战争,因为他们认为这是高贵的,因此就是好的,因此……就是快乐的! 相应,勇敢与胆怯之间的差别,真正说来并不在于动机,因为他们都在所有事情上寻求自己的快乐最大化。差别毋宁在于他对于战争之事的快乐的评价。[96]无论还有其他什么意味,这显然意味着,在此没有任何其他——无任何其他更高的东西——只有对自身快乐的计算在起作用,高贵的勇敢者们走向前线,看到的是自己的快乐:"难道他[勇敢者]不是在走向更高贵、更好也更快乐之事吗?"普罗塔戈拉被迫同意:"这必然[……]要同意。"(360a2-3)重申一下,"高贵"在此借道于好而等同于或归结于"快乐"。

现在苏格拉底通过强化到此所得的优势,对这一路论证作个结论。他确立起的结论是,胆怯者一定不知道,朝向勇敢者所向的事情前进,比之放弃这样的前进,是更高贵的,因而更好也更令人快乐——因为,如果他们真的知道,就必然也像勇敢者那样去行动。勇敢者们就自身而言确实向更高贵、更好也更快乐之事前进——对此,普罗塔戈拉说,是"必然"要同意的——因此他们没有令人羞耻的恐惧,或可耻的大胆妄为,根据普罗塔戈拉,这也是"真确"的。接着,苏格拉底添上那可疑的前提,即无论什么事,不令人感到可耻,就是高贵的,高贵之事就是好的;所以,所有不令人感到可耻之事，就是好的。现在苏格拉底立即转向胆怯者，同时还有大胆而发疯者（mad，或者愚蠢的[crazy]）。所有这些人确实既有令人羞耻的恐惧，又有可耻的胆大妄为——在此，耻，当然意指"坏"（bad）（360b6‑7），而且至少意味着"令人不快"，这对于胆怯者与疯狂者都是如此。并且，"没有别的原因，就是无知与缺少学习"导致了这种不然无法理解的追求，这些真正说来是追求可耻与坏（令人不快）的事，正如只有"智慧"可以解释，为何勇敢者向着他们所知的高贵因而也是好（令人快乐）的事前进。这样，苏格拉底归结说，胆怯即是对什么是可怕与不可怕的无知（对此，普罗塔戈拉只得点头），同样，对这些事有智慧，也就一定是这些无知的反面了（再一次引得普罗塔戈拉只得点头）。于是，苏格拉底的结论就是，（对于可怕与不可怕之事的）智慧就是勇敢。这样一来，他就让这位伟大的智者不但无话可说，而且呆如木鸡：普罗塔戈拉现在连点头也不愿意了（360d6）。正是这一路下来的论证，让普罗塔戈拉最终气急败坏，竟要苏格拉底自己一个人把余下的论证搞完。

看看这古怪而矛盾的等式，智慧等于勇敢，无知等于胆怯，从中还可以额外得到一条苏格拉底没有作出的结论。回想一点，勇敢者的并不可耻的恐惧是高贵的，因而是好的：真正的勇敢者会害怕确实恐怖的事情，它们会带来实质性的伤害或痛苦。他们的恐惧，包括他们的自信，都有助于增加勇敢者的好处。[97]类似于此，胆怯者则逃离并不可怕的事情，他们错以为可怕因而认为有害，正如愚蠢的大胆者奔向真正可怕的事情，还以为这些事并不可怕因而是无害的。所以，面对所有可怕与不可怕之事时，只有勇敢者才正确行动。但，根据这一讲法的逻辑，什么才是真正正确的行动呢？面对实际并不可怕之事（即真正说来会带来好处的，无论是快乐还是别的什么），勇敢者将会也应当会向之前进，正如面对实际上可怕之事（即那些真的会带来伤害的），他们将会也应当会……逃离它们！这就是从"可怕与不可怕之事的智慧"中得出的结论。关于高贵的勇敢,就说到这里。

如果纵览一下,苏格拉底对勇敢的两次处理,横跨了这部分对话的前后两端,当中是对快乐即是好的长段论证,他一路强行推进,最后我们看到他成功到达结论,即在某种意义上德性是一——即是说,如果我们同时接受他更早对于正义与虔敬、智慧与节制的处理,以及刚刚要建立"智慧"与勇敢的关联的论证。然而,很有理由不接受这些,正如当讲到快乐并在其论证中所表明的。如果在此苏格拉底实际证明的很少,那至少也得承认,在全世界最智慧或最聪明的演讲者面前,凭言辞耍大刀,力克对手,那也是艺高人胆大:苏格拉底以行动表明,他可以游刃有余地与任何对话者以言辞较量一番(色诺芬《回忆苏格拉底》1.2.14,以及结尾处)。这些绝对令人印象深刻。但是,如果苏格拉底并不把普罗塔戈拉立场中真正的困难揭穿,使之大白于天下,那他的胜利就只不过是一场"秀",也只是一些套路程式,一些表演性的演讲,跟那些智者们没有两样。

要看一看在此已被挑明的普罗塔戈拉立场中的困难,有利的做法是,先从对他更普遍的一些评论开始。普罗塔戈拉严肃的教学,事关我们对于好的关切这件事的自然本质(nature)。我们从政治社会,从保姆之手到神圣的礼法,还包括从处于这两者之间的许多其他方面,接受严格意义上的习俗性的"教育",结果我们被教育得总是心系公共的好,而且如果必要,每当遇事还先人后己。这一先后之分,源于正义、虔敬与节制的要求,这一切一起被高扬为"德性"——毫不亚于作为人的卓越。但根据普罗塔戈拉,这种教育全错了:智慧这一最大的德性既否定它的根本,也砍掉它的枝叶。我们自然偏爱的好,是一己之私的好,人我之间或公私之间,重合之处少之又少。确实,自然下的残酷要求我们共同生活,也不难看到,要让共同生活得以可能的原则,会至少有哪几条大纲——[98]某种意义上,理智(reason)可以证实这些原则。普罗塔戈拉在其辉煌的神话中列出了这些纲要，尤其有大用处的是，要让"人们"相信一个纯粹的神话，相信是宙斯在颁布礼法，并强力施行这些礼法。然而，不正义并不愚蠢；愚蠢的是承认它。拒绝正义（更不必说虔敬），是一件表明拥有好的理智的事情，或有正确谋虑（sound counsel）的事情。如果依照自然，我们寻求的好就是自己的好，那么最可靠的前进向导就是快乐。普罗塔戈拉是一个享乐主义者——对此苏格拉底心知肚明，并大加利用——扳倒普罗塔戈拉，就是在勇敢这个问题上始终如一地利用他接受人类的自私，以及他的享乐主义。

　　对苏格拉底在此所得的结论，普罗塔戈拉应当愿意接受它的某种版本：勇敢就是智慧，或至少有智慧相伴，这一智慧知道什么是对人真正的好（"不可怕的"），什么是真正的坏（"可怕的"）；成为勇敢者，就是能够直面痛苦，尤其是相伴于恐惧或危险的痛苦，我们不得不去经受或面对这些恐惧或危险，以能够得到可以属于我们的好的事物。换句话说，在为了生活得好而要具有的系列灵魂的品质当中，"勇敢"可以占据一席之地（与之一起比如有大胆、持重、敢于声张或木讷寡言等）；勇敢像是一块金子，从整体分割下来，作为部分与整体本质相同。普罗塔戈拉自己一开始仅把智慧和勇敢放在一起，他讲得足够清楚，他所认为的"高贵"（亦即，并不mad[疯狂]），仅仅是由知识引导着的自信或大胆，为达到既定的好的目的而面临的危险则因知识而减少了。然而，当他给出那一常识性的评论，或者抗议说，勇敢者与胆怯者在做着完全相反的事情，一个奔向战场，一个临阵脱逃，[1]此时普罗塔戈拉清楚说出了，如果完全剔除高贵品质来理解勇敢，他无法前后一致坚持它。在此处，好被等同于令人快乐，这就离目标更近一步了，因为苏格拉

---

① 如麦考伊（McCoy）之见，"他公开地推崇愿意走向战场的人，而贬低逃脱的人"（2008,69）。

底由此就可论证说，寻求快乐的勇敢与寻求快乐的胆怯，二者之间的差别仅仅在于理解什么是好因而什么是快乐时观点不同。这就是讨论享乐主义的最重要的目的：把享乐主义加到勇敢上来讨论，从而剥掉勇敢上的高贵的、自我牺牲的特征。

苏格拉底就以这样的方式向我们证明，普罗塔戈拉在事实上，或最终，无法接受把勇敢简化为自私的计算（的其中一个方面）。换句话说，他最后依然崇尚着勇敢的高贵性，勇敢不能被简化为精致的计算，把既定条件下什么最有利搞得一清二楚。① 普罗塔戈拉在正义一事上所寻求加以利用的东西，在勇敢一事上却又颇为崇尚——亦即是，[99]为了自身之外的而且确实是更大的好，甘愿自我牺牲。或许他这一崇尚正与对羞耻的敏感相一致，对话中他展露了这一点，这一敏感尤其推动着他在对话中继续往下走，显然他怀疑（最终表明确实如此）这将于他不利（348c1；又 333c1）。如我们所见，在苏格拉底的表述中，勇敢不是其他什么东西，而是对于何为真正的恐怖之事或可怕之事的知识，胆怯则是对此无知，这意味着，勇敢者走向战场是因为知道这样做没什么可怕——也因此就没有真正的高贵或英雄——或者意味着，勇敢者知道走向战场是真正可怕之事，面对这样有害的恐怖之事，如果能够，将要做的唯一有理智的事就是：逃离它们。普罗塔戈拉最后无法容忍这样把勇敢归结为知识，因为，重复一次，他也受勇敢者触动，他们甘愿走向战场，无惧于任何后果。（359e1-4）

总结一下，在最开始讨论勇敢时，普罗塔戈拉所诉诸的高贵，可归结为对自己的好，因此他就再次肯定自己的观点，"所有高贵之行"都是真正"好的"（359e5-8）。但接下来实际是他自己无法

---

① 也请参考科比（Coby）："苏格拉底逐步揭开普罗塔戈拉自相矛盾的性格，因为这位智者让人看到的，一方面是英雄与战士击败许多对手而大名鼎鼎，另一方面在智识上又'精明世故'，瞧不起习俗性德性中的自我牺牲与严格训练。"（1987，13；165-172）

前后一致坚守这一对高贵的观点，因为他已表明自己相信，有些事情就是高贵的，因而就值得选择，而无关于事实上——不，恰恰如果——它们是坏的，不利于自己。关于勇敢的这一长篇而复杂的讨论就显示出，普罗塔戈拉糊涂了起来。①

《普罗塔戈拉》的尾声（360e6-362a4）

普罗塔戈拉现在一脸的不悦，勉勉强强点头，沉默不语，拒绝继续对话，或者直批苏格拉底好胜心切（360e3；对比335a7-8），这就促使苏格拉底在对话行将中断时，重申他的兴趣只是："我问所有这些问题，全然不是为了其他，不过因为我有探究的愿望，想弄明白有关德性的这些事是怎么回事，它自身亦即德性到底是什么。"（360e6-8）对话中苏格拉底也就第一次明确提出根本问题："什么是德性？"他很快就会说，他很愿意和普罗塔戈拉一道来彻底考查"什么是德性"，并且（在此之后）"再一次"详细检验它是不是可教的（361c2-6）。

那么，苏格拉底与普罗塔戈拉看来都完全是在本末倒置，长篇滔滔大讲（这）五种德性之间的关系，却没有首先说清楚，这些德性可能属于或不属于哪一类事物：

> 因为我知道，[100]一旦这一点（亦即，德性本身到底是什么）清清楚楚了，那么你我各执一词、长篇争论的东西就尤其清楚明白了，亦即我说德性是不可教的，而你则认为是可教

---

① 洛兰（Lorraine Pangle）这样优雅地总结这件事："苏格拉底的追问揭示出，普罗塔戈拉伪装着把享乐主义归之于民众，实际上他自己认可于此，但享乐主义又不是他唯一持守的原则，在他绅士般的表面之下，甚至比他隐藏的享乐主义还要更深一层的是，他相信一种高贵，这一高贵无论如何也不能降低为快乐。"（2014，209）进一步参见 Bartlett（2003）。

的。(360e8 - 361a3)

在知道德性是什么之前,我们无法知道德性是否可教。这一逻辑似乎无懈可击(再考虑《美诺》71b1 - 8)。然而,如果我们接受苏格拉底的评论或批评,我们就还得——不仅仅是口头上——接受这样的想法,即对话中作为德性的例子或实例来讨论的五种性质——正义、虔敬、节制、智慧与勇敢——可能根本就不是德性。亦即,如果我们无法正确回答"什么是德性"这一综合问题,又凭什么坚持说,比如勇敢,就真正是那类事物的其中之一?

然而,《普罗塔戈拉》是否真的到此为止都没有提供任何线索,来讲明"德性"都包含哪些类别?苏格拉底说明他对于对话的兴趣所在就表明,他一直在问的这些问题(亦即一段时间内持续在问的问题)寻求揭示两件事,其中就包括"德性自身到底是什么"。难道这后一问就没有同时被提出来,如果说只是间接地提出?难道说,如此长篇地讨论被宣称属于同一个属类的诸多子项,却对这些子项所共有的属类特征,并没有讲什么统领性的观点,也因此就没有讲到这个属类自身——这是可能的吗?除了从显然属于这个属类的子项入手,尝试推导出他们的共同特征,之外还能如何向前推进?

在接近对话的最后之处,苏格拉底就他们对德性的处理,作出了一个有帮助的总括回顾。他特别提醒说,在处理中发生了一个奇怪的反转,如果可以这样称的话。他把最近的论证结果加以拟人化,并使之指控与嘲弄他们:拟人化的人在说,他们是"奇怪的",甚至"荒唐的"(atopoi/ἄτοποι:361a5)。最开始苏格拉底在说,他不认为德性是可教的,但现在他却使一切都反对他自己,即"一切都是知识——正义、节制与勇敢都是——如此一来,德性就最显得是可教之物"(361a6 - b3;对于比 319a8 - b2 及上下文)。如果德性不是知识而是其他,很明显它就不可教;无论如何,如果德性完全就是知识,或者总体上是知识(epistēmē holon/ἐπιστήμη ὅλον:361b6),却竟然不可教,那就太"令人惊奇"了。如果知识都不可教,那还有什么可教? 与此类似,最开始普罗塔戈拉说德性确实是可教的,但现在到了对话的最后,他却百般抵制苏格拉底试图把勇敢与知识相联系,那样至少就意味着有可教的性质;现在普罗塔戈拉就仿佛一个人在坚持说,德性可能是任何其他东西(anything),但就不是知识,如果是这样,那它就最不可教(361a3 - c6)。[101]正如苏格拉底终于说清楚了原本必须在某个时候就要说清楚的综合性问题,现在他也终于说清楚了当初提出问题时就已早早摆上台面的关键:这些即是,德性可教,以及德性作为知识的地位。如果德性不是知识,那它很可能都是废话了——某种对事物的错误理解,经由习惯或者死记硬背而传递下来,严格讲来它就是不可教的,或确实是不可知的。

要讲述苏格拉底在此所概括的两人立场的特别反转,就必须追踪一下"德性"在对话中的不同意义。"德性"首度由苏格拉底提及。普罗塔戈拉给出两种说法讲他教的是什么,但都没有提到这个词(318a6 - 9,d5 - 319a2)。苏格拉底自己最先称普罗塔戈拉之所教时,并没有说是"德性",而说是一项"技艺"(technē/τέχνη:319a4;亦考虑 315a5,316d3 - 4),或者"技艺性的本领"(craft, artful device:technēma/τέχνημα at 319a8)——虽然苏格拉底承认,他以前认为正是"这个"(本领或技巧)是不可教的。当苏格拉底确实提到德性(319e2)并否认它可教,他脑子里很清楚,普罗塔戈拉将会把什么称为"政治的德性"——亦即,通常民主制下的公民的典型特点,这些特点使他们热衷于就城邦的一般管理提出建议(但并不擅长此类建言)(319c8 - d7)。在此之上,苏格拉底还以"德性"来指典型属于"最有智慧、最好的公民"的能力,或处于顶端的政治家的能力,它有别于普通德性与行为得体(319d7 - 320a3)。对此,他也否认是可教的,并举伯里克利及其子或受监护人为例。

当普罗塔戈拉在其长篇讲辞中开始论证说，政治德性是可教的，如雅典人或"人们"普遍"相信"的，当此之时他显得全心全意在为这一信念背书。还有什么更明显不过的事吗？但是，重复一下，实际上普罗塔戈拉截然区分"人们"感兴趣的德性（政治德性），与真正说来的德性（尤其是智慧）。最初他归之宙斯礼法的东西，最终他却完全用凡俗之辞来解释：由习惯培养正义，佐之以羞耻感，并反复灌输虔敬与节制，以作为人之卓越的标志。换句话说，普罗塔戈拉不仅否认他在教授如此理解的政治德性，而且也认为它根本就不可教：学习让人变得高贵的七弦琴弹奏，以变得"节制"或远离"恶行"，这不是什么教育（326a4‑b6）。一种纯正的教育，将会更少地像政治教育那样要运用威胁、责罚，更不用说什么"教棒"（考虑326d8‑e1）[102]回想一下，普罗塔戈拉很早也很不谨慎地评论说，"大多数人"只不过在传声或唱和（humnousin/ὑμνοῦσιν：317a7）[少数]很强的人告诉他们的东西：他们是在鹦鹉学舌。①普罗塔戈拉明确把教育政治德性比作希腊语学习，这就意味着，这样的德性完全是习俗性的，可以说是通过耳濡目染而吸收的（327e1‑328a8）；生长地域不同，你就学会不同的"语言"。这样的教育，目的并不是"一路顺利成功"，更别说快乐或幸福，而是要"循规蹈矩"或"品行良好"（eukosmia/εὐκοσμία：325e1）（如果笔者没有搞错，"幸福"[Happiness]一词只在《普罗塔戈拉》出现过一次：与年轻的希珀克拉底兴旺的家相连，316b9）。若要相当赞许共同体灌输给我们的"德性"，或者高看这一意义上"有德性的"人，我们可能不得不拿一些谐剧诗人刻画的"粗俗之辈"来对比（327d3‑4以

---

① 法勒（Cynthia Farrar）争论说"据我们所知，普罗塔戈拉是我们世界有史以来第一个民主政治理论家"，这个说法如果要成立，除非每一个人只要有关于民主制的某种"理论"，就足以凭此被称为民主理论家。肖瑞（Shorey）的评论就清醒得多，当普罗塔戈拉这样评论民众——这可是任何民主制的主体——"大多数人是浑然无知的"，他说"这就一针刺破了任何幻想，普罗塔戈拉绝不是什么民主制的第一理论家"（1933，493n. on 317a）。

及上下文)：正如存在低于政治德性的某种东西，在其之上也有另一种东西。正是这后一种"东西"——智慧——根据普罗塔戈拉，是可教之物，当然要由他来教授。

但是这一切会让人不安地想到，正是对于通常理解的德性，苏格拉底与普罗塔戈拉达成了重要的一致："对你，我至少不会说任何我的想法之外的东西"——亦即，政治的技艺或技巧，或政治的德性，不是可教的(再看319a9-10)。换句话说，苏格拉底也同意，早期教育——经由保姆与父亲，七弦琴老师与体育教练，以及真正从礼法本身——根本上是不充分的。如果正在这一点上苏格拉底接受政治共同体的教育是真的，那么他就无法断言自己困惑于"德性本身到底是什么"这个问题。苏格拉底开始时否认政治德性可教，开口闭口都否定，但后来他又点明，如果否定这一点意味着什么，①前后一起对比则可以看到，根据苏格拉底的讲法，甚至伯里克利都不太清楚自己在干什么。

那么，如何才能解释《普罗塔戈拉》中的这一"反转"呢？普罗塔戈拉一开始肯定德性可教的特点，对此如果不是半信半疑的话，也一定要当心。普罗塔戈拉在他第一段实质性讲话中，完全是无谓地评论说"大多数人〔hoi polloi/*οἱ πολλοί*〕，对此浑然无知"(317a4-5)——这是很失策的话，毕竟是在民主城邦雅典。当他最后说所教的是什么(两种"善于谋虑"〔good counsel〕)之时，如我们所见，苏格拉底强使他接受一个更具策略的〔中译按：指对苏格拉底而言〕讲法：你是说，你在教授政治的技艺(political art)，并使人成为好公民(good citizens)！这样被摆了一道，普罗塔戈拉就继续论证，民主雅典的实践甚至比苏格拉底讲的还要好，更理智，无论出于宗教考虑或其他都是如此。〔103〕这就是基本语境，普罗塔

---

① 〔译注〕当指苏格拉底后来论证得出德性即知识，知识则显然可教，但如果否定德性可教，势必就造成矛盾。

戈拉在这当中才肯定政治德性可教的特点——在民主的雅典表扬雅典的民主派。更有甚者,正如我们在该处所试图证明的,普罗塔戈拉又不动声色地暗示,"政治德性"有着极其不理性因而也就不可教的特点,明面上他则跳开这一层,指向最大的德性:智慧。苏格拉底这一方则直接否定政治德性可教。重复一下,两个人都同意,从共同体接受的早期教育或习惯培养,够不上一个真正说来的教育,因此也就需要某种补充,如果不是被取代的话。两位不同意的就一定只有一项,但很尖锐:这个补充或取代是什么样的。

然而,苏格拉底又强行论证德性是可教的——普罗塔戈拉最终又抵制这一论证——这又如何理解?可能更准确的说法是,苏格拉底最终发展出的系列论证,通过质疑普罗塔戈拉的论点而开始,他开始的提法是,德性各不相同,它们在特点与能力上彼此有别;如我们所见,普罗塔戈拉出于被迫(如果说并非好的原因)这样论证:他相当肯定,一个人可能勇敢却并不正义,正义却又不智慧。所以,诸种德性就一定是彼此分离的,因为在他看来,真正受过教育的人只会选择当中最有利的那些——亦即,品质上真正值得被称为"德性"的那些。正义的愚蠢,或不正义的智慧,是普罗塔戈拉最开始立场中的关键点,苏格拉底设法要剔除掉的也正是这些,他将正义与虔敬相连结,再将节制与智慧相连结,最终则将正义-虔敬一组的节制-智慧一组相连结。既然普罗塔戈拉选择说,诸种德性就像脸面上的各个不同部分,无论这一类比多么不精确,它都不禁让人想到,苏格拉底要选择说,他们就像被分割成不同部分的金子那样——亦即,本质上彼此相同。但是,苏格拉底在此并没有多在乎要确立起自己的立场——"德性即知识"的名言并没有在这一节出现——他更在乎的是,揭示出普罗塔戈拉的立场,并自始至终要称量一下他的智巧。这一基本事实大有助于解释苏格拉底很坏的论证,他要"证明"四种德性之间的同一性,或类似性,或者很勉强的相像性:这些论证足以弄得普罗塔戈拉尴尬难堪。

同样为真的是,一旦回到德性问题,苏格拉底确实争辩说,勇敢是(一种)知识,胆怯是(一种)无知。但是,在笔者看来,苏格拉底此处的主要目的,也是要揭出普罗塔戈拉的一些东西——不是如第一场对德性的探讨那样,揭出他隐藏的教义,而是揭出他对于德性与高贵的真正信念,[104]对此甚至这位智者自己都没有看清楚。所以,正如在他们第二场探讨德性的中间一节中,我们所听到,现在有必要"坦露"他、他的思想(352b1)。苏格拉底对勇敢给出的说法,部分基础在于有关"人的本性自然"的某种真的东西,一个所有人包括他自己都同意的命题:没有人愿意靠近坏的事物,或靠近他认为是坏的事物,正如说,人的本性自然没有这样一个部分,竟然愿意去靠近自己认为是坏的而非好的事物。如果暂时不借助快乐即是好这一说法——苏格拉底论述勇敢进展到最高潮时,确实就放弃了这一说法(参见 360a8 - e5)——我们的结论是,我们会不可避免地受到被我们认为是好的事物的吸引,并厌恶、远离被认为是坏的事物。然而,如何才能用这些语汇解释勇敢者的行动?或者是勇敢者走向他们并不认为是可怕或恐怖的因而是坏的东西,这样,他们行动中高贵的勇敢这一特征就大大降低甚至消解了;或者是他们认为那些恐怖或可怕的事情,对于他们而言是更少的坏——相比于如耻辱、某种落到行刑队手中的死亡,是更少的坏——在这一例子之下,其行动的高贵的勇敢这一特征再一次大大降低或消解了。当然,如果勇敢者走向这些事情是非自愿的或非主动的,那就很难说是出于任何德性而行动了。

然而,这样来讲勇敢,应当不会给普罗塔戈拉造成麻烦。正如已看到,他甚至也在一开始就剥去了勇敢的"高贵"(亦即,自我牺牲)特征:专业的深井潜水员有理由不认为潜水是件恐怖或可怕的事,一个业余的人若来尝试,就纯粹是"疯狂"。苏格拉底对勇敢的论证确实给普罗塔戈拉制造了麻烦,或使他实际上恼怒了,这一点我们已在合适的地方努力讲了出来。将好等同于快乐,非常有助于达此目的,因为普罗塔戈拉第一次对这样的提法犹豫、狐疑,即勇敢者——他们这样的人愿意走向战场(359e1-4)——的动机完全与胆怯者相同,胆怯者当然最不愿意上战场:但都追求自身快乐的最大化。将德性与知识相连结,尤其是对于快乐与痛苦的知识,或拥有专业知识的享乐主义,很快就引出让普罗塔戈拉如此强烈反对的结果(又参见《美诺》87e5-89a5,比较其反应)。如苏格拉底在此所说,至少,任何高贵之物都是好的,因此也是有利的,再因此就是令人快乐的:德性在此被说成知识,也就摧毁了绝大部分德性或全部德性在通常理解中显著具有的高贵特征。这样,苏格拉底就在我们眼前证明,普罗塔戈拉并不愿意完全放弃高贵,这一高贵或美超越了一己之好或一己之利,更不必说超越了快乐。[105]普罗塔戈拉如此抵制苏格拉底企图把德性与知识相联系或相等同起来,原因在此。这样的抵制又很矛盾,不但矛盾于他最初的且是修辞性的立场,即认为政治德性是可教的,而且也矛盾于他声称能教授不作任何限定的德性(virtue unmodified),或智慧:当他被带到世界真相面前,当"德性即是知识",他连连后退。

那么,苏格拉底此处关于一般德性的论证,特别关于勇敢的论证,又在何种程度上不仅揭示出普罗塔戈拉,而且也揭示了苏格拉底他自己呢?毕竟他因宣称德性即知识而著名,举一例,亚里士多德在《尼各马可伦理学》中暗指《普罗塔戈拉》,就提醒了我们这一点。确实,如果"德性即是知识",那么所有经常冠以"德性"之名而值得赞扬的品质,现在都从其核心即知识或智慧向外辐射显示出来——这些知识包括灵魂的纯粹需要,这些需要的等级秩序,以及由此什么是一个健康的人最重大的好。至于勇敢这一特殊德性,智慧对于它就最像是名副其实之物,它以自己的能力知道什么是真正可怕的,什么又不是;这样的智慧就如此为我们准备好逃离前者,并(如可能发生的)追求后者。这既表明,作为知识的勇敢与作为一种(政治的)德性的勇敢二者相联的点在哪里,亦即都关注可怕之事,同时又表明二者有天壤之别。

确实,苏格拉底有别于普罗塔戈拉,他还在灵魂的次于理性的能力方向上(a subrational capacity)指出,当这一能力面对痛苦而起作用时,尤其是面对经历恐惧而产生的痛苦起作用时,可以被称为"勇敢"。笔者曾提出,这是苏格拉底与"大多数人"之间延长的对话所给出的一项重要暗示。那么,对于苏格拉底而言,这一自然的能力(natural capacity)是一个人生活得好的先决条件。于是我们就在无意中撞上这一奇特的想法,即,同样对于苏格拉底而言,在对话中给出的这五种德性,并不太能归结为知识——亦即归结于某种单一之物。甚至德性,或恰恰是德性,真正讲来有可能"建立于整体的知识之上",这不同于说它是"整体上是知识"(再看361b6),除非有谁能把"坚忍不拔"[steadness](克制[contience])与真正的德性分割开来(参考前文"论享乐主义",第88-89页)。这一思想在《普罗塔戈拉》中会有许多意味,尤其当相关于勇敢时,其含义的可塑性已变得很清楚——可以是基础性的"坚忍不拔",它可能支持着知识,但并不同于知识,也可能是一种战争的或政治的勇敢,但并不是知识,还可能是(对于可怕与不可怕之事的)智慧。苏格拉底明显强调了,那位年轻、冲动,但就是未经教育的希珀克拉底身上,就有"勇敢"(310d3);在他这一例中,成为勇敢不需要什么知识或任何智慧。比如希珀克拉底非常乐于追捕逃亡的奴隶,因为这样做是在保护自己的财产;他闯到别人家里都不看时间;[106]他动辄起誓并愤怒于不正义(如苏格拉底的玩笑所示:310d3-5);他孜孜以求,因为他要在城邦中出人头地。简言之,希珀克拉底身上有这些自然的大胆或自信,如苏格拉底出于实际而有意称之为"勇敢"。更有甚者,当苏格拉底戏谑地将最高级的"智慧"头衔赠予斯巴达人,他清楚地说斯巴达人因智慧而强大,而不是像其他人普遍以为的那样依赖任何"勇敢"(342b5)。那么在这一例子中,苏格

拉底的前提是，智慧截然有别于勇敢。至于虔敬，苏格拉底在
《普罗塔戈拉》最后进行总结时，出于某种原因把它排除在外，这
一最后总结意在点明他论证的特征，亦即"一切事物"都是知识：
在那一语境下，他仅仅提到正义、节制与勇敢（再看 361a6 - b3）。
很容易理解，虔敬与勇敢是某种不同于知识的东西，无论因为它们
超越理性，还是低于理性，通常行事中我们也确实常常这样理解
它们。

　　说"德性即是知识"，并没有说"诸种德性都是知识"，因为苏格
拉底所谓德性并不必包括许多通常被表扬为德性的东西，至少它
们在常规理解中不被包括在其中。因此，苏格拉底可以在开始时
否认政治德性可教，之后再强行得出结论说，知识构成了真正可教
的人之卓越的最核心内容（教给那些可以教的人）。我们再回头来
看，那"指控并嘲弄"了苏格拉底与普罗塔戈拉的"逻各斯"（log-
os），尤其指控了苏格拉底的自相矛盾（361a6-8）。不过，正如我们
在论诗一节所知，有意的自相矛盾，或愿意显得与自己相矛盾，可
能完全有其理由。不经意而陷入矛盾，如普罗塔戈拉被指明，或如
我们被指明在普罗塔戈拉身上看到的，那就无可辩解了。

第二部分
论《泰阿泰德》(142a1 – 183c7)

第四章

[109]哲学家苏格拉底的一生之所以引人注目，不只是因其非自然地或过早走向结束：苏格拉底被民主制的雅典处死，受到的是双重指控，不信城邦神，并败坏青年。由于柏拉图有意使得苏格拉底的生活之道以及它所导向的苏格拉底之死具有教导性，甚至某种意义上具有典范性，看来他就决意要表明，如苏格拉底这般的哲学生活和政治生活之间存在某种张力——即使在雅典这里，政治生活的特征是有着相当大程度的自由和启蒙。当然这种张力在四部对话中得到了最直接的处理——描述苏格拉底受到控告、审判、入狱和处死（《游叙弗伦》《苏格拉底的申辩》《克力同》《斐多》）。这些明显是政治性的作品，然而穿插在这些之间的，是三篇这样的对话，即它们记录的对话原本发生的时间或许就在这场针对苏格拉底的法律诉讼（《泰阿泰德》）之前，或者就紧接（《智术师》《治邦者》）其后（《泰阿泰德》210d1-4；《游叙弗伦》2a1-3）。① 这意味着

① 这里也许可以加上《克拉提洛斯》，它同时同游叙弗伦（《克拉提洛斯》396d5，399a1，400a1，409d1-2，428c7）与普罗塔戈拉（385e，386c2，7-8，391c6）相联系。虽然该篇戏剧时间有争议，一些人认为它紧接《游叙弗伦》，所以就与《泰阿泰德》同一天发生（例如，Allan 1954，273；Ewegen 2013，26-27；Sallis 1975），另一些人则认为它肯定更早（参见例如 Nails 2002，312-313）。

《游叙弗伦》在某种意义上是《泰阿泰德》的续集,《苏格拉底的申辩》则是《治邦者》的续集。①《泰阿泰德》-《智术师》-《治邦者》这组三联剧就展示了苏格拉底和先于他的两大哲学阵营之间的关系,首先是由赫拉克利特所代表的阵营(还有很多其他人),他强调运动的根本重要性,或者说某种"相对主义";另一则是巴门尼德的阵营,他显然完全否定运动(参阅《泰阿泰德》152e2‐5,179d5‐181a3)。而且,在柏拉图全部作品中,这组三联剧有着特殊地位。它呈现的对话独一无二,是由某位叫作欧几里得(Euclides)的人记录下来的,他不断与苏格拉底本人确认他的记录,并且相应地进行修正;这些对话"差不多"就由欧几里得记录下来,这就是说,它们是我们所拥有的最接近由苏格拉底本人所写的一本或多本著作的东西(《泰阿泰德》143a1‐5)。[110]那么,苏格拉底在生命的最后就与某种努力合作,在身后留下了这些高度理论性的(highly theoretical)对话,这些对话就不仅使苏格拉底作为哲学家,一个真正的理论的人的地位不容置疑,同时也使他有别于其他哲学家们或者诸种思想流派,尤其是有别于智者们。所以,这些对话在效果上也突出了苏格拉底作为一位思想者的独特成就。那么,我们就开始走向三联剧的第一部《泰阿泰德》,或者更准确地说是走向它那十分细心分析普罗塔戈拉逻各斯(logos)的长篇部分。

《泰阿泰德》导论和对话的开场

我们已提到过《泰阿泰德》和《普罗塔戈拉》之间的联系,现在或许还可以加上一点,即每一部对话开头都有一个直接演出型的

① 对于这些对话依次进行的延伸而细致的处理——除了加入《普罗塔戈拉》并略去《克拉提洛斯》——参见 Cropsey(1995);Bartlett(1996)。

部分,其中的对话问答各有 21 个来回。① 这大概只是个巧合,如果是个惊人的巧合的话。同样惊人的事实是,《泰阿泰德》中苏格拉底作为他此前对话的重述者的位置由一个奴隶取代了,在《普罗塔戈拉》中,为了叙述他刚刚进行的一场对话,苏格拉底取代了一个奴隶的位置(《普罗塔戈拉》310a2-4,《泰阿泰德》143c7)。苏格拉底和奴隶之间这种明显的可替代性是什么意思,如果有点意思的话,却很难知道。从什么可能的角度看,苏格拉底看起来或当有些奴隶性的东西? 除《普罗塔戈拉》外,只有两部对话的特点是,苏格拉底和一位不具名的"友伴"(hetairos,ἑταῖρος)展开直接演出型对话,其中一部便是《米诺斯》。②这两部对话以这种形式上的方式联系起来。它们之间是否也有一种实质上的联系?

　　《普罗塔戈拉》是对智者术或对智者的探究,而《米诺斯》则是对于法的探究;智者术和法之间的联系在于,它们互为敌手,争夺对青年的教育。法与智者术的这一敌对关系,当然就在《普罗塔戈拉》中得到强调,在该篇中,它就上演于我们眼前:普罗塔戈拉被迫赞扬雅典民主制下的法,尽管他在破坏它,例如他在长篇讲辞中最重要的话题之一就是论述,什么东西被当作了由法来进行的教育,对于"政治德性"的教育。此处这一张力似乎可以被否认,但实际上它被这一奇怪的事实确证,即《米诺斯》中苏格拉底把最令人敬畏的例子描述为一项智者术的行为:由宙斯向他的儿子米诺斯(Minos)传递立法或

---

　　① 　除非按照伯纳德特(Benardete 1986,85)的说法,把苏格拉底在《普罗塔戈拉》(310a7)中开始重述之前的最后一句讲话也算作前面的直接演出型的部分,这样《普罗塔戈拉》才有 22 个来回的对话,而《泰阿泰德》是 21 次。据伯纳德特所言,"《泰阿泰德》的结构最为相似于《普罗塔戈拉》",并且"就像普罗塔戈拉决定着《普罗塔戈拉》的进程一样,他也决定了《泰阿泰德》的进程,尽管他不在场且仅由并不热心的支持者代表着"(1986,85-86)。

　　② 　以贪婪为主题的《希巴库斯》的特点也是苏格拉底只与一位"友伴"讲话。《卡尔米德》则是一篇事后叙述型对话,向某位"友伴"讲的(154b8;比较 155c5["朋友"]和 d3["出身高贵的人"])。

设立法律所需的智慧。这位最伟大的神灵，人类和诸神之父，竟是一位"智者"(《米诺斯》319c3,6)！要否认智者术与法之间的张力，就需要把最伟大的立法者变成智者，[111]或者反过来，就需要把智者术、以智者术为特征的教育，等同于最高的立法技能。(或者说，兼为立法者与智者的宙斯原先懂得关于法的某些东西，但对这些东西，服从于法的人们则以前未曾懂得，现在也不懂得？)

　　无论如何，这种敌对或张力在另一篇对话中也清晰可见《美诺》(91d2-92a6)，在其中，普罗塔戈拉作为智者们的当然代表(the representative)被提及。那里，普罗塔戈拉及其所代表的东西遭到民主派政客安尼图斯(Anytus)强烈反对，以捍卫法所培育起来的正派体面的名义，或者借着"高贵且好"的普通雅典人的名义来反对，同样地，因其是青年们的好教育者而遭反对(91a6-92e6)。然而，苏格拉底更靠近智者们，更靠近普罗塔戈拉，而不是安尼图斯，如同一处的上下文所见，因为甚至当苏格拉底尝试建议说可以从智者身上学到东西时，安尼图斯就差点儿当场发作起来——他引以为傲的是自己从未与任何智者有过半点接触(《美诺》91b7-c5；亦参阅《泰阿泰德》151b2-6，苏格拉底在那里表明，他常常把某些可能成为其学生的人送到普罗狄科和其他智者那里)。而且，如安尼图斯所指出，苏格拉底似乎有点过快批评一些最令人敬畏的雅典人，说他们是失败的教育者，他们之中有地米斯托克利(Themistocles)和伯里克利(Pericles)。毫不奇怪的是，之后安尼图斯与吕孔(Lycon)和墨勒图斯(Meletus)三人一起正式起诉苏格拉底——这个墨勒图斯在苏格拉底的审判庭上明确诉之于"法"，以之为青年教育的必要且充分的来源(《苏格拉底的申辩》24d11及上下文)。吕孔就他自己来说仅止步于称苏格拉底为"某个高贵且好的人"：他没有，像通常称法那样，称苏格拉底为一位高贵且好的人(man, aner/ἀνήρ，或"真正的人"；色诺芬《会饮》9.1)。

　　苏格拉底好像有点奴性，或无论如何缺一点适当地属于自由

人的东西,因为他似乎缺乏对法的适当的敬畏。因此他似乎没有
恰当的立场去对待法所赞扬的高贵且好,或者法所谴责的坏与无
耻;苏格拉底看上去缺乏一点真正的人(anēr)的特性,尤其是当他
显示出——他并不总是显示——他与智者们真正和本质上的分歧
纵然如此之大,但相比较而言并非如此根本,他与持有由法所灌输
的对于德性或好的通常理解的那些人之间具有更根本的分歧。无
论苏格拉底看待事物的最终观点细节为何,但他显然宣示了一种
位于智者术与法之间某处的观点,因此他也就同时为两方所讨厌。
或许普罗塔戈拉几次都想掐住苏格拉底,但他肯定不会有欲望,也
更不必说有法律上的权威,来杀死苏格拉底。

[112]在《泰阿泰德》开篇直接演出型的一段(142a1‑143c7),
主要人物是欧几里得和特普西翁(Terpsion),他们也是苏格拉底
被处死一事的沉默见证者,如《斐多》所记载(《斐多》59c2)。因此
他们或可说属于苏格拉底的圈子,假如不一定是最接近苏格拉底
本人的成员。两人都出生于麦加拉(Megara),那里是《泰阿泰德》
的对话发生之地,首先在广场短暂进行,接着显然是在欧几里得的
家中。所以《泰阿泰德》是少数几篇明显设置在雅典城墙之外的对
话之一(参阅《厄庇诺米斯》,并连同《斐多》《斐德若》与《法义》)。
它的地点富有意义。① 例如麦加拉是某一个哲学流派的老家——
亚里士多德称之为"麦加拉学派",并且创始人不是别人,正是欧几
里得(《形而上学》1046b29 及上下文;第欧根尼·拉尔修 2.106;亦
参有帮助的讨论 Bruell 2014,192‑95)。据亚里士多德记载,麦加
拉学派认为,潜能(能力:dunamis/δύναμις)和现实(实现:energeia/
ἐνέργεια)是一回事,这就等于否认了所有潜能,只留一种最严格意
义上的:我们唯一还可以知道的"潜能"(或可能性),是实现了的潜

---

① 关于麦加拉地点在《泰阿泰德》上下文中的意义,有多种不同解释,可参 Bernardete 1986,86‑87;Plansky,1992,34‑36;and Stern 2008,13‑16。

能，必然因果的铁链就掌管了一切是其所是者，并因此也掌管了一切所当是者。那么，每一种生成或者是必然的，或者是不可能的，所有生成之物就必然生成为其所是，并必然在其时间、方式下生成；那是不可能不如此的。那么这样说不正确，即这颗种子潜在地可能腐烂，或可能发芽但之后死去，或者开出一朵花，因为实际上它只能做特定或特殊原因施诸其上，并在其中迫使它去做的事情——这些原因自身被捆绑于必然性链条之中。而且，既然某事物的潜能可被理解为其自然本性（nature）——也就是说，它作为变化或运动的来源，或其能力，这一来源或能力根植于自然事物之中而被认为是自然的——否认潜能实际等于在这一最重要的意义上否认自然：无所不在的必然性的统治，或者不可改变的充足因果律的联系竟是如此，以至于我们寻求对世界的知识，就要依赖于观察属于个体事物、属于这一事物或那一事物的现实或实现（actuality or activity）。对于作用于这世界的必然性链条，人类就明显不可能有完全的知识。那么，就麦加拉学派来说，坚持必然的因果性，就似乎取消了对自然的知识，取消了"科学"（science）。另外，正如亚里士多德也提出，麦加拉学派的学说意味着，没有什么是冷或热或甜的——推及一般，即没有什么能为感官所感知（perceptible）——当这些东西并没有被实际感知时。那么，当糖的甜味没有实现出来时（亦即没有被实际感知），糖就不是甜的，所以就不能在任何有意义的含义上说，它潜在地是甜的；[113]我们仅仅被允许说，因为糖现在是（被感知为）甜的，它就出于必然性在实际上必定成为甜的。关于任何非现实的或未被实现出来的东西，我们能说的就微乎其微，或真正而言完全没有。而且，与此同时，也可说没有任何东西将会有感知，如果它没有参与到感知的活动当中。由此（而且预示《泰阿泰德》后续的发展），其结果是，麦加拉学派称"普罗塔戈拉的逻各斯[logos]"是（《形而上学》1047a6–7）——可以推想是，人是诸存在的事物如其存在的尺度，也是诸不存在的事物如其不存在的尺度。在此我们仅仅强调,柏拉图选择突出欧几里得与麦加拉,这就有某种哲学重要性,因为当欧几里得这位麦加拉人对苏格拉底及其群体非常友好,他也就明显在一重要方面同意普罗塔戈拉(比较第欧根尼·拉尔修 2.106)。那么,也就难怪,后来欧几里得如此渴望充当记录者,记下苏格拉底和泰阿泰德的对话,这场对话如此显著地呈现出了普罗塔戈拉思想的特质。

我们知道,这篇我们即将要听到的漫长而复杂的对话,由麦加拉人欧几里得负责写下来,它关乎一个最理论性的问题:"什么是知识[epistēmē/ἐπιστήμη]?" 这场对话中有西奥多洛斯(Theodorus),一位杰出的教师,教授天文、计算、音乐,尤其是几何学(142b8);他最好的学生泰阿泰德,后来凭着自己的努力也成为了一名优秀的数学家(据柏拉图之外的文献);①显然苏格拉底与西奥多洛斯相熟,但并不认识青年泰阿泰德。我们即将听到的这场友好对话,在处理一个理论性的问题,参加对话的这些人则完全同意理智探究或理论的好(goodness),不管理论这个词最终应当如何理解,而且这些人渴望讨论最著名的智者普罗塔戈拉的核心的理论性学说,西奥多洛斯认为这位智者是一位朋友或同伴(161b8 - 9, 162a4 - 5, 168c2 - 4, 168e7, 171c8, 183b7 - 8;亦参179a10)。在这样的聚会上出现一个希珀克拉底,甚至一个阿尔喀比亚德,都是无法想象的,更不用说一个安尼图斯了。

但是,"麦加拉"具有重要意义,也因为它把我们指向政治。伯罗奔半岛战争中,正是麦加拉惨受其近邻雅典折磨,有人甚至认为,正因伯里克利的"麦加拉法令"经济制裁该城,才引发了那场毁灭性的战争(例如修昔底德 1.139.1,阿里斯托芬《阿卡奈人》531-539 及上下文)。苏格拉底被处死之后,据说柏拉图和在雅典的其他苏格拉底群体寻求避难的场所正是麦加拉(第欧根尼·拉尔修 2.106)。

---

① 对泰阿泰德著名数学成就的总结,参见 Heath 1921,109-212。

柏拉图还确保让我们在开篇就亲眼见到,特普西翁最初尝试寻找他的朋友欧几里得而未果(其目的则从未言明),[114]后者根本不在麦加拉城,而是在其港口(目的也从未言明)。在那里,他碰巧遇到了一个受到重伤而奄奄一息的泰阿泰德,当时他正从科林斯的军营被抬往雅典的家。战争后的这些偶然事件,就使得重述这场写下来的对话,即构成《泰阿泰德》的最大一截内容的部分,变得可能。柏拉图还提醒我们注意《泰阿泰德》开头和结尾处的政治。在一开始,欧几里得告诉特普西翁,苏格拉底"在他死前不久"遇到了男孩泰阿泰德,而且欧几里得本人随后拜访了苏格拉底,跟他核实了那次谈话的细节:为了做到这点,他一定拜访过狱中的苏格拉底,苏格拉底已被由其同辈组成的陪审团判定有罪(142c6;Polansky 1922,37 n. 8)。在对话的结尾,苏格拉底打住了谈话,因为他必须前往"国王执政官"的门廊,参加他的审判之前的听证会,他在那里遇到了游叙弗伦(Euthyphro),并有了以之命名记录下来的那场对话。这样一来,就要到来的苏格拉底的审判与被处死,就笼罩着这篇原本是理论性的对话。那么,就不仅是死亡,而且也是非自然的死亡——死于敌人或起诉者之手——从《泰阿泰德》开篇就存在(参阅 144c 7-d2)。这提醒我们,苏格拉底在过去某个时间点①以败坏青年的

---

① 《泰阿泰德》中记录的苏格拉底、西奥多洛斯和泰阿泰德之间的对话显然是发生在公元前 399 年,苏格拉底被处死的那一年,但不清楚科林斯的战役发生在何时,对话主要行动的戏剧时间——对原始对话的重述——依然不清楚:可能的时间是公元前 390-前 387 年,或者公元前 369 年(参例如 Shorey 1993,572 n. on 142a-b)。坎贝尔(Campbell 1883,61)认为时间更早。伯纳德特偏向较晚的时间,所持理由是,更早的时间似乎将泰阿泰德成就的完成浓缩在一个太短的时间段内(1986,184 n. 2;Burnyeat 1990,3;Chappell 2004,35 n. 5;Polansky 1992,35)。但是,如果泰阿泰德在公元前 399 年是比方说 15 或 16 岁——苏格拉底注意到这个小伙子还在成长(155b6-c1),伯恩耶特(Burnyeat 1990,3)认为泰阿泰德当时应该是"16 岁甚至更小"——如果泰阿泰德作为一名士兵在军中服役是在比如说公元前 389 年,那他应该是 26 岁左右;难道数学家不是通常在年轻时做出他们最好的成果吗?无论如何,再次朗读欧几里得的书至少发生在苏格拉底死后十年,甚至远在三十年后;通过"让欧几里得和特普西翁的对话发生在相应的时间地点,柏拉图将两个相隔大概三十年的死亡放在了一起"(Polansky 1992,35)。

罪名被处死,而且这一败坏在根子上是不信城邦诸神;并且,甚至当欧几里得和特普西翁通过听一名奴隶朗读欧几里得的书,获得他们十分需要的"休憩"时(143a8-b3),泰阿泰德很可能正在死去。普罗塔戈拉那时也死去了,据后来的说法,由于雅典的迫害,他在逃亡过程中死于海难,雅典人控告他不虔敬,因为他公开朗读他名为《论诸神》的著作(第欧根尼·拉尔修9.52,54-55)。

如果像欧几里得和特普西翁那样屈服于诱惑,把诵读苏格拉底与泰阿泰德的对话,用作自己获得"休憩"的手段,那将肯定是个错误。或者,更有可能的是,如果让自己迷失在那场复杂而迂回的对话的细节之中,如是这样做意味着忘记政治的残酷性,或者真正说来死亡本身的残酷性,那将是一个错误(考虑特普西翁在142a8的略微委婉的说法;比较142c6)。诚然,柏拉图使得这样的屈服相对容易——至少是完全忘记政治生活,鉴于对话主体部分的特点。我们提出这个尝试性的观点,其充分性可以在阅读对话的过程中加以检验:总括《泰阿泰德》全篇的问题——什么是知识?——如果我们把它当作一个严格意义上的"认识论"问题,它就无法被理解,遑论得到回答;构成整篇对话的框架不可忽视,它在提醒我们不能这样做。[115]相反,人们必须记住,任何对知识的主张,对人类生活最重要事情的知识的主张,是其他同类主张的一个潜在竞争对手。所以,它就有可能引起一些人的愤怒,这些人的生活方式依赖于声称对人类生活中至关重要的事情有一些知识,或者依赖于所声称拥有的知识的具体内容——比如什么是体面和不体面,或者正义与不正义,好与坏,以及虔敬与不虔敬。而且,哲学家对知识的主张的最重要对手,根据柏拉图的说法,就是作为整体的政治共同体,因为所有这样的共同体,若非濒临崩溃,都会主张对这些以及相关的事情拥有知识,这些事情整体上讲,或可合理地被称为人的善好(the human good)或者"德性"。而且,一个共同体要成其为一个共同体,或者保持为一个共同体,它必须从童年开始就向公民灌输关于人之善好的全面性的观点(参见例如《普罗塔戈拉》323d6-326e5)。借用柏拉图在别处的话来讲,共同体必须在洞穴的墙壁上投下各种人工制品以及人和其他动物的塑像的影子,其中一些会发出声音或说话;我们从童年起就认为是真实的、真正的生命物,都不过是人为制造品投下的影子。现在质疑这些影子的充分性,则冒着极大的危险。

　　有些人可能会在此反驳说,洞穴的意象也允许严格的"认识论"或非政治性的解读——尽管事实是它包含在标题被贴切翻译为《政制》①的书中,该书引领性的问题是"什么是正义"。鉴于这种反对,求助于亚里士多德可能更好或更有用。亚里士多德把所有人类努力的目标定为"人的善好"(the human good),在探究中,他首先提出,这种善好一定属于"最具权威性和上层建筑的"技艺或技能,他将其认定为政治学,即政治的技艺。他这样做的理由是,政治学"规定了城邦里必须有些什么科学〔epistēmai/ἐπιστῆμαι〕,以及相应每个人必须学习哪些门类、学到什么程度"(《尼各马可伦理学》1094a24-1094b2)。这样,亚里士多德一开始即向政治共同体的权力低头:共同体所追求的最高善,可能就是人的善好,共同体以其至高地位直接规定知识(epistēmē/ἐπιστήμη)本身。但是,在事实上或实践中,亚里士多德并不接受共同体对"人之善好"的认定是充分的,他要自己来揭示它:那么,他自己的探究也是"一种政治性的"探究(《尼各马可伦理学》1094b11)。苏格拉底则更直截了当——现在回到柏拉图——因为苏格拉底著名的说法是只知道他自己无知(例如《苏格拉底的申辩》22d1;比较21d7),[116]这一说法在《泰阿泰德》中他会以另一个版本重复:他知道他从未生产任何智慧,就此而言他自己"不孕不育"。但

是，自知缺乏对最重要的事物的知识，就是在拒绝城邦所说的东西的核心部分，而城邦所说的这些是所有体面的公民都必须知道并因此接受为真；例如，宣称自己不知道任何"高贵且好"的东西，或者不知道雅典城邦礼拜诸神的事实（《苏格拉底的申辩》21d4；《游叙弗伦》6a6‑b6 和 9e4‑7；亦参《尼各马可伦理学》1145a10‑11：诸神是城邦的一部分）。《泰阿泰德》的开头和结尾应该在提醒"什么是知识"这个问题在政治上和道德上是多么重要，如果那个问题是以一种哲学困惑的精神提出的。

正是欧几里得而非特普西翁在《泰阿泰德》里第一个开口讲话，而且正是他在更大程度上为对话负责。总之，可以这么说，必须归功于欧几里得，这不仅是因为他在当时复述了这场对话，以便我们和特普西翁可以听到它，而且他还在一开始写下它。柏拉图身为《泰阿泰德》的作者，却把自己推开了，直指欧几里得为这一对话作者；而且，正如我们所特别指出的，苏格拉底完全配合了这篇对话（或整个三部曲对话，该篇是其中第一个）的写作，这样方式的配合，在其他更简单地或更直接地呈现为柏拉图本人所撰的对话中，则从未说苏格拉底曾这样做。当然，柏拉图从未在任何地方声称，他所呈现的对话是确切回忆了实际发生的对话，并为苏格拉底本人确认过（比较 143a1‑5）。如果柏拉图在对苏格拉底精妙的描绘中，依赖更多的不是他的记忆，而是他对苏格拉底的理解，那么显然，欧几里得比柏拉图更需要苏格拉底的直接帮助：欧几里得不是柏拉图。至于欧几里得的决定——这完全是他自己的决定（143c5）——将苏格拉底的叙述转变为直接演出的对话，把所有诸如"我当时提出说"或"我当时说"之类苏格拉底自己的话都删除掉，或者其对话者说的"而他同意了"或"而他不同意"也都删掉，欧几里得这样做就避免了这些有可能引起的麻烦（143b8‑c5）。正如柏拉图的五篇事后叙述型对话表明，柏拉图本人并不赞同这样的判断或担心。苏格拉底作为叙述者有没有可能通过这种方式传达有关对话或有关其参与者的重要信息（参见例如《普罗塔戈拉》333d1-3）？欧几里得决定把苏格拉底的叙述转化为直接演出的对话，就更多地掩盖了苏格拉底作为对话的叙述者，而不是掩盖了自己作为对话的作者或记录者（参见《王制》393c11-394b7）。例如，我们不知道苏格拉底如何向欧几里得解释，这不同于对西奥多洛斯解释，为什么他要找到西奥多洛斯来开始这场对话。我们的确知道，全是苏格拉底的责任，[117]提出《泰阿泰德》中的引领性问题——什么是知识？——而且容易看到，这个问题对三部曲中的另外两篇对话仍有其重要性，那两篇对话的主角是爱利亚客人，由他的朋友西奥多洛斯引入对话。希珀克拉底去找苏格拉底，是希望被介绍给普罗塔戈拉，那么也就是说，普罗塔戈拉到雅典城这个消息已在某个圈内传开了，所以也有可能的是，苏格拉底去找西奥多洛斯，是希望被介绍给爱利亚客人，他的到来也可能在特定的圈子里正变得众所周知。

　　促使欧几里得写下《泰阿泰德》主体部分内容的，是他那种对理论事物的渴望或者奉献，但这似乎并不能用来形容特普西翁的特点。尽管他以前就听到欧几里得谈过这篇著作，并且他"一直"也想着让欧几里得给他看，但他一直没有去，拖到现在，此时他才有意向也有点时间来休息一下（143a6-8）；事实上，他已经等了至少十年，也许多达三十年，才跟上欧几里得提到的他的作品。①但现在总算可以了，无论他要到城邦广场办什么事，事情都办好了：办事优先（参见172d9-e2）。从其他方面来说，特普西翁也不是完全的象牙塔中人。比如没有理由认为，他听到雅典军队进驻科林斯一事会把这当作一条新闻，他知道军中发生痢疾这事也不必等到欧几里得，当然或者泰阿泰德，来告诉他（142a6-b4）。但特普西翁有点疑惑的是，泰阿泰德拒绝听从欧几里得就在麦加拉住下

---

① 　参前注60（［译注］指原注，即中文版页152注①）。

的请求和建议，他急于回家：泰阿泰德已是奄奄一息，他肯定认为
自己快要死了，所以肯定希望临终之际能与家人在一起。

　　他们两人都对泰阿泰德的高贵与善好印象深刻——尤其他的
勇气，或男子气（尽管两人都没提这一德性之名）——而且，欧几里
得听到他人赞颂泰阿泰德最近在战斗中表现出这种高贵和善好，
认为这也在证实苏格拉底很久以前对当时还是男孩的泰阿泰德以
及其他事情的预言（比较《苏格拉底的申辩》39c2－3）：苏格拉底曾
预言，泰阿泰德长大成人后必然成为重要人物或者很有名（ellogi-
mos/ἐλλόγιμος；142d2；比较《普罗塔戈拉》316c1 和 361e4－5）。因
为苏格拉底的预言并未记录在我们有幸与闻的对话中，我们也就
无法知道它的确切特征；可以理解的是欧几里得以当下的也是不
幸的情况来解释这个预言（参阅修昔底德 2.54.3）。因为苏格拉
底的预言基于对这位小伙的"天性自然"的评估（142c7－8）——苏
格拉底说出预言只能基于对自然的研究——这天性自然是在对话
过程中显示自身的，那么，苏格拉底所想到的，极为不可能是首先
显示于战斗中的高贵或德性。[118]无论如何，在这篇以泰阿泰德
命名的对话中，柏拉图如此设定开篇，我们也就非常自然地会喜欢
并钦佩这个男孩，如果不是（还不是）因为他的智识（intellect）的
话，那就是因为他的优良品格，这尤其表现在他高贵的死。

叙述的开场（143d1－145e7）

　　尽管《泰阿泰德》中叙述的对话发生在苏格拉底的雅典同胞精
心策划并判决的审判案之前不久，但对话中苏格拉底从一开始就
展现出，他更多关心的是雅典的青年而不是西奥多洛斯的昔兰尼
（北非的希腊殖民地）的青年们。苏格拉底显然对本地人比对异乡
人有更多的友谊（143d5）。在这一点上，苏格拉底类似于《普罗塔
戈拉》的"友伴"，他也喜欢本地人而非异乡人。但苏格拉底受一种

特定的欲望驱使,他渴望求知(143d5);结果是,他说偏爱本地人,但这偏爱并不施及本地成熟的教师。他自己尽力搜寻最佳青年还嫌不足,他在此还谋求一位来自外邦的几何学家的帮助,对之他显然很相熟(例如,145b7‐c2)。苏格拉底这样做的理由是,他看到青年人中热衷于寻求西奥多洛斯教导的"可真不少"。并且,由于苏格拉底几乎没有离开雅典外出过,他别无选择只能偏好"此地"的青年(虽然不必然是公民同胞:比较143e5)而非其他地方的人,以满足他与有前途的青年相交往的欲望——这种欲望到现在也没有减弱,即使他不仅年事已高,而且肯定也为迫在眉睫的法庭听证会所累。尽管对他的正式指控之一是"败坏青年",苏格拉底仍然毫不犹豫继续物色最有前途的青年。泰阿泰德并不是对话中唯一以某种勇气而卓尔不群的人。

因为正是苏格拉底开启了我们所听到的这场对话,所以《泰阿泰德》的主要行动某种程度上是自愿的,而《普罗塔戈拉》则不是。相比对普罗塔戈拉,苏格拉底显然对西奥多洛斯(或他的学生)的兴趣更大。然而在《泰阿泰德》中,苏格拉底也不遗余力将普罗塔戈拉引入当天的对话中,并且频频提到他。那么,也许更好的说法是,苏格拉底对那场与普罗塔戈拉的谈话兴趣有限,因为这位智者当时很可能意在猎取有政治野心的学生,也就因此急于"展示"他的道德-政治学说。相反,在西奥多洛斯学派里,完全没有政治的喧嚣;[119]唯一有野心要展示的,是关于一个数学问题的新方法;而那位智者本人现在已死,当然也就不能露面①——事实证明,苏格拉底渴望以自己的方式,如他自己所选择讲出的那样,直取普罗塔戈拉理论立场的核心。在《普罗塔戈拉》中,正是苏格拉底在迫

---

① 这里普罗塔戈拉([译注]英文版误为泰阿泰德)从地下出现,有点类似于苏格拉底在《普罗塔戈拉》开篇的出现。在这篇对话中,正如我们所看到,苏格拉底把卡利阿斯的家比作冥府,他刚刚从中走出来,遇到他的友伴向他打招呼,"如同一个幽灵突然幻化成形出现在他的面前"(Coby 1987,19)。

使这位智者在说话中保持某种小心或审慎，或者使他在这种程度上调整改变他的讲话，现在苏格拉底则自由得多，按照自己的意愿来阐述普罗塔戈拉的立场。正如我将要论证，苏格拉底有意对这一立场进行尽可能强烈的表达——甚至可能比智者本人，如果他在场的话，表达得更加强烈。①

引人注目的是，对于西奥多洛斯所知道的那些青年，苏格拉底只关注于识别，如一般所认为的，其中可能（epidoxoi/ἐπίδοξοι）成为"正派得体"的人（epieikeis/ἐπιεικεῖς：143d6）：他没有问那些比如最具有智慧或美貌特质或两者皆有的人（比较《卡尔米德》153d2-5）。相较于衡量年轻人的智识能力，更不必说哲学潜力，西奥多洛斯是否能更好地衡量年轻人的正派得体的性格？西奥多洛斯在他稍嫌长的回答中立即讲出了一个年轻人，其长相外表并不吸引人，但与苏格拉底自己非常相像（如果说不是一样很丑的话）。然而这种身体外表却掩盖了这个年轻人出色的灵魂，以及他在性格和智识方面突出的能力。这个年轻人某种程度上将敏捷或敏于学习，与温和或不易发怒，结合了起来，但他也勇气过人：敏锐却又稳重，书卷气外更兼有男子气。在其他的品质方面，要找到另一个与这个年轻人相匹敌的人则是"很难"，但要在勇气或男子气概上，要找另一个与他相提并论的人，在西奥多洛斯看来，那简直不可能（144a5）。这一特质也许由事实所暗示，这位青年和他的朋友们刚刚在室外运动场上锻炼完，刚刚涂抹过油；无论如何，正如我们已知，泰阿泰德肯定显示出自己作为一个成熟男子的勇气（142b6-c1）。而且，在对话的一些重要关头，苏格拉

---

① 《普罗塔戈拉》中的神话似乎与《泰阿泰德》相矛盾，后者当中习俗主义者的论点被呈现为普罗塔戈拉论点的一个改进版，它在对通常观点的否定上，远远超过了习俗主义……但是，正如上下文所示，普罗塔戈拉在《普罗塔戈拉》的神话中所说的，同样也是他真正论点的改进版。在《普罗塔戈拉》中，这种改进是由普罗塔戈拉本人迫于形势（有一个未来的学生在场）而完成，在《泰阿泰德》中则是由苏格拉底代他完成。（Strauss 1953，117 n. 47）

底就诉诸这个男孩身上这一被西奥多洛斯非常欣赏的品质(例如151d5,157d3-4)。

西奥多洛斯在这里的评论相当笨拙(他称它们为直率无畏:144a1),这已经表明他不够人情练达。就此而论,有人或许注意到,西奥多洛斯听说过但又忘记了这位青年的父亲之名:这意味着他忘记了他的得意门生的父名——亦即姓氏(144b9;比较他在144a7对好记性的赞美),正如他在大加延长的对这位男孩的"天性自然"的赞美中,就没有提到他的名字(143e4-144b7;144a3)。然而西奥多洛斯也并不是纯然迷失在对自然或对几何学的抽象事物的沉思之中。[120]例如他对自己的声誉就非常关心:或许"有人"会以为,他在言辞上对这位青年如此赞美有加,只因为他深陷于对这位青年的"欲望"(143e7;比较143d5)。相反,苏格拉底却完全不惜担着对阿尔喀比亚德有这种欲望的(最终是毫无根据的)名声——而且是一个有点太老的阿尔喀比亚德,依习俗来看就不应再追求了——西奥多洛斯则不愿担这样的名。他如其所是地来看这个年轻人,那么也就没有被欲望的棱镜扭曲。西奥多洛斯显然拒绝认为有可能渴望,或真正爱上某个身体有缺陷但却拥有最具吸引力的灵魂的人。这就至少表明,他不是一个真正的爱者(参见《王制》402d6-e3)。或者,西奥多洛斯被他所吸引,有无可能是出于他自己也不完全清楚的多种原因的结合?西奥多洛斯是否可能缺乏自知之明,或并非知道"他内心中所有的事物",因而缺乏智慧?(参见146b3-4,特别是154d8-9)

正如发生的那样,陪同泰阿泰德的人群里(至少)有其他两个年轻人,他们刚刚加入西奥多洛斯学派之中,其中一个后续表明与苏格拉底同名(147d1)。因此,一个叫苏格拉底的人和另一个长得像苏格拉底的人走上前来了。我们的苏格拉底通过视觉,通过外表,认出了泰阿泰德,但并不知道他的名字。那么,苏格拉底对这个人的感知就引发了某种认识,但还不是知识:由于不能叫出他的名字,他不太好给他命座。于是再一次呼应后文:"你认为某人在不知道某一事物是什么时,他能理解它的名称吗?"(147b2)那么,要认识泰阿泰德,就要包括通过视觉或抓住他的长相来认出他,要正确叫出他的名字,并将名字与他最有特征的特点或品质联系起来,这样将他从群体中区分出来。(至于"苏格拉底"这个名字,苏格拉底当然知道,但他可能不知道这个名字也适用于正在走上来的这群人当中的一个人)因此,对话的"行动"已经相联于将被证明是其正式问题的东西:"什么是知识?"

与西奥多洛斯相反,苏格拉底同时知道男孩父亲的名字和他的村社(或街区),以及他的一点好名声,那也许部分因为他留给了他儿子一大笔财产。西奥多洛斯知道得这么多:某些监管人或监护人已经把那笔遗产挥霍一空,但这个男孩在金钱方面仍然非常慷慨。虽然泰阿泰德一直享受财富的好处——他曾经拥有,而且显然仍然还有闲暇上学——但他对财富没有任何不适当或不自由的依附,甚至对自己父亲的财富也没有。这个青年身上的这一事实,就引发苏格拉底迄今为止对他最强烈的赞美:"你谈到的是一个高贵的(gennikos/γεννικός)人。"(144d5)这是第一次(且是最后一次)苏格拉底称青年泰阿泰德为一个"人"(man)。在苏格拉底眼里,泰阿泰德的慷慨,连同他那令人印象深刻的智识,是比他被人所相信的勇气更有吸引力的特点吗?

[121]当青年们已落座,苏格拉底就拉上泰阿泰德进行了一点轻松的对话。他渴望要泰阿泰德坐在他身边,这样他就可以研究他自己有一张什么样的脸,因为西奥多洛斯说,他的脸和泰阿泰德很相似。为了知道自己——自己的脸,苏格拉底必须和另一个人一起探究(例如参见《卡尔米德》166c5-d6 和 167a1-7)。但是,事实上,苏格拉底立即把这转变成对西奥多洛斯的专业知识也因此是对他的判断力的考察。由于西奥多洛斯缺乏作为画家的专业知识——无论如何,西奥多洛斯恭敬地回答说,据他所知,他的老师

不是一个绘画专家——而是专长于所有依赖于教育的东西（几何学、天文学、计算和音乐：145c5－9），他会有能力判断灵魂，但不能判断身体（的外观）。然而，他若是就"德性以及智慧"方面赞美某个人的灵魂，就值得任何听到他这样赞美的人去热切地探究一番被赞美者，正如被赞美者也一样应当热切展示一下自己。这样来表述，就不动声色地放弃了以西奥多洛斯为专业的评判者：将是苏格拉底而非西奥多洛斯来评判西奥多洛斯灵魂的"德性以及智慧"。苏格拉底非但没有听从西奥多洛斯对于泰阿泰德的专业意见（事实上，西奥多洛斯在讲述这个男孩时没有提到过"德性"，更不用说"智慧"了），反而把事情揽到自己手里。显然，为了开展苏格拉底最感兴趣的探究，需要除几何学、天文学、计算或音乐（和谐：145d1）之外的某种专业知识。仍然不变的是，对泰阿泰德灵魂的检验看来也是对西奥多洛斯的审查（145c3－5，148b3－4）。

泰阿泰德和苏格拉底之间首次的也是最简短的实质性对话（145c7－e7）所产生的结果是，使得知识（或科学）与智慧正式画上了等号（145e7－8）。旨在确立这一点的论证却并不令人信服：知道者就所知的事物更有智慧，这一点本身并不能确立知识就直接等同于智慧。即使学习某样东西就在所学之物方面变得"更智慧"，但是"智慧"（"有智慧者"）意味着一种全面的理解力，远远超出所学或所知的任何特定事物，因为一个聪明的大理石雕刻家只是知道特定的一件事，但"我们认为有些智慧者是普遍地有智慧，而不是在某些部分上有智慧"（亚里士多德《尼各马可伦理学》1141a9－13）。

那么，苏格拉底为何又从这一过快得出的知识与智慧的等式开始呢？首先，这篇对话真正的问题（the question）——"什么是知识"——就因此变得等于是"什么是智慧"这个问题。[122]而且因为哲学所爱的恰恰是智慧，所以探究知识（亦即智慧），也就同时是探究哲学的对象，探究哲学的生活。无论如何，对话中一些最著名的也是惊人的讲法——例如苏格拉底把自己说成一名助产士,以及他讲起哲学家走上法庭的"离题话"——正与哲学生活相关,也显然是有关知识的问题所要求或所允许的。然而,正因为把知识正式等同于智慧有问题,我们就必须牢记,拥有智慧——如果这是可能的话——将存在超越任何特定知识的可能性,从而包含着一点别的东西:比如说一切知识得以可能的基础,以及正确抓住能够将所有特定知识统一为一类"知识"的类特征。换言之,提出"什么是知识"这个问题,可以说就是在寻求对于知识的知识,这就足以够得上智慧。看来错误的说法是,就像苏格拉底很快就会说的那样,"不懂得知识的人也就不能理解制鞋的知识"(147b4-5):没有能力给知识下一个明确的定义,这并不妨碍一个人拥有,或真正说来去运用与传授在制鞋或其他技艺性的手艺中所包含的纯粹的知识(亦参149a4)。但一个没有"知识的知识"或科学的人,肯定不能说是有智慧者。这一点也不会错,即使一种彻底的或全面的知识被证明对人类而言不可企及:在这种情况下,智慧将包含着意识到知识的限度,意识到"智识所为之止步的那一点"的特点(参迈蒙尼德《迷途指津》1.71)。

泰阿泰德的第一个回答及其后果(145e8-151d3)

苏格拉底对一个问题或难题感到困惑,他自己无法完全回答,他现在把这个问题提给聚集的人群:"知识到底[pote/ποτέ]是什么?"(145e8-9)因此,知识问题被置于对话的中心,这事苏格拉底要负全责,正如我们所指出的。在这个私下的场合,在这些天性纯良的数学家中间,没有诗人、政治家或手艺人,苏格拉底没有提德性的问题,或就任何他因之现在变得臭名昭著的道德—政治上的关切而提问(例如比较色诺芬《回忆录》1.1.16):相反,他问了一个理论性的问题,并且也许就是理论自身的问题(the theoretical question),[123]相比于对这场对话的记录——那只是这篇对话的表面——苏格拉底显然已经"很多次"提出过这一问题（参见148e1-3）。通过这种方式，柏拉图就尽可能直白表明苏格拉底真正关切的综合性的特点。

把知识等同于智慧的一个附带后果（紧接前一部分）似乎是，当泰阿泰德毫不犹豫接受它时，苏格拉底就对他产生怀疑。无论如何，苏格拉底立即向在场所有青年说话（146a1 和 a5），而不只是对着泰阿泰德，并邀请他们中的任何一个发言："我们中谁可以先发言？"他只是在西奥多洛斯的催促下才再回到泰阿泰德（146b6-7），并在之后试图让西奥多洛斯代替这个年轻人（参见 161b8-162c2，164e4-6；苏格拉底在 168c2 成功换了人）。男孩们都沉默不语，这可以理解，他们面对的关于知识的问题令人望而生畏，提出者是一个至少泰阿泰德知道其名声的人（再参见 148e1-2），苏格拉底哄他们说：就像男孩们玩某种球类游戏一样，当中无论谁犯了错，就得坐下来当个傻驴，但若是谁不犯错，称霸全场，他将像国王一样统治他们，指定他们回答他想要的任何问题（146a1-5）。苏格拉底以这种俏皮的方式表明，能正确回答关于知识的问题，或者拥有对于知识的知识，将是作为某种哲学—王行使统治的正义的名义。如果不是一个哲学—王，那就是一头傻驴。

在西奥多洛斯为之进行干预后，泰阿泰德现在敢于第一次尝试为知识作出定义，这样的尝试在整个对话中共有四次："那么在我看来，不但从西奥多洛斯那里学到的东西可能都是知识的实例——几何学以及你刚才数过的东西——而且还有制鞋的技艺，以及其他熟练工匠的技艺：所有的这些以及它们中的每一项无一例外都是知识。"（146c7-d2）苏格拉底认为这个回答高贵而且慷慨，但很快他也会揭示这个回答很可笑（比较 146d3 与 147a4-5 以及上下文）；尽管泰阿泰德被问了一件事（即可以说是知识的定义），他却给出了一系列它的例子。为了解释其中的困难，苏格拉底提供了一种细小或平常无奇的（phaulos/φαῦλος）而随手可得的东西:黏土(泥土:pēlos/πηλός)。如果苏格拉底和泰阿泰德要以使用它的人为例来回答"究竟什么是黏土"——陶工、灶匠或者砖匠的黏土——他们会是可笑的,首先,因为这样一种回答预设(presupposes)了确切的何为"黏土"的知识,并在此基础上提供使用它的例子:黏土是(这种或那种)黏土。其次,如果有可能以惯常的简短的方式回答,则他们这样回答等于是没有尽头地走下去:苏格拉底则提出说,黏土(泥土)是土和水的混合;这样,是谁的黏土的问题就可以打住了(关于这一定义,参见亚里士多德《论题篇》127a14-16)。

[124]尽管泰阿泰德第一个回答看来确实是没有达到定义的程度,但它比苏格拉底所认可的要有用得多,因为通过指出明确的例子说明他所认为的知识是什么,泰阿泰德就讲出了所讨论的类别里的个例。他不也因此使他所理解的类别多少是更加清晰了吗?毕竟,例如通过把几何学和制鞋技艺放在一起,泰阿泰德就指出了两者的一个共同特征,否则它很容易被丢失或忽略掉。而且,如果不是通过更多地意识到(aware of)一组事物中的许多特定个例,一个人又如何能上升到牢牢把握住那统一起无限的或"无休止的"特定个例——当中比如有几何学与制鞋技艺——的类的特征?也许更准确的说法是,意识到某一特定事物,就必然也多少意识到它所属的或看起来所属的类别,正如意识到某一类别,就有赖于意识到构成该类别的那些个例。换句话说,如果泰阿泰德第一个回答通过列举知识的特定实例,就预设了它想要提供的定义,那么,定义难道不就预设了意识到属于该类别的各种特定事物或个例吗?回到苏格拉底的例子,如果黏土这个词对听到它的人并非没有意义,那么与之连带的是意识到一点那种陶工、砖匠和灶匠感兴趣的材料了,正如如果没有多少意识到一点黏土,人们就无法把握什么是陶器、砖或炉灶。看来我们需要,并在一定程度上拥有同时对于特定个例与一般类别的知识,少了其中一个,另一个则不可

能:只有通过与各种不同的相关个例发生关联,类别才有其内容或意义;意识到类别方可进行分类,或意识到类别就是分类,如果没有这样的分类,我们只会遭遇孤立的"事物"或运动的不可理解的大混合。泰阿泰德首次回答所指向的是,在依其通常方式将自身呈现给我们的世界中,当我们与事物打交道时,我们需要对被给予到我们面前的事物有更大的自知或明了(self-awareness or clarity)。知识有可能去把握、甚至是正确地把握那些如此呈现到我们面前的事物("材料"[data])吗?

正如一些注疏家已经注意到,泰阿泰德首次定义知识的尝试,让人想起美诺在以他的名字命名的对话中首次定义德性的尝试,因为他给出的也不是一个定义,而是一串例子(《美诺》71e1－72a5)。①两篇对话之间还有另外的联系,包括一些有巨大反差的点:美诺是个好看的异邦人,他跟从一位不完全受尊重的老师(高尔吉亚)学习一项有些可疑的科目(修辞术),[125]而且他出于巨大的政治野心,后来成为希腊的臭名昭著的叛徒;泰阿泰德则是一个不好看的雅典人,他跟从的是完全受尊重的老师(西奥多洛斯),学习一项完全受尊重的科目(几何学),而且他本人没有任何明显的政治野心,后来为服务于希腊的父母之邦而高贵地死去。更为重要的大概是这个联系:美诺寻求知道德性何以可能获取,而且尤其是它是否可教,苏格拉底最终的回答是,德性只有当它是知识时才是可教的。因此,《美诺》的主导性问题("什么是德性")在如此处理之下,就最后归结到了《泰阿泰德》中的主导性问题("什么是知识")。苏格拉底的审判,作为《泰阿泰德》上空的一片乌云,部分地就由民主派政客安尼图斯发起,他在《美诺》最后登场时怒气冲冲。考虑到这些因素,我们甚至可以说,《泰阿泰德》中的主要情节

---

① 对《美诺》和《泰阿泰德》之间关联的参考和简短讨论,比如可以参见 Conford 2003,27;Desjardins 1999,201 n. 9 and 241 n. 4;McDowell 1973,115;Polansky 1992, 49;Sedley 2004,26 n. 41;以及最为综合全面的 Froidfond 2006。

一定比《美诺》中的情节要晚一些发生，因此它当是后者的续篇。①

　　美诺三次尝试定义美德的主要困难是，他困惑于是什么确切地构成了德性，人之卓越，这一类事物的类的特征：是履行好自己为整体的（家人、家业以及最重要的，城邦）福祉所需要的义务的能力，还是说为实现自己最大利益当然包括幸福所需要的能力？因为美诺困惑于此，他有时会把"德性"这个高贵的名字用于有助于他人利益的事情上，有时则用于有助于自己利益（按照他对这种利益的理解）的事情上；鉴于这些利益对我们的要求有时是相互冲突的，美诺就有时认为牺牲对自己有利的东西是高贵的，有时则认为去获得它们是高贵的。但是，这是导致深度混乱的迷药，而非走向好生活的良方，而且如果像苏格拉底所认为的，唯一可教的德性，是那作为知识的德性，那么真正说来，德性就必须是或要包括由《美诺》这样刻画出的困惑的正确答案。这一方式之下，《美诺》就不可或缺，它让我们看到，同时处于《美诺》和《泰阿泰德》核心之处的定义问题——类别特征与类别中个体的关系问题——就不仅包括"认识论"的问题，而且尤其包括人心的问题，比如说政治、伦理或品格：部分作为养育或习惯的结果，部分出于人的希望，我们可能会把一些东西放在错误的类别之中，或者把一些属性归于事实上并不具备它们的事物之上。

　　但是，这种错误归类的问题如何可能被应用于知识的问题？《美诺》可能再次提供了一个线索，在那出色的方式中，[126]苏格拉底解决了我们如何获得对世界的知识这一难题——这一解决方式明确意在鼓励美诺在尝试定义美德而受挫之后再继续勉力前行。根据某些在神性之事上有智慧的男女，以及品达和所有这样有神性的诗人的说法，我们不朽的灵魂在前世就已看到并因此认

---

　　①　例如内尔斯（Nails 2002）就提出《美诺》的戏剧时间是公元前402年，扎克特则认为是公元前402-401年（Zuckert 2009，9）；《泰阿泰德》中所述情节发生在公元前399年苏格拉底之死前不久。

识了"万物",我们由此获得的全面的知识就留存在我们里面,但又处于某种休眠状态,等待着某种正确的提问来唤醒(《美诺》81a5 - e2)。苏格拉底在《泰阿泰德》中并没有暗指这种不朽的灵魂的学说(比较 142a8 - b1 和 176a7)。也许西奥多洛斯和他的学派(更不用说欧几里得)比起美诺更不容易接受这种学说(但至少对于西奥多洛斯,请参 175e5 - 176a4,177a4 - 5)。无论如何,在《泰阿泰德》的早期阶段比较容易忘记,男女祭司(以及某些有神性的诗人)这一类人都声称知道所有人类知识的起源,或拥有对于知识的知识,或声称"在神性之事上有智慧"——这些事显然包括关于人类灵魂的最重要的真理。这种对知识的宣称,将巨大地影响着我们相信什么在构成知识,而且真正影响着我们相信自己知道什么。再回想笼罩在《泰阿泰德》之上的苏格拉底之死:正如苏格拉底很快就在他的审判上说,他只知道他什么都不知道,或者如他在《泰阿泰德》中已经说过,他自己无法把握究竟什么是知识,而这里他的正式立场是,这种普遍的无知(147b7 - 8)就必定包含着对任何特定个例的知识的无知。因此,苏格拉底知道自己对比如奥林匹斯山的诸神一无所知,或者对雅典正式的宗教习俗的善好一无所知(《游叙弗伦》6a6 - b6)——这些事正是每一个正派体面的公民在法律上有义务"知道"并认为是真的事情。《泰阿泰德》此节只是暗示了这些困难。在苏格拉底举了三个关于黏土的种类或用途之后,他又增加了一个单独的而且显然是多余的第四个例子(比较147a1 - 5 与 a7 - b2):那些制作小人像的黏土,泥偶制造者或"塑像制造者"(Liddell et al. 1973: koroplathon [κοροπλάθον])。由于黏土具有极大的可塑性,所以(所说的)知识也是如此;而知识的用途,就像黏土,不仅包括生产对生活有用的工具(参 146d6 - e5),还包括制造塑像——例如手工制品、人类和其他动物(《王制》514b - 515a,特别是考虑《泰阿泰德》150b1、150c2、e6 和 151c3 处的 eidōla [εἴδωλα假象],在这些地方它明确与真实的东西相对比;也请参考 155a2 处的 ta phasmata [τὰ φάσματα 显像]和 167b3 处的 ta phantasmata [τὰ φαντάσματα 幻象])。

[127]回到对黏土的讨论。苏格拉底提供了他自己的定义,表面看起来要优于泰阿泰德对知识的定义。苏格拉底认为可以讲黏土的组成成分,即土和水,来避免列举例子的"没有尽头的路"。但是,不是所有的土和水一结合就构成了黏土。事实上,大多数这样的结合都不可以。苏格拉自己的回答,每一点都和泰阿泰德一样,预设了已意识到的所涉及的类别、种类或形式——这一意识,就黏土而言,将决定着在土和液体"无尽的"结合当中,哪一种结合有可能正确地负有这一名称。泰阿泰德的回答甚至可能比苏格拉底的回答更有希望作为一个开端,因为它的优点是,把对某一事物定义的探索,联系到我们对世界的日常经验之上(结合到木匠等这类人的世界),而不是联系到某些物质性的成分,因为当这些物质性的成分以一定的份额或比率放在一起时,就构成与我们有关的事物,但如果他们分离开或者比例不当,就无法构成。

不过,这里真正的问题涉及的不是黏土,而是知识。苏格拉底对黏土惊人的定义至少把知识的成分,知识的要素或部分的问题摆上了台面,而且苏格拉底之后也会采用这样的方法(例如,知识是真的意见加上逻各斯[logos]),尽管他也将承认对这样得出的答案并不令人满意。①在目前的上下文,诉诸泥土的成分并因此也就诉诸知识的成分,这就促使泰阿泰德发表了迄今为止最多的评论:他想起了一些事,他和年轻的苏格拉底有一天在谈话中试图做的事情,此前刚刚西奥多罗斯为他们描绘了一些关于(平方)根(dunameis/δυνάμεις:字面意思是"力量")②的东西,并声称,当涉及

---

① 吉尔(Gill,2013)很富有思想地尝试解读整个《泰阿泰德》,但尤其在讲其第三以及最后一个知识定义时,则是借助苏格拉底对黏土的讲法来解读的。

② 关于 dunameis 这个词的含混性("力量""能力",但也是"平方""平方根"和"无理数"),参波兰斯基有帮助的评论(Polansky 1992,56)。

三平方尺的正方形和五平方尺的正方形时，它们的边长长度不可能用一尺长的线段去测量。由于男孩们认为 dunameis 在数量上是无限或无尽的——正如刚说过知识的例子是无限或无尽的（比较 147d7 和 c4）——他们试图用一个东西概括它们全部，这样他们就能说出它们的全体。因此，他们试图在无限多的 dunameis 中寻找统一性。这样一来，泰阿泰德主动提供一个例子，如他所相信的，可以相比于现在关于知识所寻求的东西：用单独一种考虑来概括某种事物实际上无限多的情况或例子的方法。①

　　首先，男孩们把所有数或数的整体（ton arithmon panta/τὸν ἀριϑμὸν πάντα：147e5）"一分"为二。至于那类有力量通过一个数乘以一个相等的数而产生的数，[128]男孩们把它们比作（apeikasantes/ἀπεικάσαντες）一个正方形图形，并称它们为"正方形"数以及"等边"数：4、9、16。介于这些数之间的数（3、5），以及实际上所有没有力量通过两个相等数相乘而产生，而是通过大数乘以小数，或小数乘以大数的方式产生的每一个数，则比作一个长方形并且称它们为"长方形"数。那么，所有数的统一体，可以"一分"为二：正方形数和长方形数。男孩们截至目前的操作方法就预设了意识到统一体是"数"（数作为一个整体），然后再通过分类把这个统一体一分为二。也许更好的说法（尽管男孩们没有说）是，他们把无限多的"所有"数集合起来分成两组：一组是它们的平方根如我们所称是"有理"数的数，另一组是它们的平方根为"无理"数的数。但无论如何，男孩们最初寻求的统一体不是关于数的，而是关于 dunameis 的。准确对应于"什么是知识"这个问题的，是"什么是 dunameis？"（亦参 Benardete 1986，96）男孩们接下去的做法如下：所有构成边相等的且是正方形数的四边的线，他们都定义为

---

① 这一数学部分吸引了很多学术注意，比如 Bostock 1988，34－5；Polansky 1992，53－8；Waterfield 2004，138－9。

长度,而所有构成不等边(heteromeke/ἑτερομήκη)数的四边线,他们都定义为 dunameis[不尽根数,或无理数],理由是它们的长不能用其他的线来测量,而只能通过它们有力量构成的平面(面积)来测量。这就是男孩们找到的方法,以单独一种意象(image)或相似性来概括所有 dunameis,它被理解为所有无理数。

尽管苏格拉底对此评价甚高——"确实[属于]人类最棒的!"——然而泰阿泰德立刻表示,对于知识他做不到像他(和小苏格拉底)所做过的关于"长度和 dunameis"的事(148b3-8;比较147c7 的 radion[ῥάδιον/简单])。男孩们一起通过类比于某种他们已接触过的形状(长方形),成功掌握了一组多得数不清的数;①那么,现在为了掌握知识的特性,可以把知识比作什么呢?关于知识、知识的对象,是否也有某些东西就像只能借他物而表征出的数,无法为人类的理智或语言所把握,却只能被表征,被"长方形"来表征?如果事情正是这样,或者看起来是这样,那么就会有很大的诱惑力,要么重回由几何学对象构成的世界(这些对象作为人类创造的相似物或表征物,可以被人类所把握,就像任何可被把握的东西一样),要么是重回由神性的诗人和男女祭司所揭示的世界,他们关注于为自己所关心的事物给出一个逻各斯(logos),这样的世界也以其自身的方式承诺提供彻底的或完美的知识。[129]那么,回答知识的问题所正涉及的困难,连同它的至关重要性,就可能引起两种相反但相关联的反应,两种都会导致逃离此世(参176a8-b1),正如我们由其"纯粹的言辞"知道它(165a2)。显然,在对话的这个节点,比之诗人或祭司所为,"几何学"所代表的替代项带有更多的证据。

紧接着下一节,苏格拉底的确会借助一个意象(助产士,照料

---

① 克罗波西(Cropsey 1995,34-35)甚至说:"关于数的对话服务于这个直接目的,即证明泰阿泰德知道如何把众多方面收束为一个统一体或作出一个定义,这即是说,他理解理性(rationality)的第一要求。"

年轻人怀孕的灵魂），但这主要是为了鼓励泰阿泰德不要放弃寻求知识的定义——就像苏格拉底先前复述我们不朽的灵魂的讲法，以此来鼓励美诺不要放弃寻求德性的定义。而且，苏格拉底在《美诺》和《泰阿泰德》都成功地避免了对话中断：如果美诺会坚持下去，他就能回忆起某种意义上他已经拥有的知识；如果泰阿泰德能忍受分娩的痛苦，这正是他此时在经历的，他确实会生产。苏格拉底不仅会告诉他，这个产儿是单纯的假象（image）和虚假的东西，还是真实的东西，而且如果需要的话，他还会从他身上取出假的东西，丢弃它。①

结果苏格拉底有个秘密，要让泰阿泰德保守。大家都不知道，苏格拉底，那位杰出助产士芙纳瑞特（Phaenarete）的儿子，自己也是"同一技艺"的实践者。由于不知道这个事实，人们并没有说苏格拉底是一位助产士，而是说他"非常奇怪"，并且使人困惑或迷失——这正是美诺对他的指控（《美诺》79e7-80a1 和上下文）。仿佛他作为一名"助产士"不会让人惊讶说"非常奇怪"似的！但是，在苏格拉底能够解释他对别人的影响并为之辩护之前——他并不否认这种影响——他必须首先说清楚助产士的一般做法，然后再是他自己的做法。只有那些生过孩子，但现在由于年龄原因不能再育的妇女才会从事助产术。根据助产士们自己的说法，处女女神阿尔忒弥斯对此负责：她从未结过婚，也没有孩子，但由于命运她接到与分娩有关的东西。为了纪念阿尔忒弥斯和超过年龄、不再生育的妇女之间的相似性，后者就被分配了助产的任务。但是这种相似性充其量微乎其微。为什么不把这项任务分配给从未结婚的妇女，或那些一直不育的妻子们呢？正如苏格拉底自己所说，答案是因为"人的天性自然"，这是《泰阿泰德》中唯一一次提到这

---

① 苏格拉底在助产术方面对其主要活动的描述引起了许多评论。其中最有用的说法是：Burnyeat 1977；Rue 1993；Stern 2008，32-81；Wengert 1988。

个说法（比较176a7）。人的天性自然"太弱"，以至于没有相关的直接经验就无法掌握一门技艺:处女女神阿尔忒弥斯能知道的事，缺乏必要经验的普通人则无法知道。[130]因此，人类实践助产术，就要求自己在过去某一刻分娩过；因超龄而不能生育是就人的天性自然而最可能接近于阿尔忒弥斯的方面。那么，对人类而言，作为技艺的知识就必然根植于完全的人类经验。

完全因为苏格拉底坚持说，他从事的是与助产士"相同的技艺"，他只好费劲地细说两种技艺间的不同之处。例如，他只管男人的灵魂而非女人的身体；而且他的技艺中最重大的事（如果不说也是最高贵的:比较150b9和149b2），是他能够测试出年轻人的智识中是生育出假象（image）和虚假，还是生出丰饶和真实之物。虽然助产士在怀孕过程中可以决定是否唤起或减轻分娩的痛苦，以形成生产，甚至如果看来最好的话，就完全中止怀孕（149c9-d3），作为助产士，她们不关心出生后的产儿。苏格拉底这种判断灵魂的产儿的能力令人印象最为深刻，因为他自己从未产生或诞生过智慧，而是在这方面不育，对他的批评——他只问别人问题，自己却因缺乏智慧而从不做任何断言——是真的。这里的疑点足够明显:苏格拉底如何能判断怀孕的价值——一个年轻人智识进步的潜力——和更重要的，如何判断由此产生的观点的真与假？他怎么能评估什么是真什么是假，他有没有自己的智慧来指导？除了知识或智慧，还有什么可能指导他的提问？

苏格拉底的回答很惊人。不是他，而是"那位神"对这一切负责——那位"迫使"他充当助产士但自己从不生产任何东西的神（150d4）。或者，更确切地说，苏格拉底声称"那位神和我"对这种助产术负责（150d8）:苏格拉底对此也要承担一些责任。确实，结果表明苏格拉底特有的精灵（daimonion）在他践行助产术中发挥了重要作用——也就是那在苏格拉底自己身上也仅在他身上的神性的声音（151a4）。但话又说回来，泰阿泰德一定不像那些人一样,认为苏格拉底这样做是因为对人怀有恶意,而且泰阿泰德有一个很好的理由不如此,"没有神对人类怀有恶意"(151c8 - d3)。神,苏格拉底和神,苏格拉底自己的精灵,苏格拉底即神:①要么作为人的苏格拉底必须向"人的天性自然"的弱点低头,而且因此有相关的经验——自己生产过智慧——以便实践他的技艺;要么他必须像阿尔忒弥斯一样,超越于人的天性自然和它的特定弱点。换句话说,苏格拉底在这里如此坚决否认拥有任何智慧,[131]以至于他不得不宣称自己是一位神。如同以往情况一样,他声称无知,但到头来并不以谦虚出名。

这个奇怪的部分,就像《美诺》中对应的部分一样,其目的首先是为了鼓励苏格拉底的对话者,如前所述。但它也是为了展现苏格拉底的生活方式,或苏格拉底典型的活动,尤其是他作为一名教师。在这方面,记住一点很有用,即苏格拉底很快就会被迫,在他的审判中,对他的生活方式和典型活动给出另一个也是更为公开的说法。在《苏格拉底的申辩》中,苏格拉底断然否认自己是一名教师,部分原因是他从未作为教师得到过报酬,这一点很可疑。但他确实承认自己拥有智慧,确切地说,是属人的(区别于神的)智慧(《苏格拉底的申辩》19d8 - e1 以及上下文;33a5 - b6;20d6 - 9)。在《泰阿泰德》中,苏格拉底断然否认他在任何方面有智慧,但正因此,要认领一个神的地位。苏格拉底这里对他技艺的全部描述无非是承认,他在教人(即使是以一种最不寻常的方式),甚至要坚持说,对于乐于接纳他的那些灵魂而言,正是他对于他们的合适的发展至关重要:那些太快远离他的人,则有灾难等着他们。至于不接纳他的那些灵魂,那些在他看来没有怀孕的灵魂,他则做了其他助产士因害怕有损崇高声誉而拒绝去做的事:他冒着坏名声的风险,

---

① 　随着助产术段落的展开,苏格拉底将越来越多的责任从神转移到自己身上,这个意象也越来越接近于表达这种苏格拉底式的生活方式(Stern 2008,81 n. 98)。

充当了学生和老师(智者)之间的媒人。如果把《苏格拉底的申辩》和《泰阿泰德》放在一起看,我们可以得出一个初步的结论:苏格拉底可以承认自己要么是一个教师,要么是一个有智慧的人类——但是承认自己有智慧并且(and)是一名教师,带领其他人分享他自己拥有的同样的智慧,这显然是不能被容忍的(参见《苏格拉底的申辩》19b4-c1)。

泰阿泰德定义知识的第二次尝试(151d7-161b6)

苏格拉底鼓励泰阿泰德,向他保证如果满足两个条件——如果(某个)神愿意,并且泰阿泰德像个真正的男子(a man)一样行事——他将能说出什么是知识。根据苏格拉底的说法,也许是因为没有神会对人类怀有恶意,泰阿泰德在回答中就没有对神说,或者提到神,而只说了明显属于他能力范围内的事情:他总是渴望回答,因为不这样做,会是一件丑陋的或可耻的事情。这样泰阿泰德就已经,或再次证明他将成为一个高贵且好的人(142b7),因为在这里他表明了他的高贵或美,当然指的不是他的身体外表(143e8),而是那引导着他的关切(151d8)。[132]他大胆给出这个定义:"那么我的观点是,知道某事的人在感知(perceives)他所知道的这件事,而且现在看来,无论如何,知识无非是感知(perception)。"(151e1-3)可以这么说,这句话包括三重表象模式:在泰阿泰德看来如此的意见(dokei/δοκεῖ);对某物(被知的某物)的感知活动(aisthesis/αἴσϑησις);以及此时知识自身出现或被看到或展现出自身的方式(phainetai/φαίνεται)。泰阿泰德并未声称自己知道知识是什么,而只说有一项关于它的意见——一项基于或表达该事物现在在他看来是如何的意见,或者可以这么说,在他的理智的眼睛(his mind's eye)看来是如何的意见。但是,如果"看起来"(to seem)和"看见"(to come to sight)是感知的形式——很快泰阿泰德就会同意苏格拉底把出现或看见（phantasia/φαντασία、phaine-tai/φαίνεται）等同于感知（152b9、b11、c1）。——为何泰阿泰德不主张说，基于现在对知识的感知他知道知识是什么？一个很清楚的回答是：即使所有的知识都是感知，而且"无非都是感知"，也不是所有的感知都需要是知识。换句话说，泰阿泰德的定义留下了虚假感知的可能性，他也肯定或者特别是出于谦逊而拒绝断言，事物现在如何向他显现，就一定这样向他显现（亦参 152c7 的 phai-netai/φαίνεται）。

苏格拉底赞扬泰阿泰德，因为他的回答不仅好且高贵（151e4；比较 146c3）：正是以一个人——一个真正的男人——应该有的说话方式宣布自己的看法（考虑 151d5 和 e4-5；以及 157d3-5 以及 142b7-9）。然而，苏格拉底在这里称泰阿泰德为一个"男孩"（151e4；再比较一下 144d5）。难道泰阿泰德在某种程度上仍然过于寡言少语？难道他实际上不是在陈述自己的观点？我们可以在此停下来强调一下，苏格拉底初次把泰阿泰德的这一回答当作他的新生产儿，他们现在要对其进行检验，以确定它是否正好是一个成果，抑或只是水货。然而，在这个检验中，苏格拉底明确表示，泰阿泰德根本没有生育（157c7-d3）：苏格拉底说，一旦（once）泰阿泰德有了自己的观点，他就要（will）对它进行检验，看它是否正确，这就意味着，正在讨论的学说再也不是，或者还不是泰阿泰德的观点。只有当这一长节即将结束时，苏格拉底才宣布泰阿泰德终于生产了（160e2-4），以及"我们"生出了什么（160e5）。

在泰阿泰德定义之前，他先观察到，知道某事物的人感知到这一他所知道的事物。这可以理解为提出了一种感知和知识之间的区别：知道者既知道某个给定的事物，又（and）感知到他知道该事物这一事实，这是一种自我意识（self-awareness）。但这显然不是泰阿泰德有的想法，因为他反而是通过得出结论说，一切被知道的东西都是这样被感知的，而把感知和知识联系起来：知识实际上

"无非"就是感知。[133]在回应泰阿泰德时,苏格拉底做了两件惊人的事。首先,他重申了泰阿泰德的定义——"你在断言,感知是知识? ——这样一种方式就留下了一种可能性:知识包括感知以外的东西,并且(如果"感知"在这里意思就是"作为感知的感知")排除了某些知觉可能是错误的或非知识的可能性。换句话说,苏格拉底的重述就有可能在对泰阿泰德的定义进行一种解读,在某一方面比这个男孩可能意图表达的更激进,在另一方面则激进程度反倒比他还要低:更加激进是因为它可能肯定所有感知的准确性,而更不激进是因为它允许知识的成分包括除感知以外的东西,或者附加到感知上的东西。苏格拉底的第二个惊人之举是,立即把这个定义以其新的形式等同于普罗塔戈拉曾经说过的"智慧"的东西,如果说是"以某种不同的方式"的话。普罗塔戈拉曾在某处断言,"[一个]人是'万物的''[一个或唯一]尺度',是诸存在的事物如其存在的尺度,也是诸不存在的事物如其不存在的尺度"(152a1-4)。那么,说"感知是知识"(或"知识无非就是感知"),就等于说"[一个]人是万物的[一个]尺度"——普罗塔戈拉的名"言"(logos)。然而,这两个说法之间的联系并不明显,更不用说它们的等同性。泰阿泰德就是一个完全熟悉普罗塔戈拉名言的人,因为他已经"多次"读过它(152a5),但他没有表明他在这样说时想到的是普罗塔戈拉。对他来说,和这位伟大的智者一致难道不是新闻吗? 他们真的一致吗? 泰阿泰德是普罗塔戈拉主义者吗? 要回答这些问题,我们不仅要揭示泰阿泰德的观点——泰阿泰德自己似乎也在这一揭示的过程中(参见154e3-5)——还要揭示普罗塔戈拉的论点,事实表明他可是个出了名的狡猾家伙。

这里作个总的评论则正好。文本接下来一长节(152c8-161a4)考察了(一些)新的知识定义,该定义可追溯到泰阿泰德和普罗塔戈拉的某种组合。这是一个极其困难的部分。泰阿泰德纵然有他很好的天赋,但他年轻,且对自己也不够确定,所以他还不是最佳对话者。正如我们所看到的,苏格拉底最初与在场的哪位青年进行对话,都持开放态度(146a1-8),只是在西奥多洛斯的敦促下才继续与泰阿泰德对话(146b6-7)。在某些时候,苏格拉底努力要——但成效不一——让西奥多洛斯取代泰阿泰德在谈话中的位置,以便进一步探究普罗塔戈拉(161b8-162c2;164e2-165b5;比较在168c6-169d2处更为成功的努力,其中引入了一个分节持续到184b3)。更重要的是,苏格拉底将揭示,普罗塔戈拉只是"秘密地"向他的学生言说真理,[134]这个真理不仅被普罗塔戈拉,而且还被其他一些"名人"所理解,但他们都"掩盖"或"隐藏"了这一真理(152c8-10、155d9-e1;亦参见180d1)。因此,只有经过艰苦的探究,才有希望揭示一个私密的学说,这个学说由一个公开的讲法所掩盖,从而欺骗"普罗大众们"(152c9)。此外,苏格拉底并不向人讲明的是,有时他在陈述这个学说本身(的一个版本)——它对世界的看法,包括它在我们日常生活经验中的应用(例如,感知颜色),又有时在陈述该学说的源自日常经验的证据,这样的证据如果有说服力,则将鼓励人接受它。但这一节的困难首先得追溯到这个事实,即该学说的核心或最极端的形式认为,万物都处在不断地运动或变化之中——感知者和被感知者,主动的以及被动的运动,快的和慢的——并且最终导向一个影响深远的断言,无法知道任何"形式"或固定的类别(eidē/εἴδη)是存在的,相反都只是人类语言中的构造,我们只是出于共同的习惯,并因缺乏准确的知识(157a7-c2:anepistēmosunēs/ἀνεπιστημοσύνη),而毫无根据地断言它们"存在";这样的能为我们所得到的知识告诉我们(几乎没有必要加上"自相矛盾地"),知识的一个主要的先决条件对我们来说是不可得的。那么,苏格拉底试图在语言中捕捉这个学说,本身就相当于违反这一学说字面的意思,将一个固定的特性(恒定运动)分配给"万物",而无法知道这些"事物"是否如此;在违反该学说时,苏格拉底通过用语言描述其最终不可言喻的运动,从而试图使世界静止不动。在任何方式中且整体地正在发生着变化的事物,就不可能被真实的事物所谓述,即真实的谓述。其意义层面至少不是说在简单描述一个固定而稳固的"就在那儿"的秩序,这个秩序就等着被记录下来。怪不得那些声称与赫拉克利特(Heraclitus)有联系的人,连同比如克拉底鲁(Cratylus),最后就认为,人必须什么都不说;而克拉底鲁则只是动了动手指(亚里士多德《形而上学》1010a7-15)。也许部分是由于这种困难,苏格拉底对运动学说的描述本身就在不断变化,时而收紧,时而激进。因此在事实上,或就在我们眼前,运动学说的中心论点得以呈现——一种基于模仿的解释(参考西奥多洛斯对运动学说阵营论证方式的刻画:179e2-b3)。

回到文本,正如苏格拉底解释普罗塔戈拉的箴言所引出的,普罗塔戈拉意在强调感官感知必然有个人特征,以及不可能诉诸除自己感官感知经验之外的东西——某种高于、超越或"后于"感官感知的东西——[135]以作为判断它的标准。无论每一事物在个人看来依次具有什么特点,它在事实上对他而言也是如此,或者为他而是如此(to him or for him),正如每个事物在另一个人看来无论依次具有什么特点,它在事实上对他而言也是如此,或者为他而是如此(152a6-8)。如果一个人感知某个特定的风是冷的,那么就不能否认这个风对他来说是(is)冷的这个事实,正如同样的风,另一个人感知到不冷,则对他来说是不冷的。简而言之,风在每个人看来是如何,它对于每个人来说就是如何。在这里,感官感知看来很可能是完全可靠的,再重复一遍,这乃是源于我们不可能脱离感官感知的世界,以便在到达某种其他的且被认为比感知更可靠的东西之后,以之为基础来评判这个世界。而且,由于我们完全依赖于我们个人感知到风如何——它的某些方面如何——恰巧在此时此刻吹打着我们,但对于风"本身之本身"(itself in itself),我们什么都说不出(152b5-7)。正如每个人感知诸事物在存在,所以,

"很可能的是,它们也为每个人而存在"(152c2-3)。泰阿泰德同意这一点,即使是暂时性的("似乎如此")。

从这一切,苏格拉底归结出以下结论:"因此感知总是属于存在物(the being)[在任何特定时间都属于存在物:aei/ἀεί]的,它没有虚假,它就是知识。"(152c5-6)那么,知识就没有虚假,并且总是给予我们或者说总是属于一个存在着的某物,亦即存在物(to on/τὸ ὄν)。(苏格拉底没有以任何方式鼓吹这一事实,而是提供了一个暂用的知识定义。)既然感知必然没有虚假,而且总是属于以这样的方式呈现给我们的存在物,正如苏格拉底沿着普罗塔戈拉(151b1-2)所作的描述,感知理应被称为知识。

基于"感知即知识"这一思想的初步展示,并依普罗塔戈拉的箴言"人是[唯一或一个]尺度"来理解,我们看到,这一思想可以有一个相当严格的解释。最简单来说,它的意思可以是,作为感官感知的结果,无论我们体验到什么,我们确实是体验到了:我被风吹得浑身发冷,而另一个人觉得清爽惬意,这作为基本的事实是无可辩驳的,我们天生是知识的一部分,并且因此具有了稳定的特性(这里亦参179c2-d1)。这一学说虽然也点明了这样的事实,即,在风的"本身之本身"之中,确实有一些我们无法触及并因此令人感到神秘的东西,我们只能从我们确实有的感知来推断,从而来设定这一概念,但苏格拉底在此详尽阐述这一学说时,仍然预设某种在通向一个共享的感知世界的途径,在其中,我们能相互明白易懂地谈论彼此不同的感知——例如一阵且是"同一阵的"风(152b2),以及打寒颤的"我"和不打寒颤的"你"。[136]毕竟,我们可以去怀疑我们是否能达到风"本身之本身",或看到我们必然依赖于通过感官感知而被给予的世界,因为我们可以把我们此时此刻的感知明白易懂地与其他人的(或者我们自己过去的)感知相比较。正因如此,当苏格拉底问泰阿泰德一个明显多余的问题,即是否他(泰阿泰德)是个人,苏格拉底也是个人(152a8),他在指出一个事实，即两人在本质上是同一种存在物，而且当对这一事实的感知分别应用于各自的自身，以及同时应用于两人时，他们共享着这一感知。另外，即使在感知外没有仲裁之地，但同样真确的是，我们可以基于其他感知来纠正某一感知，所以并不是简单受摆布于转瞬即逝的这种或那种感知：有的人感觉一阵风很舒服，但另外的人则感觉很寒冷，因为他感觉（感知到）流感就要来了；浸在水里的棍子看起来是弯折的，当从水中取出来再看并再触摸，则会纠正前面的看法，而不是仅仅产生新的看法。感官的感知会发生变化，因人而异，同一个人也会因时而异，但似乎并不足以就此质疑它们的基本可靠性；相反，我们对其变化能力的意识本身要求感知者和被感知物具有某种持续性。最后，也是最重要的，普罗塔戈拉的逻各斯（logos），就其被概述至此而言，远远没有否定我们可以达到所存在着的东西，或达到"诸种存在物"，它正如坚持感官感知的可靠性而执意认为：我们所感知的事物，当我们感知它们时，它们为我们而*存在*（are）（152a3、7、c3）；感知总是对于"存在物"的［感知］（tou ontos/τοῦ ὄντος：152c5－6）；人正是"诸种存在物"的尺度（tōn...ontōn/τῶν...ὄντων：152a2－4）。

　　然而，当人们试图按照这些思路来理解这一学说时，似乎有一些相关的困难。例如，说感知者在感知时每一事物都为着感知者而是（is），这就剥夺了动词"是"相比"看起来"或"显得"所具有的更大的固定性，或者使得前者最终沦为后者（考虑159d5、162d1、166d1-e4）。如果感知确实不虚，在相对无趣的意义上，当我们经验感官感知时，不能否认对它们的经验，那么，在什么意义上，以及凭什么，感知确实可以说成是对一个存在物（a being）的感知，该存在物是一个外在于单一的感知者、不断变化的可知的存在（比较152c5-6）？此外，"感知"也是一个模棱两可的词，正如这个事实所表明的，即我们迄今为止不加区分地将 aisthēsis（αἴσθησις）既译为"感官感知"（sense perception），又译为"感知"（Perception）。

这个词可能仅指五种感官单独地或以某种组合方式给予我们的意识(the awareness),或者这个词可以更广地意指一种智识上的理解,在最不可缺少地利用感官感知时,同时超越它而包括某种判断——例如,不仅是感官质料(the sense datum)的"暖",[137]而是暖的风,更不用说"飓风"(参186d2-5)。由于这种模糊性,在泰阿泰德的许可下,苏格拉底就能无缝衔接地从感官感知滑移到等同于某事物的显现的感知(phainetai/φαίνεται 和 phantasia/φαντασία:152b9-11,c1)——但这就让"感知即知识"的准确含义陷入某种模糊性。①最后,我们注意到,苏格拉底把泰阿泰德和普罗塔戈拉的说法都称为一个逻各斯,一种(理性的)说法或定义(151e8-152a1)。如果这一逻各斯把感官感知的经验置于前方且中心的位置,那么在把该经验召唤至思维面前的这一行动中,这一逻各斯就超越了该经验:这一逻各斯就是某种反思,它可能建基于但同时也超越于感官感知。那么,恰恰当知识被理解为"感知"之时,如何才能解释这一逻各斯,或者解释它在"知识"这回事中的位置呢?

出于这些原因,而且也很可能由于在发展至今的泰阿泰德-普罗塔戈拉的逻各斯中一再出现的其他困难,苏格拉底突然揭秘说,现在被他看作不只是"智慧的",而且是"完全智慧的"普罗塔戈拉(比较152b1和c8),在设谜语或撒谜团给"我们,亦即无知的大众",但对他的学生,他"曾秘密地说出真理":我们迄今为止听到的,不是普罗塔戈拉的真理,而只是其学说针对乌合之众公开的或显白的版本。要么普罗塔戈拉所写的东西没有反映他所

---

① 事实上,从来不是"感官质料"(sense data)被呈现给我们;相反,呈现给我们的,是具有特定品质而或多或少与我们相关的东西:一个热的炉子、一杯苦的饮料、一块重的石头。我们所能说的"感官质料",只不过是对我们先在的更根本的对世界的经验进行抽象的结果,这样的经验在世界经由感官而被给予我们时,为我们所获得,这一抽象也因此就依赖于先在的经验。

理解的真理,要么他的写作方式在向"无知的大众"陈述虚假的同时,向他的学生陈述真理。虽然泰阿泰德已经"多次"阅读普罗塔戈拉,但他并不理解苏格拉底所说的普罗塔戈拉讲话或写作的这种两面性(152d1);我们不能想当然认为泰阿泰德理解普罗塔戈拉的真理(*Truth*)的真相,因此也就不能想当然认为他本人是一个纯粹的普罗塔戈拉主义者。把泰阿泰德第二次尝试的对知识的定义等同于这位最著名的智者的最著名的说法,这无疑是对泰阿泰德的一支强心剂——但当得知普罗塔戈拉显然欺骗了他时,这一切就都化为泡影。现在读者与泰阿泰德同在一条船上,因为我们急切想听苏格拉底说,普罗塔戈拉的真实观点是什么。

在后续内容中,并非立刻清楚的是,苏格拉底是否会满足我们这种急切心情。现在轮到苏格拉底陈述"肯定不是微不足道的逻各斯的东西",这呼应了泰阿泰德自己的"并非微不足道的逻各斯"(比较 152d2 和 151e8),而且被强调,是苏格拉底而非普罗塔戈拉在这里说话(egō erō/ἐγὼ ἐϱῶ)。然而,普罗塔戈拉将被表明是那些接受该逻各斯的人之一(见 152e3 和上下文)。对于苏格拉底将要阐述的这一逻各斯,普罗塔戈拉有可能和他一致同意,或者同意它的某一部分,抑或某些部分吗?

无论如何,不可否认的是,苏格拉底接下来的论证比此前更为激进。这一重要的小节有四个主要部分(152c8 - d6;152d7 - e5;152e5 - 153d7;153d8 - 154b6)。[138]首先,苏格拉底这样说:"一方面[men/μὲν],无物是就其本身为本身的一(nothing is one, it-self by itself),你无论如何也不能正确地称它为任何[一种]东西;如果你称它为大,它也会显得小,如果称它为重,它也会显得轻,实际上所有的东西[sumpanta/σύμπαντα]都是这样,其理由是,无物是任何一种东西或属任何[一个]种类。"苏格拉底在这里说的意图既在澄清这一学说,又给它提供证据,后者是指这样的经验,即看到一棵树与它前面的树苗相比是大的,但与它后面巨大的橡树相比则又是小的。这样,我们经常体验到一事物具有不同的甚至是矛盾的品质时,就不是在该事物"本身之本身"中体验到的,而是在将它与同类中的另一事物进行比较或关联,或者将其与我们拿来相比的事物进行比较时体验到的。这相联于但超出了对于风的如下看法,即我们无法通达到风"本身之本身",而只能得到我们对它的可能因人而异的感知。正如我们不能说某一特定的风"本身之本身"是温暖或寒冷,所以我们也不能说,某一特定的树"本身之本身"是大或小——这相当于说,就我们对它的感知而言,它立刻既大(更大)又小(更小),或者,由于我们除了对它的感知之外就无法通达它,这就相当于说它不"是"任何这样的东西。这个大和小的例子似乎也比风的例子更令人不安。我因风而感到冷,这没有任何模糊性,无论它如何侵袭另一个人,但当同一棵树让我感到大(或更大),同时或随后感到小(或更小)时,就有一种模糊性了。风对我来说可能就是冷的,但这棵树并非简单地就是大或者小。

这个"不是微不足道"的逻各斯的第一部分所指向的,是或可暂时被称为我们把握事物及其性质这一活动所具有的关联性特点:说无物是就其本身为本身的一,因为"无物是任何一种东西或属任何[一个]种类",这意味着,我们把握我们在世界中与之打交道的事物,就依赖于我们对它们的分类,依赖于我们把个体事物归入到在我们看来适当的类别之中,并把这些类别彼此区分开来;一棵树不是一个就其本身为本身的事物,因为在把它看作一棵树时,我们在把我们面前的个体相联于我们相信它所属的类别中的其他个体,从而也把它区别于非常多的看来它并不从属的类别,以及区别于组成那些类别的个体。至于我们与之打交道的事物的品质,大和小,重和轻,这些之所以被知道,乃是通过把握它们相对于其他被我们拿来比较的带有品质的事物的关系。某事物真正为一,就其本身为本身,或一个完全独一无二的事物,[139]将会是我们完全无法理解的(假设我们甚至可以设想这样一个事物),除非我们可以把它与其他事物放在一起,它至少与之有某种相似之处,如此则消除了它的独特性。

重复一下,如果目前的论证与此前以风为例的论证有些关联,它也同时朝向一个不同的方向,现在苏格拉底在构成这一论证的第二部分中进一步补充,就使得这一点变得清楚起来:"另一方面[另外:de/δέ],的确是由于位移以及运动和相互混合,万物得以生成,对此万物我们却断言'存在'——尽管我们并没有正确地言说它们。"那么,这里苏格拉底就从为这一立场提供证据,转向预计其充分性——也就是说,转向在此学说基础之上解释我们经验的原因——并且他通过,这是他第一次,引入运动(或变化:kinēsis/κίνησις)来这么做。从这些论断中,苏格拉底现在得出这个重要结论:"因为无物常驻(is),皆在生成[变成:gignetai/γίγνεται]。"(152d7-e1)这断然否定日常语言在与世界打交道时的充分性——每一次我们说某事物"存在",我们都在犯错误——但又同时试图在语言中把握现在被说成是处于事物核心的不停息的运动;在说某一事物"存在",就是在使该事物在我们心智的眼中停驻不动,并从而否定这一事实,即它既是一直在变化,又因此同时处于某一个"生成"的状态中,或者应当说处于许多的状态中。作为衡量我们已经多远地离开了普罗塔戈拉仅向公众讲述的学说的尺度,我们回顾一下,普罗塔戈拉最初如何频繁地使用"存在"这个词,这个词现在被视作一个根本性误解的标志(再看152a2-4,7,c3-6)。

仅在提出这个激进的结论之后,苏格拉底才补充说,"所有智慧者,除了巴门尼德之外,都前后相继地"同意这一点,"普罗塔戈拉,以及赫拉克利特和恩培多克勒;而且在诗人中,都是在每一种诗作上最顶尖的人——谐剧里是厄庇卡尔摩斯(Epicharmus),肃剧里是荷马"(152e2-5)。就以这样的方式,苏格拉底改造了泰阿泰德尝试性的说法"知识无非是感知",把它变成了一种理论性的学说——"感知是知识"——接受它的是所有,或几乎所有的智慧者,以及作为一类独特的人的最伟大的诗人们:令人兴奋发晕的一群人!

然而在紧接着的后续部分(152e5－153d7),亦即构成"不是微不足道的逻各斯"的第三部分,苏格拉底明确只提到荷马(这一小节以荷马开头,并以他结尾),从而未提他明确认定为有智慧的其他任何人——没有智者普罗塔戈拉,更没有哲学家赫拉克利特和恩培多克勒(参179e2－3:正是苏格拉底把荷马和赫拉克利特派放在一起)。而且,他能把荷马和运动学说联系起来,仅仅是基于对《伊利亚特》两处简短引用的十分牵强的解读。[140]根据苏格拉底,当荷马说"俄刻阿诺斯(Oceanus),众神的祖先[genesis/ γένεσις],和母亲忒提斯(Tethys)",他实际上是说,作为这两条河的特质的运动是"万物"之源(152e7－8,引用《伊利亚特》第十四卷,302行;另见《泰阿泰德》180d2和《克拉提洛斯》402b4－5)。然而,根据一种对荷马的天真解读,所产生的万物连同它们的两个基本来源似乎都可以得到命名,并且在这一程度上可以被知道。荷马是否真的就像苏格拉底所说的那样,意在表明"无物常驻,皆在生成"? 如果荷马真的认为,所有被称为"存在物"的事物都被不正确地称呼着(152d8－e1),那么他也就否定了俄刻阿诺斯和忒提斯,因此连同诸神,在[常驻不变地]"是"着;因为它们是河流,它们在不断地运动或变化。或当不得不与克拉底鲁一样说,认为人不能两次踏入同一条河流这一说法是错误的:人甚至不能一次踏入"一条"河流(亚里士多德《形而上学》1010a13－15)。然而荷马诗句的表面在说,诸神是由俄刻阿诺斯和母亲忒提斯的结合而产生,他们因被定义为不死,将依定义而从不停止地是着(never cease to be):因免于死亡——正如荷马史诗的语境提醒我们(《伊利亚特》第十四卷,231行),宙斯可以屈服于睡神(睡眠)的力量,但不能屈服于他的孪生兄弟死神(死亡)的力量——诸神就首先[常驻不变地]是(are)着,或者说最少受控于仅仅的生成。

在解读荷马的诗句时,苏格拉底把"诸神"和"万物"等同(参见152e7,8)。如果诸神恰恰是万物的尺度,或确切地说诸神的存在就是使得这个世界得以生成的最主要的原因,那么"诸神"就可以是"万物"的替代物:掌握分类或划分种类,并在此方式下与存在着的事物相辅相成的理智(mind),并不必然是一个人类的理智。某种这样的立场就由柏拉图《法义》中的雅典客人阐述出来,他以一种近乎明确的方式拒斥普罗塔戈拉:"神对我们来说尤其是万物的尺度,而且肯定比一些[亦即,只是人的]人更加是尺度,如人们所断言。"(《法义》716c4-6)如果作为一个世界,作为一个由可理解的类别或种类加以划分这个世界的完成的有序整体,不依赖于有死的人类的理智,而依赖不朽的神的理智,那么可以听起来很合理地、实际上很容易地断言,这个世界是可能永恒存在的,因为在那种情况下,甚至全人类的死亡也不必然影响到共同组成这个世界的那些剩下的类别或种类的已知特征。正如紧接着的内容清楚地表明,苏格拉底的意思更多地不是把荷马的教诲推向有智慧者的方向,而是相反,把有智慧者的教诲推向荷马的方向:他将要加以解释的学说,至少可以说,与这样的思想相兼容,即不是人而是神才是万物的尺度。

[141]当苏格拉底接下来说,"下列事物也是这一逻各斯的充分的标志",他的意思显然是要提供额外的证据,证明该学说的正确性(153a5-6)。但额外证据是要加到什么上面呢?或者,换个说法来讲同样的意思,"这一逻各斯"迄今为止被证明有两个组成部分:论点之一是"人是尺度",这一点反过来就部分地通过我们的把握活动——对事物和它们的品质,以及运动的首要性进行把握——的关联性特征而得到解释。(对此当然加上第三个由他们开始的命题,即感知即知识)一件单个的东西既大又小,既重又轻(152d2-6),这被拿出来作为证据,是为了支持这样一种思想,即

无物是就其本身为本身的一,此即我们曾称之为(重复一遍)我们把握事物的活动所具有的关联性特征,亦即苏格拉底"不是微不足道的逻各斯"的第一部分。但在目前的语境中,苏格拉底关注的是该逻各斯的第二部分,该部分致力于将居于首要地位的运动作为万物的原因,对于万物,我们错误地说它们[常驻不变地]"是",但实际上它们"在生成"(152d7及以下)。然而,苏格拉底为支撑该学说这一更激进的部分所提供的唯一证据或"迹象",是诉诸权威——除了巴门尼德之外所有人都同意它——以及得到"恰当"解释的荷马文本。而且,苏格拉底现在所要提供的,相当于一个接受该学说的额外动机,接受它不是因为明显的真理,而是因为它具有非常大的吸引力;需要为此事获得那样的吸引力,这就在其方式下证明了,运动或生成的首要性该是或将表明是多么令人不安。我们现在了解到,正是运动造成了万物的看起来的"是"与"生成",而静止则对不是与消亡(not being and perishing)负责;热与火不仅生成其他事物(包括所有动物),也"监督"或"监管"(epitropeuei/ ἐπιτροπεύει)它们,热与火则产生于位移与摩擦,这显然都是运动。因此,正如苏格拉底继续论证的那样,就人的灵魂(学习)和身体(锻炼)而言,运动就造成了世界上好的事物以及所有动物中好的东西,就像静止要对善好的反面负责一样(这里请参考西奥多洛斯用油的流动这一类比来描述泰阿泰德的学习能力的特点: 144b5)。

　　苏格拉底这里的断言诉诸日常经验——例如生火——但依相同的标准,它们被证明是不可信的。如果火可以是好的,它也可以是破坏性的。如果身体健康需要运动或活动,它也要求休息,比如像欧几里得和特普西翁在他们的忙碌之后需要休息。如果学习和运用(learning and practice)是种运动,它们只在休息中有可能:欧几里得和特普西翁直到现在发现自己忙完了事情,才有了时间来聆听苏格拉底与泰阿泰德冗长的对话,也大概从中学习——[142]

苏格拉底自己指出,这是一场得益于闲暇的对话,冷静的检验需要这样的闲暇(154e7-8)。而且如果战争,如修昔底德所认为,是一种"运动"(《伯罗奔半岛战争志》1.1.2),那么运动就造成了泰阿泰德即将来临的死亡,更不用说造成了正在折磨着他的疾病的具体特性(142b2-4)。

　　苏格拉底这里的论点脆弱得令人惊讶,正如泰阿泰德竟然令人惊讶地轻易同意了它。苏格拉底展示"迹象"以标示运动的首要性,是为了在对话中引入一个全新的考虑:好与坏,这将在苏格拉底随后检验普罗塔戈拉的过程中被表明是重要的。重复一下,运动不仅造成了万物的生成,还"监督"或"监管"它们,因此对它们而言是好的。运动在这里行使一种天意的关怀。这一论证思路在苏格拉底第二次提到荷马时达到顶峰(kolophōn/κολοφῶνα),大意是"金链"——苏格拉底在这里将其等同于运行在轨道上的太阳——的永不停息的运动,造成了在诸神与人类当中的"万物"的存在与保存(153c6-d5)。最初,宙斯在奥林波斯山上召集了所有男神和女神们的一次会议,以禁止他们介入阿开奥斯人和特洛伊人的战争,并以威胁来加持这个命令:他是如此强大,就算其他不死的神灵们从奥林波斯山到大地拉起一条金链,要把他从天上拖到地上,他们加在一起也永远办不到;相反他独自一个却能把他们连同大地和海洋一起吊起来,从而使"万物"悬挂在半空(《伊利亚特》第八卷18到27行)。当然,苏格拉底在这里提出的"金链"并不是用来证明宙斯的力量。相反,它是为了证明太阳在其运行轨道上的力量,它看来比宙斯还要强大,当然也更关爱人类:源自世界中心的运动,亦即太阳的运动,产生了所有好的事物,甚至产生了诸神的所有事物的存在和"拯救"。这样阐述的运动学说在最低限度上,与诸神的存在相一致,并且在它所陈述的后果中,几乎无法区分于(也许除了改进了)他们对我们主动的关爱。运动的首要性远非摧毁我们所关切的这个世界——诸神和人类的世界——在此它保存了世界。

　　紧接着的下一节中（153d8－154b6），苏格拉底用运动学说来解释一种非常普遍的经验——对色彩的感知。它与荷马部分的联系还不明确。开始处是泰阿泰德如何称一些东西为"白"的，苏格拉底则马上表明，这样的话很误导人（153d9和154a1；亦参见152d3－e1）。[143]尤其他认为，我们不可能把白的颜色当作眼睛之外或眼睛之中的某种东西——事实上，我们不能给它指定任何位置。为何呢？任何此类做法都会违反运动学说，因为在这种情况下，这一颜色将会处于某种"有序的安排中，并且持久，而不会在生成中产生出来"（153d8－e2）。为了详细说明这点，他们继续"遵循"（hepometha/ἐπώμεϑα；153e4）"刚才"提出的论点，这可能让人想起苏格拉底先前试图"跟从"或"紧追"普罗塔戈拉的论证（epakolouthēsōmen/ἐπακολουϑήσωμεν 在 152b1－2）。更早时苏格拉底依赖我们的日常经验，以遇风受冷来解释我们无法知道就其本身的风本身，或风就像它向每个人显现的那样因人而异，因此就加强了感知即知识的说法，但现在苏格拉底预设的不但有感知，还有运动学说，以解释在感知颜色的日常经验中"真正"发生着什么。简而言之，苏格拉底现在不会提供支持该学说的证据，而是将该学说本身应用于可感的性质的情形；假定运动学说就是真理，那么我们就必须认定它正发生在我们对颜色的感知的"背后"。或者，从关键的前提开始，如果感知是知识，那么感知白色就是认识白色；但这种感知，对这种感知的经验，并没有向我们展示出在我们经验"背后"的据说导致了这一经验的运动。然而，看起来本质重要的是提出这个关于可感性质的原因问题，或者我们对它们的经验的问题，尤其是在一场恰恰关注于知识的对话中。但是，当苏格拉底进而复杂地解释那些未被感知到的但要对我们的感知负责的运动，我们如何能声称知道他的复杂解释中的真理呢？我们肯定不能把它作为我们感官感知经验的一部分而来认识它。一定是出于这个原因,这一解释显然是苏格拉底要求泰阿泰德作出的一个"假设"(hypolabe/ὑπόλαβε:153d8;亦参 156e8 和 158e9)。

苏格拉底论证如下。对颜色的感知源于眼睛与所见事物的某种移动的碰撞,这一感知既不是进行碰撞的事物,也不是被碰撞的事物,而是某种居间的事物,"单独向着每个人[个人:idion/ἴδιον]产生出来的东西"(154a2)。颜色感知的这一解释可以说是重申而非解决了感知之谜,因为即使承认所谓的事实,但究竟是什么从眼睛里发出来与某种所见之物(什么事物?)相碰撞? 而且,反过来说,这些发出和碰撞的原因是什么? 无论如何,苏格拉底在下文中强调的只是感知的私人性质:泰阿泰德,你能着重坚持说(diischurisaio/διισχυρίσαιο),就像每种颜色在你看来是这样,[144]所以它在狗和任何其他动物看来也是这样(154a2‐3;另见 154a6 的 ischuros/ἰσχυρῶς和上下文)? 苏格拉底实际上是在问泰阿泰德,他是否绝对确定狗对颜色的感知和他是一样的,由此苏格拉底在做局,要导向否定回答,泰阿泰德提供了这样的否定回答,并以对宙斯起誓结束。仅在此之后,苏格拉底才把这同一个问题用于另一个人,也确实已向泰阿泰德本人提问太久了,现在泰阿泰德再次同意,尽管没有那么强烈。值得注意的是,泰阿泰德否认他自己对某一特定物体的颜色的感知方式会在时间的推移中有任何(any)持续不变性。这里我们或许发现有源自刚刚前面关于荷马的一节的持续影响,它为泰阿泰德提供了强有力的动机以接受运动学说,并因之接受苏格拉底在此所坚持的这一学说的后果。但是,如果这种对运动学说的美化的、"诗意的"的看法,足以激发泰阿泰德接受它——即去保存诸神和人类的世界——我们一定好奇,究竟是什么原因促使普罗塔戈拉来接受它,或作出所讨论的"假设"(亦参 155d6‐7)。这是一个我们必须在适当时候再次提起的问题。

在总结其论证的这一节时,苏格拉底回到"不是微不足道的逻各斯"所涉及的"无物是就其本身为本身的一"这一思想的部分——亦即对于事物及其性质的"关联性"的说法（153e4 - 154b6）。苏格拉底现在把迄今为止给出的三种例子结合起来（大、白、热：154b2；参见 152d4；153d9；152b3），一反普遍观点或日常用语，否定了这样的说法，即为了使得某事物在我们看来属于某一种（例如，大的东西），然后在我们看来又属于另一种（小的），该事物本身就必须经历一些变化（154b1-3）。假如说事情竟是这样的，即一块白色石头的白存在于石头之内，那么当这块石头自身没有发生过什么变化，它就始终自我呈现为白色——正如风的例子所表明，这可被证明是错误的。类似，苏格拉底也否定这样的说法，即在进行着测度或接触的事物（他现在用词是中性单数）其内在地就是大、白或热；如果情况是这样，那么，它本身没有发生任何变化（auto meden pathon/αὐτὸ μηδὲν παϑόν：154b5），当接近其他事物或其他事物以某种方式被它影响时，它不会变得不同。以这种方式，苏格拉底意在否认，"大"或"小"或"热"存在于被感知的或进行感知的事物之内（in）。这些中的每一个都不在任何特定的地方（154a1），可以这么说，而是"某种居间于"碰撞者和被碰撞者。这一点的假设性很清楚，如果我们比较它和之前关于风的结论，因为这里苏格拉底描述了某种一定发生于未被感知的事物（来进行碰撞的事物）身上的东西，[145]它导致我们感知到它们变化着的性质；而之前他曾指出的是，关于风本身之本身我们不能说什么，而是相反必须满足于清晰把握住风如何将它自身呈现给我们。

    直到现在（154b6），苏格拉底才明确回到普罗塔戈拉，这是自从他把普罗塔戈拉列入（几乎）所有的智慧者队伍中之后的第一次，那些智慧者们都认为，位移、运动与混合都是万物生成的原因，万物中的哪一个都无法正确地说为[常驻不变地]"是"着。我们现在被告知，普罗塔戈拉以及任何与他说同样话的人都会在这里争辩说，就目前的情况（nun/νῦν）或从日常的并不复杂的感官感知来看,"我们"在某种程度上出于被迫轻易就说出一些既惊人又可笑的事情。断言可感的性质存在于某一特定之处,这在普罗塔戈拉看来是"可笑"的,因为它最终将给世界上的事物设置一种毫无根据的固定性——(固定的)白色某物与另一个(固定的)某物相撞,从而产生了相关的感知——如果现在是白色的东西后来显现为灰色,那么它自身一定经历了某种变化,这就(再重复一次)意味着,这一颜色以某种方式存在于这个东西"之内"。但是普罗塔戈拉否认这一点。

苏格拉底向泰阿泰德提供一个"小"例子以澄清,在大多数人谈论感知的方式中,什么将会被普罗塔戈拉视为令人反感的东西。苏格拉底现在不再讨论热、颜色这样的可感的性质,转而讨论相关于数量和大小或体量的判断(他前已预见到新的对大小的强调[再次参 152d4-5])——这些判断似乎最不可能是运动的,或屈从于流动。这样,他就从讨论被称为(显然是)"绝对的"或"真实的"变化,转向讨论"相对"变化(一种"剑桥变化"[a cambridge change][1]):前面是说这块石头比它自身以前更白,现在则说这块石头比其中一块更轻但又比另一块更重。[2]换句话说,此前是关于感知的两部分论述,涉及的是产生感知的两个联合来源,现在苏格拉底则转向一个至少涉及三方的论述:一个感知者,两个需要相互比较的感知对象。苏格拉底的讲法如下。当六颗骰子放在四颗骰子旁边时,我们可以断言,六颗骰子比四颗骰子多,多一半;就像我

---

① [译注]英国哲学家吉奇(Peter Thomas Geach,1916-2013)创设的逻辑哲学术语,意指主体本身没发生变化,但主体与外界关系相比较发生了变化,例如,我今年是独生子女,而我明年有了弟弟或妹妹,就变为非独生子女,可是我本身没有变。

② 据波兰斯基所言,这段话取决于苏格拉底故意试图模糊或等同这两种不同的变化,以迷惑泰阿泰德,并由此来捍卫流动学说;尤其是关于大小或数量的判断,似乎这些对该学说威胁最大:"那些可以简单予以定量的特征,如大小和数量,是否可以化约为运动或独一无二地显现给感知者,这似乎都非常值得怀疑。但苏格拉底一定是这样认为的。"(Polansky 1992,91)

们把十二颗骰子放在六颗骰子旁边时,六颗骰子比十二颗骰子少一半。那么,这六颗骰子既更大又更小,既多出一半,又少了一半。以任何其他方式来说都不可接受。这里,我们的日常语言完全可靠,就像对骰子,它们的数量以及它们之间的恒定比例的感官感知是可靠的,前述的比较就依赖这一感官感知。[146](苏格拉底讲的不是作为抽象数字的 6、4 和 12,这些当然能被数学好的学生轻易理解,他讲的是世界上的日常对象)。然而普罗塔戈拉,或其他像他一样的人,可能会问泰阿泰德,如果不通过增加,有没有任何其他办法让一个东西变得更多或更大? 就现在所问的问题,泰阿泰德会回答说没有办法;但着眼于"先前的问题"(即关于骰子的问题)并防止自相矛盾,他会回答说有办法。泰阿泰德的犹豫不决可以追溯到这个事实,即六颗骰子相对于四颗骰子,以及相对于十二颗骰子分别发生了变化,即使它们仍然是六颗,而且比例或比率相同。因此,六颗骰子,正是因为保持原样或没有发生变化,所以先前更大,后来更小;六颗骰子因为没有发生变化,所以它们变了。骰子明显是固定的,但在我们对它们的经验中,却又同时令人不安地缺失了固定性。①

　　苏格拉底以一种非凡的方式赞扬了后一个回答:他称泰阿泰德为"朋友"(或"亲爱的"),并以赫拉的名义发誓,宣称这个男孩的回答很好,是神样的陈述。然而苏格拉底警告说,如果泰阿泰德说,某物不发生变化(不增加)但会变得更多或更大,这是(is)可能的,这就或许产生"某种欧里庇得斯式的东西":舌头不会被反驳,头脑则不然。因此,苏格拉底通过暗指《希波吕托斯》(612 行)就

---

　　① "对于作为分离物而既定给出的现实,明显为常识的观点会说'不',至于把现实看作是连续体而我们在当中要负责进行量度的观点则会说'是',正是在这种'不'与'是'之间的摇摆不定,解释了这一事实即'我们发现自己相当容易被迫做出超常而荒谬的陈述,正如普罗塔戈拉和每个同意他的人都会这么说'(154b6-8)。"(Desjardins 1990,188)

在认为,泰阿泰德的回答并不表明他的真实想法:他的舌头可能会通过同意普罗塔戈拉奇怪的论点而避免自相矛盾,但他的头脑不会。我们注意到,希波吕托斯的点倒与此不同,因为尽管他向菲德拉(Phaedra)的保姆发誓说,他不会泄露菲德拉对他有私情的秘密,但他说他只是用舌头而非头脑发誓。因此,如果他泄露了那个秘密,他将(只是)反驳他的舌头而非他的头脑。与希波吕托斯相反,泰阿泰德说话诚实;他的困难来源于这个事实,正如苏格拉底也这样说自己,他不"聪明和睿智",所以没有"检验[他]头脑中的所有事物"(154d8-9)。① 为了同时帮助他们自己,苏格拉底列出了三个都被同意的命题,这些命题将被表明是他们在灵魂中与自己"战斗":

1. 当与自身相等时,没有任何东西会变得更大或更小,无论是在体积还是数量上。

2. 没有被增加或减去任何东西时,所有东西都永远不会增大或减小,而是始终与自身相等。

3. 以前不曾[常驻不变地]是着的东西,如果没有已经生成和正在生成,就不可能在之后[常驻不变地]是着。

[147]泰阿泰德同意这些命题里的每一个,对最后一个命题的回答是最具试探性的("至少看起来是这样":155b3),对第二个命题的回答是最带强调的("完全如此":155a10)。然而,骰子的例子是为了颠覆这些显然的命题,就像苏格拉底现在补充的例子一样:虽然我以现在的年龄既没有增加也没有减少,目前比你这年轻的泰阿泰德要大,但一年之后,我会变小,尽管没有任何东西从我这块头上拿走,而你将会增大。换句话说,在保持自己等同于自己的

---

① 对《希波吕斯》以普罗塔戈拉尺度的格言为依据的一种解读,见 Lidauer 2004。

情况下,苏格拉底将变得更小,从而推翻了第一条共识。尽管苏格拉底没有明说以下这点,但我们可以推断,因为没有任何东西加到苏格拉底身上或从他身上拿走,他依然等同于自己——但他却变小了,因此也推翻了第二个命题。苏格拉底确实注意到,他是(is)后来——变小——他以前则不是这样的,尽管没有已经生成或经历了生成的过程。然而,我们倾向于坚持认为,没有正在生成(为某物),就不可能成为(了它);如果苏格拉底的块头没有任何损失,那么他就永远不会变得更小。然而他确实变得小了! 这显然推翻了第三个命题。

苏格拉底没有从这个做法中得出一个明确的结论。因此,就轮到读者要注意到,对第一个命题的削弱最没有新意,因为我们已经听说过,同一个东西在某个时候看起来更大,但在另一个时候又更小(我们现在可以加上"尽管保持与自身相等")——这些命题相关于我们通过与另一个事物相关联来把握一个事物的性质这一把握活动的关联性特点(152d2-6)。而且,苏格拉底在这里说的任何话都没有取消第二个因此也是中心的命题,至少如果按字面意思理解是如此:六颗骰子确实自始至终与它们自身相等,正如苏格拉底与自身也是如此,因为没有任何东西加到它们身上或从它们身上拿走;只有当加上限定条件,即所讨论的事物在相比于其他事物时(in comparison to other things)既不增加也不减少,第二个命题才会失败(所有三个命题都是如此)。那么,现在第三个命题,也就是泰阿泰德似乎最不确定的那个命题最值得关注。它的新颖似乎在于这个事实,即它特别关注"生成"。现在作为既定条件,六颗骰子和苏格拉底(他的块头)仍然如旧,通过与十二颗骰子或一年后的泰阿泰德相比较,就变得更少或者更小了,那么就完全可以说,前者没有经历过生成(的过程)就已经改变了。现在这整个探究的过程,我们记得是由普罗塔戈拉的蔑视引起的。那时,我们提出,他的意思是,日常的且显然幼稚的是依赖于固定"在那儿"的事物,作为固定的事物,我们对其有着稳定的通达途径——[148]但事实上,无物是一物,就其本身之为本身而言(153e4－5 及下文)。或者,回到更早之前的评论,苏格拉底在那里未能摆脱对动词"是"的依赖(152d8 和上下文),无论这在实践中被证明是多么困难。但现在对"生成"的关注——特别是在第三个命题中,也在第一个命题中(见 155a4)——表明它也可能有争议①,因为如果没有东西可以被说成[常驻不变地]"是"着,那么到底还有什么东西可以说它们是在"生成"? 说某物"生成",就仍然是在,或全因如此,把变化置于某个持续不变的且可被知是在持续不变的某事物当中;只有当可识别的某事物持续地存在于变化当中且贯穿于变化,才有可能说出这一变化,这完全不同于一系列新且分离的感知对象的涌现。普罗塔戈拉所反对的在"是"当中的固定性,也必存在于"生成"当中,因此"生成"对他来说一定和"是"一样矛盾。如果是这样的话,那么普罗塔戈拉批评日常语言,就对进一步揭开其秘密教诲负有责任,或者更谨慎地说,就为这种揭秘做好了准备。

与苏格拉底所说的三个命题紧密相连的这几种反思,正如苏格拉底正确猜测的那样,它们对泰阿泰德来说并不新颖,而且他回应说它们有时使他感到"眩晕"(155c10),这被苏格拉底委婉地描述为感到"惊奇"——这是哲学的唯一起点,如苏格拉底在这里的著名的说法(155c5－d5)。事实上,苏格拉底争辩说,让女神艾瑞斯(Iris)诞生自陶马斯(thauma 等于"惊奇")的这个谱系并不坏,这意味着他在这里将哲学等同于艾瑞斯(彩虹),人类和诸神之间的信使,其父亲陶马斯是俄刻阿诺斯和忒提斯的兄弟,其母亲厄勒克特拉(Electra)是俄刻阿诺斯和忒提斯的女儿(赫西俄德《神谱》

---

① 波兰斯基也接近于同样的看法,他说苏格拉底"真正地使流动学说激进化有他更广的目的",这在此处语境意味着"结果表明,所有生成仅当与其他生成相关时(with respect to other becoming)才成其为生成"(Polansky 1992,91,强调为波兰斯基原文所有)。

780 行；也见 Benardete 1986，107）："祖先俄刻阿诺斯和母亲忒提斯"诞生了诸神，也诞生了艾瑞斯，并因此诞生了哲学（152e7，180d2）。①换句话说，运动学说与哲学或哲学家相兼容，运动产生哲学和哲人；如果不是赫拉克利特和恩培多克勒，还有谁能配得上这个头衔？然而，如果西奥多洛斯的情况能说明什么，那么泰阿泰德再次感到的具体的晕眩似乎就不利于哲学。西奥多洛斯至少已经在同样的路上行走得更远，而泰阿泰德才刚踏上——普罗塔戈拉曾是西奥多洛斯的"老师"（179a10）——很久以前他就举手投降了，他对运动学说阵营中那些油滑得难以把捉的论证方式感到无法忍受而沮丧，他们用的逻各斯（logoi）是"徒劳的"或没有成果的（164e7-165a3；180b8-c5）；对于那些刚刚开始哲学研究的人，这样的论证一定显得非常粗劣，最终也就令人气馁：以这种方式追求真理，等于追逐高飞的鸟（亚里士多德《形而上学》1009b33-1010a1）。[149]相反，西奥多洛斯倾向于几何和数学的美妙的确定性，或者甚至倒向它们令人费解的谜（例如，147d3-6），这些至少有一个优点，即远离"麻烦"或"讨厌"之事，那些可是那样的人常常要给他造成的（170e1-3）。那么，年轻的泰阿泰德会变成什么样呢？相对于他崇拜的老师，在这种或那种哲学上奋力前行，或者也依然满足于几何学？正如对话的开篇指出，由于某场"战斗"（142b8）的结果，泰阿泰德的灵魂还在悬着，同样在这篇以他命名的对话录所记载的对话中，他的灵魂陷入了另一种战斗，这场"战斗"（154e2；181a1-3 和上下文）的一方是运动阵营，另一方则是那些像巴门尼德和梅利苏斯（Melissus）一样的人，他们则认为万物常驻，这场冲突预示着"如此多的危险"（181b5；亦参 153a2、155b4 和 165d5-e4 的军事用语）。鉴于对话最终未能达成一个令人满意

---

①　我不同意波兰斯基（诚然是试探性）的观点，据他所言，如果强调诸神的使者在这里所起的作用，"那么，似乎哲学把诸神而不是人作为事物的尺度"（Polansky 1992，96）；只有在诸神恰恰不作为尺度时，哲学，所有的哲学，才成为可能。

的知识定义,而普罗塔戈拉所代表的可能性似乎更多的是被放弃而不是被打败——就在这个时候,苏格拉底说,他们"还不"(not yet)屈从于普罗塔戈拉,说人是万物的尺度(183b7-c4,强调为作者所加)——我们有理由担心,泰阿泰德将不大可能在两个哲学阵营的战斗中看到自己的出路,就像他不可能在科林斯之战中看到自己的出路一样。他有可能从欧几里得的"麦加拉"到达苏格拉底的"雅典"吗?

苏格拉底现在开始一个小节,将完成他对普罗塔戈拉隐藏的逻各斯的解释,并在他宣布泰阿泰德最终生产了一个后代时,达到高潮(160e5-161b6)。引导这一节的全部内容的,是苏格拉底开始时提出的有些笨拙的问题:"但你现在是否明白,基于我们断言由普罗塔戈拉说出的东西,为什么[出于什么:di 'ho/δι'ὅ]这些事情具有这个特点?"(155d5-6)严格地说,这个问题所要问的,不是构成普罗塔戈拉言论即他的逻各斯的基础的那些事物的特征,而是为什么(why)这些事物是它们这样的。苏格拉底的问题指向的是,普罗塔戈拉出于什么动机要说他所说出的那些矛盾的东西。而且,苏格拉底现在提出要帮助泰阿泰德,在理解那位名人(普罗塔戈拉)或者说某些名人时解释那隐秘的真理:所说的隐秘真理为运动阵营所持有,因此并非独特的普罗塔戈拉式的。然而,它是(is)一个隐藏的真理,这意味着普罗塔戈拉不是唯一一个谨慎地或秘密地言说的人。因此,苏格拉底提醒泰阿泰德要注意,不要让那些门墙外的人偷听到这些"奥秘"(155e3 和 156a3)。这些门墙外之人假定,除了一字一句抓在手中的东西之外,就再无其他什么了,他们拒绝接受说,[150]行动(praxeis/πράξεις)、生成(geneseis/γενέσεις)以及那不可见的事物作为一个整体"在[常驻不变的]是当中"(in being)有一席之地(155e3-6)。似乎苏格拉底在这里排除了(泰阿泰德完全同意)头脑简单的或粗陋的唯物主义者。但是,由于苏格拉底接下来立即再谈运动,就很难看出所说到的"名人",

包括普罗塔戈拉在内,是除了唯物主义者之外的什么人:如果基本
事实是"万物"都在运动中,那么除了物质,还有什么可以在运动
中? 那么,也许令人反感的正是他们的唯物主义头脑过于简单,因
为他们似乎认为一切[常驻不变的]是着的事物都是可见的(这似
乎排除了例如原子论),他们仍然天真地谈论着"[常驻不变的]是
着(being)"(einai/εἶναι,155e4; ousias/οὐσίας,155e6)。①然后,他们
又明确地否认"产生"或"生成"的存在——而且,如何可能谈论那
些在"[常驻不变的]是"当中有一席之地的事物,却不接受这样的
思想,即这些事物或其中一部分已经产生了? 那么,也许是这些门
墙之外的人只把触觉作为首要的或根本的感觉,他们只坚持触觉
告诉他们的关于这个世界的东西,或者毋宁说,是触觉与"可见"的
东西一起,即使日常语言要求人们不得不说"[常驻不变的]是着"
的东西。也许正是出于这个原因,那些希望把自己限制在他们可
以触摸(和看到)的东西上的人,在很大程度上就不受缪斯女神们
的眷顾:他们缺乏某种精微。然而,他们在拒绝"生成"的同时,也
提醒我们"生成"的重要性,这在紧接的上一节中已经提出过。相
比之下,"名人们"显然接受了(除其他事物之外)"生成"的事实。
普罗塔戈拉也接受吗?

　　在阐释那些"更优雅"人士的奥秘时,苏格拉底从他们所依赖
的原则开始,"我们刚才所说的一切"大意是:"一切是运动,而且除
此以外没有别的。"(156a2-5)我们现在知道,有两种运动或变化
"形式"(forms)(eidē/εἴδη),每一种的数目都是无限多的:一种是
有能力(dunamis/δύναμις)去发动或做(即主动运动),另一种是去
遭受或经历(即被动运动)。因此,该学说就取决于在事物中设定
潜能(dunamis/δύναμις),这不同于比如"麦加拉"学派。这两种运

---

　　①　在这个语境下,克罗波西谈到"普罗塔戈拉不需要对世俗唯物主义的粗糙性
负罪"(Cropsey 1995,38)。

动的互动和摩擦就产生了无限多的后代,但它们总是绑在一起的一对或双胞胎:可感知物和感知,感知总是与可感知物一起消失,并一起产生。尝试基于运动普遍性来解释我们的感知,部分地依赖于我们的经验,因为看来是真的是,可感知物(白的石头——预计有的一个例子)和感知(看到那块白色石头)总是同时出现,或成对出现:未被看见的白色石头对我们来说既不是白的,也不是石头,看到就总是看到某种东西(something)。[151]而且,提出这两种运动形式,就意在解释看的(主动的)行动者和被看到的(被动的)受动者之间的明显差异:如果"万物"都在运动中,那么行动者和受动者,感知者和可感知物,也必须在运动中。既然"运动"这个类别可以进行划分,正如我们现在必须假定它可以划分一样,那么就可以由此来解释那些必须加以说明的现象。我们当然不需要求助于运动以外的东西,来解释可以说是同属感知的两个部分:在感知经验中的可感知物和感知者的联合。

苏格拉底再次依靠我们的日常经验前行,"而这些感知对我们来说有以下几种名称:视觉、听觉、嗅觉、寒气和热气,当然还有快乐、痛苦、欲望和恐惧"(156b3-5)。这份清单已经显示了"感知"涉及的复杂性,因为前五个例子包括视觉、听觉、嗅觉和触觉的能力(由于某种原因,味觉被排除在外[参考157c3;159c11-21和上下文;185b10]),但把快乐和痛苦包括在内,就已经引入对特定感官感知的"赤裸裸的"经验的反思——这是一种令人愉快的气味,那是一种不愉快的寒意——在此基础上,又有了对欲望(对于未来的某种快乐)或恐惧(对于未来某种痛苦)的构想。在触觉、快乐和欲望中起作用的"感知"并不简单相似,最后一个知觉最不能直接被归结为感官感知,而且不需要对它有现在的经验。即使是现在摆在台面上关于"运动"更微妙的说法,它能完全说明这样引入的多种"感知"吗?

接下来我们了解到,这些名字"对我们而言"不过是冰山一角:

无名的感知是无穷的或无限的，无论有名字的感知有多少。然而，苏格拉底提炼了一个普遍准则，或指出一个事实：只要有感知，可感知物本身就会与它——属同一类或种（homogonon/ὁμόγονον：156b7–c1）——相关的感知（各种颜色与视觉，各种声音与听觉等等）一起产生。这样来设定尚未被我们命名的无限的"感知"，这令人震惊，因为作为结果，我们对它们似乎没有任何说明或定义，没有任何逻各斯。但如果是这样的话，那么我们怎么能知道或者了解它们呢？它们的存在是否只是从确由我们所命名的感知的例子中推断出来的呢？但是，正如苏格拉底在这里指出的，要有任何感知，就必须同时存在感知的双亲，或者它的共同生产者：感知者和可感知物。谁或是什么在感知这里提到的无名的感知呢？或者是否有一种未可命名的我们可得的感知，它先于所有命名，先于所有的语言或逻各斯？也许正是出于这个原因，或者说类似的原因，苏格拉底现在把他这部分论述停下来，转向泰阿泰德且问他［152］"这个神话对我们意味着什么？"苏格拉底这里把一直被他称作普罗塔戈拉的逻各斯的说法贴上"神话"的标签：其地位是一个或多或少可信的故事。那么，在《普罗塔戈拉》和《泰阿泰德》中，智者将一个逻各斯（logos）与一个神话（mytho）相结合，或者说他的逻各斯中包含一个神话。

当泰阿泰德无法回答苏格拉底的问题时，苏格拉底就自告奋勇来答。这一神话的意思是，"正如我们所说"，所有这些事物都在运动中，但它们的运动（或变化）现在有快速和缓慢。这个快速和缓慢运动（或变化）的区分显然要映射到之前主动和被动的区别上；无论如何，缓慢地运动或变化的东西——白色石头——在同一个地方保持着它的运动，并且相对于靠近它的事物来说是缓慢的，但那由此产生的东西却更快，因为所说的运动移动了（pheretai/φέρεται）并且自然地改变着位置（phora/φορά）：白色物体本身可能确实只是非常缓慢地改变或运动，但看见白色的视觉，或被感知的白色却移动得（更）快。这一点被苏格拉底现在再次举出的例子，即颜色的例子（回顾 153d8-154b6）所证实。每当眼睛，或任何其他与之相称的东西（他指的是光吗？），接近所看到的东西，它就产生白色以及由之自然产生的感知（sumphuton/σύμφυτον）。也就是，在那一刻，视觉（来自眼睛）和白（来自那共同产生出白这一颜色之物）就在眼睛与对象物之间移动；那么，眼睛里就充满了视景，并且生成，不是视景，而是一个正在看见的眼睛。（我们只能通过反思我们实际看的经验来谈论"视景"：在我们里面的其他东西——苏格拉底之后将称其为"灵魂"——可能不仅意识到白色，而且意识到在看见的眼睛，当它看到了石头的白色。）同时，那个帮助产生白色的东西也"填满了"白色，并且成为白的，不管它是"棍子、石头或者任何其他东西"。而且，苏格拉底指出，必须在其他情况下做出同样的"假设"（hupolepteon/ὑπολητπτέον：156e8），在坚硬或温暖的东西以及所有其他东西的情况下。没有任何东西本身之本身是单独存在的，而是在它们的相互关联中，万物从运动中产生并生成各种类型的事物，因为"正如他们所断言的那样"，在某一特定情况下不可能以坚定的确定性（noēsai/νοῆσαι ... pagios/παγίως）把主动者和被动者设想为某一单个的东西是着（einai ti/εἶναί τι）：主动和被动，感知（或感知者）和可感知物，只在一起是着（are），从未相互孤立，小到例如凸面和凹面也一样。苏格拉底还补充说，现在主动者在与其他东西结合时可能本身也会发生变化，或者成为他者行动的被动接受者。因此属于两种 eidē（运动形式）的每一运动个例也都是在动态中。然而，可以说 eidē 自身是稳定的，至少当正在设想的头脑思考着无尽动变时的运动时是如此。

　　[153]苏格拉底现在为普罗塔戈拉和其他"名人"的神话-逻各斯（mythos-logos）提供了一个全面的总结，这值得全文引用：

　　　　作为几乎所有这些事情的结果，这是我们实际上从一开

始就在说的东西：无物是就其本身为本身的一，而总是为着某
个东西而生成着，必须从任何地方都去除掉"［常驻不变地］是
着"——并不是说我们以前未曾被迫多次，甚至就在刚才，出
于共同的习惯与缺乏知识而使用着它。但是，一定不能这样
做，正如智慧者的逻各斯所言，也不能承认有某些确定的东西
（ti/τι）在［常驻不变地］是着，无论它是"某个人的"还是"我
的"，是"这个"还是"那个"或任何其他使事物停滞的名称。相
反，必须遵循自然说有"正在生成"和"正在被生产出"（po-
ioumena/ποιούμενα）以及"正在灭亡"和"正在改变"的［实
例］——理由是，如果有人通过逻各斯使某物固定，这样做的
人很容易被驳倒。人们必须以这种方式说话，无论是涉及部
分，还是许多被放在一起的东西，在这些聚集的东西里，人们
放置有"人类""石头"，每个动物和形式（eidos）。（157a7-c2）

　　苏格拉底刚下的这个结论的激进性不只是从结尾来看显而易
见。苏格拉底以"智慧者"的名义明确否认，"遵循自然"（见157b6
和156d3）有任何（any）等级、形式或种类：除了在人类语言的成分
里，没有任何可知的形式！只有或最多只有不断变化的感知的"聚
集"，这些感知则是转瞬即逝地击中正在变化中的感知者，对此我
们则为着我们的目的加以命名。例如，依赖于"石头"这个类别的
存在，苏格拉底在这里讲述对颜色的感知时，就最终揭示了根本不
存在"石头"这样的东西，因此，以这种方式说话，就是通过语言欺
骗性地使世界停止下来（比较156e6和157c1，更一般性的，比较
156c6-157a7的叙述与157a7-c2的结论）。那么很明显，甚至关
于运动的两种形式，都无法严肃地谈论说它们在自然中或依据自
然而存在。这里的困难，当其与感官感知相关时，部分在于试图解
释感官感知的原因时，苏格拉底不仅被迫求助于眼睛和石头，而且
还有来自感官对象的"白色"（156e1），这一对象共同产生了对"白

色石头"的感知。但是,如果(石头的)"白色"恰恰是互动过程的结果(result),它不可能作为即将发生的过程中的一种成分而同时已经存在着:[154]说"白色"来自石头并使眼睛充满白色的景象,这是对某种事实上保持着神秘的东西进行命名,从而也是将其分类。

这里,我们可以对迄今为止所涉及的一些立场进行审查。智慧者们,其中包括普罗塔戈拉,主张运动的首要性,并且以此思考直到其终点。为了跟踪他们,让我们从苏格拉底阐释普罗塔戈拉的逻各斯-神话(logos-mythos)时提出的命题开始:感知即知识。苏格拉底立即将其与这位智者的著名逻各斯,即人是尺度相提并论。开始时两人都没有提及运动。对于大众,普罗塔戈拉公开说,我们无法通达事物"本身",而是在它们可为我们感知的范围内的某些方面,我们仅有那必然是个人私有的感知,或者只有专属于感知者个人的感知。感知是对每个人来说的知识,因为对每个人来说,不可能否认他所感知者为真;感知即知识,每个人在其内部都有,或者说,每个人就是一个无可怀疑的感知尺度。那么,对某个人来说的"看起来"或"显得"就是对他来说的"是"。也许这一点可以公开讲授,因为它可以带点谄媚地呈现给每个人,在普罗塔戈拉的时代亦如在我们的时代:没有人可以否定你的经验、你的判断。然而,在此之外,普罗塔戈拉在私下里对他的学生声称,我们认为存在于事物内(in)的可感性质("这块石头很重")根本不在事物内,不仅是因为所有这样的感知不是(are)在一个地方——它们只是在我们从被感知物那里不知道什么和我们从感知者那里不知道什么的短暂结合中产生——而且还因为根本就没有"事物":无物常驻,而总在生成(即变化或运动中)。而这又反而意味着,就我们所能知道的而言,世界上没有恒定不变的事物,具有着随时可以并等待着被感知的恒定不变的性质;这又意味着,没有任何恒定不变的感知者,随时可以把(固定的)世界带入视野(再看 152d7 第一次提到运动,这与第一次断言"[常驻不变地]是着"的不可接受性相一致）。感知配得上被称为知识，其条件恰恰是感知的经验摧毁了"世界"的明显固定性，不然这种固定性就会建基于知识的主张，使后者大大超越出这样的感知。那么，"感知即知识"这个说法就立即表达出，我们不可避免要依赖感官感知，以及作为结果我们的知识惊人地有其限度。被给予我们之物，其真正的确定性，其真理，就在感官感知之内，并要通过感官感知，这样的确定性亦即真理也被表明是我们通达"这个世界"，一个带着明显固定的形式或种类的世界的唯一（only）途径；这样一个世界是人类"制造"的产物，而非源自一个恒定不变的观察者纯粹且恒定不变地接受持续存在着的恒定不变的类别或形式。那么，"感知即知识"是因为万物皆在运动中。对这种运动，每一个个体的人类都必然是其尺度。

[155]苏格拉底马上就会以自己的名义提出对于这个观点的保留意见——然而保留意见将立马得到反驳。结果是，苏格拉底将被允许对这节作一个全面的总结，正如我们注意到的，这一节最终以宣布泰阿泰德生下一个后代而达到顶峰。但在苏格拉底做这些事情之前，一次简短交流（157c1‐157d11）的介入，被证明对整个讨论来说很重要。在那里，苏格拉底想知道，泰阿泰德是否觉得这些东西是"快乐的"（或令人愉悦），他问道："你会把它们当作令人满意的东西来品尝吗？"（157c2‐3）换句话说，刚刚简要描绘的立场是否符合泰阿泰德的喜好，对他的口味吗？（这里回到被忽略的味觉，至少在比喻的意义上。）也许是为了与这个学说的精神保持一致，其核心现在才得到阐明，苏格拉底不是问泰阿泰德认为它是真的还是知道它是真的，而是问它是否令他愉快：如果"真实"一定最终只意味着"对你来说真"，并因此"被你所感知"，那么判断的有效标准就很容易变成快乐，因为去感知某物当然就是去知道它，但不一定喜欢它；我们记得，给定的某一阵风可能是（被感知为）寒冷或清爽的。无论如何，正如我们在《普罗塔戈拉》中看到的那样，这位智者自我理解为一个享乐主义者。

泰阿泰德这边则不确定,因为他不知道苏格拉底是在陈述自己的观点,还是在"测试"他——一个未能回答苏格拉底问题的反应。作为感知智慧者的逻各斯的结果,泰阿泰德当然知道,他正在感知这件事是否快乐:对泰阿泰德来说,感知难道不是知识吗?苏格拉底提醒这个男孩,他自己在智慧方面是贫乏、不生育的,而且他只能在泰阿泰德的观点被提出来之后才能研究它,他劝泰阿泰德"勇敢地"或"有男子气概地"回答(157d4-5)。泰阿泰德接着以自己的名义同意了苏格拉底现在提出的命题,这显然是为了与刚才给出的叙述一致:没有什么确定的东西(ti/τι)[常驻不变地]是着,而"好的和高贵的,以及我们刚才谈过的所有事情"都"始终在生成"。我们记得,在他讨论荷马的上下文中,苏格拉底已经在关于运动的讨论中引入什么是好与坏,尽管那里恰恰是运动保存了好,并杜绝了坏;现在,并且是第一次,苏格拉底也谈到了高贵(或美好:kalon/χαλόν)的东西。(事实上,他们根本就不是在"刚刚谈到过"什么是高贵的:苏格拉底把这个额外的想法暗暗塞进对话中。)在欣然同意这个新表述时,泰阿泰德毫不犹豫地同意把不只是"重"或"白",[156]还有"善好"和"高贵",也都投入到流动之中——这些性质,例如欧几里得和特普西翁就确信,刻画了正饱受战争之苦的泰阿泰德的特征(142b7;比较 143e8)。简而言之,泰阿泰德仅在刚才放逐了"道德"。从上下文中可以清楚地看出,泰阿泰德并不了解他刚刚迈出的这一步的严重性。

第五章

做梦的人和疯子，猪和狒狒：
对普罗塔戈拉的挑战（157e1–162d2）

[157]运动学说的重要道德后果暴露无遗，泰阿泰德对该学说的接受现在也得到保证，然而苏格拉底并没有点明这一点——至少不明显。相反，他做了他现在才做的事：批评普罗塔戈拉。这是对话中的一个转折点。苏格拉底继续讨论一些迄今为止他们在处理该学说中遗漏的东西。回到开头的前提，即"感知即知识"，苏格拉底认为，事实上，当我们在做梦，或受某种疾病包括疯癫的困扰时，我们会错听或"错看"或出现其他方式的误解。结果，看来就不大可能是，事物显示给每个人的样子就必然是它们所是的样子；相反，这些事物在这种情况下显示出来的都不是它们所是的样子。简而言之，既然做梦的人和疯子的感知显然是假的，这样的感知就不能是知识。这种反对大概并不否认做梦的人感知到的东西对他来说"是"什么，例如噩梦的力量来自这样一个事实，即有关的意象或想象对做梦者来说似乎完全真实。相反，这种反对必须回到所有其他清醒的人所居住的世界：梦中想象的东西不在通常所理解

的世界中,也不能为其他人所感知,因此不是[真实的]。

　　鉴于这明显相当有力的反对普罗塔戈拉关于感知的论点,泰阿泰德自己承认他无法争辩这个事实,即"那些疯狂或做梦的人所认为的并不正确,每当他们中的一些人[hoi men/οἱ μέν]认为他们是神,另一些人[hoi de/οἱ δέ]认为他们有翅膀并在他们的睡梦中认为自己在飞行时"(158b1-4)。这里泰阿泰德把那些认为自己是神的人和疯子放在一起,作为一个类别或子集,[158]而把那些认为自己有翅膀和在飞行的人与做梦者放在一起(比较一下 Sachs 2004 同样地方对此的错误翻译)。苏格拉底抓住了后者,并首先追问:能有什么证据来证明,我们在清醒和梦境状态之间的区别,尤其是我们的灵魂清醒和睡着的时间相等,有何证据来坚持认为它在两种状态下的所有意见都是同样真实的? 苏格拉底在这里夸大了区分清醒和做梦的困难,至少从他奇怪的断言中看出,即我们睡觉的时间与我们清醒的时间相等。①事实上,我们清醒时经历的时间是我们睡觉时的两倍,即使真理的标准不能是有关感知的长短(158d11-e1),我们感知到这个事实,即我们在一种方式下感知世界的时间是另一种方式下的两倍,这应该意味着什么。只要我们在睡觉和做梦时想象我们是醒着的,因此不是在做梦,恰恰是做梦的状态在向清醒的状态致敬。此外,"彼此对话"(158c1 和c5)在这里作为一种测试案例,难道不是作为一种"主体间的确定性"提供了一个机会,让我们与另一个人核实某个对话是否发生过? 至于苏格拉底接下来提到的"疾病和疯狂",他只是说,一个人经历它们中的每一个及其相反者时,在时间上并不相等——这个事实在上下文中来看对于区分真假状态并不重要,但似乎并非全无重要性。为什么不更多地重视通常的、典型的、反复的和可重复

---

　　① 如克罗波西所评论,"当苏格拉底宣称……做梦这件事所提出的困难很要紧,因为人们一半的时间都在睡觉,我们就开始怀疑他这一论辩是有点临时性的"(Cropsey 1995,39)。

的以健康为特征的经验呢？而且，在这里提出关于做梦、疾病和疯狂的挑战，苏格拉底就在预设，恰恰基于感知，我们可以通达清醒、健康和理智[的状态]。如果没有我们对后者的反复接触，前者就毫无意义。而且，求助于我们醒来时还会记得的在睡梦中经历的体验，这显然不能说明感官（sense）知觉的真假：当我们梦见自己在飞行时，记忆和想象可能在起作用，但感官知觉却没有（例如参见 158d3 的 dogmata/δόγματα）。尽管泰阿泰德有回应，但苏格拉底在这里的论点缺乏说服力——无论普罗塔戈拉本人是否会作出我们所提出的反驳。最后，我们可以注意到，尽管苏格拉底确实提到了疾病和疯狂的情况（158d8），但他并没有采用泰阿泰德那些相信自己是神的人的疯狂实例。

在紧接的章节，苏格拉底转而辩护感知即知识这一普遍想法。因此他定下一个模式，此后他在对普罗塔戈拉的讨论中都将遵循——对智者的批评之后，接着反驳这一批评。苏格拉底这样开始。[159]任何完全不同的或与另一事物"全部不同"（158e10）的事物，在任何方面都不会有与另一事物相同的力量或能力，因此也就与它不相似。然而，如果它碰巧变得与某物相似，或与某物不相似，无论是事物本身还是另一事物，那么我们将断言，在变得相似时，它是同一事物，在变得不相似时，它是不同的事物。这里出现了论证的困难。如果某物完全不是另一物，它肯定与后者不相似，但这并不意味着一物不相似于另一物就会因此完全不是或不同于它，正如一个东西与另一个东西相似，但并不因此就变得相同于它所相似的东西。这样的逻辑显然有缺陷。由此苏格拉底被允许从泰阿泰德（正如我们将看到的）那里获得这样的共识："健康的苏格拉底"与"生病的苏格拉底"没有任何共同之处，或者说两者完全不同，其中一个苏格拉底在他的状况中所感知的东西，与另一个苏格拉底在他的状况中所感知的一样真实。感知恒为知识。

然而，尽管存在逻辑上的混乱，是否有办法认真对待苏格拉底这里的命题？申明世界上有些东西与其他"完全不同",这可能伴随着对巴门尼德的否定,按照他的说法,世界是一个整体且静止不动(183e3-5),在这个意义上,所有的东西在它们不同类别或种类的相互关系中彼此关联,当它们被心灵感知时,它们共同构成了世界。或者,作为同一硬币的另一面,苏格拉底在这里的论证显然是为了部分地肯定感知和知识是等同的,该同一性与运动论一起得到理解:我们已经得知,没有什么类别或种类,除非是语言的误导,因此,所有"事物"都是短暂即逝的,甚至是作为唯一表象呈现给一直在(如果是缓慢的)变化着的感知者。

无论如何,苏格拉底这里的主要任务是引出所有表象的短暂性这一事实。他现在重复了这样一个命题,即主动的事物(或运动),像被动的事物一样,是无限的(比较 159a10-11 与 156a5-7),而当不同的事物与不同事物混合时,产生的不是相同事物,而是不同的(hetera/ἕτερα)事物。苏格拉底在这里的例子与品味有关,而非看得见的颜色:苏格拉底在健康时所品尝的酒尝起来(因此"是")甜,但他在生病时所品尝的酒尝起来(因此"是":159d5)苦。(品尝,与触觉和嗅觉一起,并与视觉和听觉相反,似乎最不容易出错。)酒与"健康的苏格拉底"短暂即逝的互动产生了对甜味的感知,但当由酒发出的东西遇到"生病的苏格拉底"时,[160]其所发出的东西不仅与之前不同,而且所遇到的东西也不同,因此就产生了不同的感知——同时也在被动的苏格拉底身上产生了变化。(例如,未感知到酒的"生病的苏格拉底"与感知到酒的"生病的苏格拉底"不同,更不用说反复感知到许多酒的"健康的苏格拉底"了。)"健康的苏格拉底"在这里被说成不是因此也不同于,即完全不同于"生病的苏格拉底";他不是"同一个人"(见 159d7-9;160a5-6)。

这个论点难以接受,原因相当明显。即使在陈述这一论点时,苏格拉底被迫两次提到"苏格拉底",这肯定意味着从"健康的苏格拉底"到"生病的苏格拉底"的变化中,某种东西(something)一直

存在和持续着——这一想法恰恰与我们的生活经验或感知相一
致。至少，"健康的苏格拉底"不是一个常态吗？——因为"每当
（whenever）我在健康时喝酒，它对我来说愉快且甜蜜"（159c11-
12，重点为作者所加）。如果被迫承认，酒遇到的苏格拉底与健康
的苏格拉底不一样，因此是一个"不一样的人"，至少基于苏格拉底
所说的前提也必须承认，当酒遇到与自己相似的苏格拉底（他仍然
健康），它遇到了"同一个人"（参159a6-8和d7-8）？此外，苏格拉
底这里利用"整体"（holon/ὅλον）一词的模糊性：某个"整体上不同"
的人（参泰阿泰德在159b6-7的表述）并不仅仅因此就"完全不
同"，即使他在各方面都不太算是"同一个人"。

　　然而，我们必须努力在脑中牢记那诚然难以在脑中牢固不变地
记住的东西，亦即，万物都在运动这一恒常特性，感知者的与被感知
者的，或者"事物"的无穷无尽的各种碰撞，这些碰撞本身就在不断
变化，因此不断产生新的感知，并随之产生新的感知者（159e7-
160b4）。而且如果我们这样做，苏格拉底在这里勾勒出的立场即
使非常奇怪，似乎还没有被驳倒；要记得的是，在这个大背景下，苏
格拉底曾呼吁运动论的反对者拿出"证据来证明"（tekmerion apo-
deixai/τεκμήριον ἀποδεῖξαι）一个特定的论点（见158b9）。例如，那遇
到健康的苏格拉底的酒，实际上是遇到"某一个"（而不是"那一个"）
健康的苏格拉底：当他遇到某一杯（而不是"那一杯"）酒，那个我们
标为"苏格拉底"的感知集群（hathroismati/ἀθροίσματι：157b9-c1）
将发生变化，如果不是在可感知到的拥有健康这方面，那么就在其
他方面。最重要的是苏格拉底现在得出的结论：

　　　　[161]那么我认为只剩下这样：如果我们是，则我们为着
　　　　彼此（for one another）而是，或者如果我们生成，则我们为着
　　　　彼此而生成，因为事实上必然性把属于我们的存在（the be-
　　　　ing）捆绑在了一起[hemon...ten ousian/ἡμῶν... τὴν οὐσίαν]，但

被它捆绑在一起的不是任何别的东西，甚至反过来也不是我们自身。因此，剩下就是，它把我们彼此捆绑在一起。结果，如果有人把某个东西称作某一确定的东西（as being some definite thing）[einai ti/εἶναί τι]，他就必然要说，它是为着（for）某人的，或属于某人的（someone's），或相关于（in relation to）某事物的。但，正如我们刚才进行的论证所表明的，他不应该说——也不应该接受别人这么说——任何东西要么是，要么生成为，本身中的本身。（160b5-c2）

这个我们理解事物的"关系性"特征的有力说法很重要，原因有几个。首先，它明确把"生成"，而不仅仅是"是"（being），囊括于流动或运动之中：没有什么"本身中的本身"是或生成（or becomes），相反，仅仅在与其他事物的关系中是或生成（or becomes），这些其他事物也并非"它们本身中的本身"。之前暗示或提示的东西（回顾155c1-4）现在成为正式学说。此外，这里在持续不断运动的混沌中设定"必然性"（anangke/ἀνάγκη），这非常惊人；它似乎意味着，从根本性的混沌中，从白噪声中——它显然在通过感官感知所给予我们的世界的"背后"——我们此时此刻可以辨别出，在我们自己，或者说就"我们"是我们感知之所在而言的自己，与如此感知的"事物"之间的必然关系。必然不能在就其自身为自身的孤立中谈论某事物，而总要"在相对中"谈论——即"相关于某事物"（pros ti/πρός τι：160b9），或关联于某人（回顾147b10-c6泰阿泰德关于黏土的立场，本段在一定程度上在证明它。比较147c6的hotou/ὅτου和160b9的tinos/τινός）。那么，有一种必然性甚至参与到"相对主义"中；这种相对主义显然没有消除一些可察觉的必然性（我们把握事物的关系性特征），或它因此是一种哲思：它本身表达一种必然性，这种必然性不可否认地紧密相连于感知者的存在。最后，我们注意到，苏格拉底在这里表示，这一立场使人们有理由拒绝任何人说的,某事物要么是,要么生成为它本身中的本身;所有这样说的人仍然陷于日常感知中,因为他们没有足够认真地对待日常感知,即作为知识的感知。

就在苏格拉底最终转向宣布泰阿泰德后代的诞生之前(160e5及以下),他提供了一个宏伟的结论,把(1)泰阿泰德、(2)荷马和赫拉克利特以及(3)普罗塔戈拉放到一起。[162]这么做时,他确定这三组虽然肯定有联系,但并不等同:"因此,你完全是高贵地指出,知识不外乎感知。"因此,苏格拉底回到了泰阿泰德最初的表述(比较 160d5-6 和 151e1-3):

> 而且,碰巧到了同样的观点,根据荷马和赫拉克利特以及整个这一群体的说法,万物都在运动,像溪流一样;而且,根据最智慧的普罗塔戈拉的说法,对于万物,[一个]人是[一种]尺度;而且,根据泰阿泰德的说法,这些事情既然如此,知识就成了感知。[①]

现在,这种论证方式意味着要为普罗塔戈拉的立场辩护,苏格拉底在此提醒我们,就知识或真理而言:

> 因此,对我来说,我的感知是真实的——因为它总是属于我的存在[tes gar emes ousias/τῆς γὰρ ἐμῆς οὐσίας:160c7-8]——而且我是[某一名]法官,如普罗塔戈拉所说,既判断为我而存在的事物如其所是,也判断为我而不存在的事物如其所不是。

---

① 古希腊文中这最后一个从句模糊不清,因为它在不定式之前有两个宾格名词,使人不太清楚哪个名词作为主语,哪个作为谓语:knowledge comes to be perception [知识变成感知](Benardete 1986;McDowell 1973)或 perception comes to be knowledge [感知变成知识](Cornford 2003;Saches 2004)是可能的翻译。

他接着问道："既然我没错，而且在我的思考中没有失误，那么，当涉及有关是的或生成的事物时，"——这里苏格拉底再次增加了生成这一范畴——"对于我实际上是其感知者的事物，我怎么可能不是它们的一个知识者呢？"（160c7-d3）这样，结合普罗塔戈拉的论证，即人是（处于不断运动之中的）万物的尺度，苏格拉底就证明了这一指导性的前提，即"感知即知识"。但是，对那些在梦中相信自己会飞的人，或者更重要的是，对那些相信自己成神的疯子，这一切或其中任何一点如何构成回应？答案似乎不可避免：如果你自己成神，并且这种感知为真，那么它就是知识，对你来说的知识。感知到你自己是一个神，就是关于此事有知识，至少在你感知到它的时候如此。它"对你而言为真"。①但一个为了好好生活而寻求知识的人在科学里或从科学中寻求的，不是比如说开心娱乐，而是一种值得被称为完全属人的生活的核心，这样的回答怎么能让他感到满意？这真的是普罗塔戈拉，或代替他的苏格拉底，所要说的全部吗？哲学的顶峰在于尊重疯子——不，是所谓的疯子——他们对世界的通达肯定不同于，但并不低于，我们自己？也许普罗塔戈拉会回答说，如果我没有感知到你是一个神，而是一个人，那么这种感知对我来说为真：我没有任何同意你的感知的必要。因此，一个疯子的感知，虽然不低于我们自己的感知，但也并不更高。这种尊重，与其说是对疯子的尊重，显然不如说是对个体感知首要性的尊重。我们将有理由和苏格拉底一起回到这个论点上。

[163]紧接着的部分表明，苏格拉底并没有完全忘记那些自称

---

①　"不是说，任何经验都可能是一种梦的幻觉，因此为假，而是说任何经验都和其他经验一样有权利被认为是真实的；所有经验都一样，对拥有它们的个别主体来说都为真，不管它们是在什么条件下发生（做梦、发疯等等）"（Burnyeat 1990,18）。塞德利也如此说，"在157e1-160c6关于错觉的段落中，所有错觉，甚至是梦，都暗（implicitly）含于真实感知的标题下"（Sedley 2004,97,强调为后加）。

成神的人所提出的奇怪问题,因为他提供了一些他自己(而不是泰阿泰德,尽管有 161a7‒b6)对普罗塔戈拉的立场感到疑惑的东西,与后者在《真理》一书开篇的论证有关:为什么普罗塔戈拉不在那里说,万物的尺度是猪,或者狒狒,"或一些其他更奇怪的有知觉的东西",以至于他本可能以一种高谈阔论和非常轻蔑的方式开始对我们说话,指出尽管我们因他的智慧而敬仰他"如一个神",事实上,就审慎或理解力而言,他并不比一只蝌蚪好多少,更不用说比之其他人了(161c3‒d2)。既然在人类之下有可进行感知的生命,那么在我们之上也有可进行感知的生命:比狒狒"更奇怪"的生命,很可能是诸神。当然,鉴于普罗塔戈拉的智慧,我们曾(错误地)认为他是一个神,因为神本身有智慧。那么,为什么普罗塔戈拉唯独说人是尺度,以区别于其他那些更高级或更低级的生命? 因为我们已经有理由注意到,柏拉图《法义》中的雅典异乡人认为,正是神才是尺度,而不是"某个人"。而且,可能更糟糕的是,普罗塔戈拉的立场破坏了他自诩有智慧的说法,因为如果每个人都是唯一的,因而也是最好的判断者,无论他通过感知有什么观点,而且每个人认为的一切对他来说都是"正确和真实的"(161d7 和上下文),那么,每个人实际上是他自己的智慧的尺度。这里我们也可以看到,泰阿泰德和苏格拉底之间第一个实质性共识有着挥之不去的后果,根据这个共识,知识即智慧,因为我们现在可以说,感知者正因感知而知道,并因此是智慧的。无论如何,有什么可能的依据,可以让普罗塔戈拉声称自己有超凡智慧——即比其他大多数人更有智慧——并理所当然地值得他人以大价钱来听教导? 他有什么可能的依据可以自诩甚至比一只会感知的狒狒更有智慧,或声称在智慧方面可以匹敌于一位神,就像我们倾向于认为他是如此的那样?

　　那么可能又是这样的情况,正如苏格拉底现在大声问道的那样,当普罗塔戈拉说每个人都是其智慧的尺度时,他是在以一种取

悦民众的方式说话吗(ad captandum vulgus/demoumenon legein/
δημούμενον λέγειν；161e4；Lee 1973，241)？ 显然，它在献媚让人确
信自己绝对有智慧。这种可能性或许就与《普罗塔戈拉》中出现的
这个人的势利相连，这也是为何苏格拉底肯定想知道，普罗塔戈拉
的《真理》一书是否"在开玩笑"，当这话说出了在其"内部密室"所
说的东西。可以肯定的是，如果普罗塔戈认真对待智慧的普遍性，
那么苏格拉底自己的助产术——[164]一种现在被他等同于"完全
倾注于谈话"的艺术或辩证法（dialegesthai/διαλέγεσθαι)——将会
是可笑的，因为，当事先就知道或假定每个人都是"对的"，那么考
查和"试图反驳"他人的"想象[phantasias/φαντασίας]和意见"，就
是无稽之谈(161d2-162a3；另见西奥多洛斯在 179e5-6 对运动学
说阵营的描述：dialechthenai/διαλεχθῆναι)。如果苏格拉底错，而普
罗塔戈拉对，就根本没有理由让一个自诩是神的人，或者无论如何
有特殊途径通达于神的人，参与辩证对话。按照目前的情况，苏格
拉底必须认为有理由这样做，这一点在《泰阿泰德》戏剧性的续篇
《游叙弗伦》中得到证实。逐步阐述普罗塔戈拉那艰难的并且在许
多方面都不合常理的立场，到此已经达到顶峰，现在似乎对他本人
在"人类"中有最高智慧这事构成威胁，因为它显然有可能将猪和
狒狒提升到与他(或我们)同等的地位。至于一个或多个神，可以
说普罗塔戈拉所说的观点具有将所有人提升到神这一级别的效
果——因为所有人都可以同等地获得作为感知的知识——或者，
如果有人愿意，它特别有把神拉低的效果：所有对特殊知识的主
张，即少数人的或隐藏在"内部密室"中的知识，现在看来毫无根
据。①如果要为任何特殊的知识提出理由，它必须与普罗塔戈拉对
尺度的特性和对运动首要性不合常理的洞察有关，这就消除了特

---

①　李在一笔带过的评论中说，根据相关的这一段，"诸神的智慧并不比任何人
多"(Lee，1973，227)。

殊知识的(其他)主张。或者,重复一下,普罗塔戈拉对此只是在开玩笑吗? 但什么可能促使普罗塔戈拉在风险如此之大的情况下开玩笑?

普罗塔戈拉的立场有神学意味——换句话说,摆在台面上的严肃问题与狒狒无关——这一点立即得到证实(也可以参考《治邦者》263d3-5 中聪明的鹤的类似功能)。西奥多洛斯强迫苏格拉底作为对话者回到泰阿泰德身边(比较 161b8-162c2),苏格拉底问这个男孩,如果他突然被视为在智慧上完全不逊于"任何人或甚至是神",他是否会感到惊讶;或者说,你认为普罗塔戈拉式的尺度在谈到神时会比谈到人时更少吗? (162c2-6)对此泰阿泰德回答说:"以宙斯为证,不会,对我来说[不这么认为]!"①因此,普罗塔戈拉所说关于"尺度"的一切既与神有关,也与人有关。如果不记住这句话,我们就无法理解《泰阿泰德》中与我们有关的部分。鉴于这一启示,或确认,我们现在看到,例如当"别人"说某个(确定的)东西要么是,要么生成(再看 160c1 和上下文)时,不接受它的理由必须也适用于诸神或其代言人——[165]例如荷马,或先知和占卜者。当然,苏格拉底已经帮了荷马一个忙,把他完全纳入了运动学说阵营(他很快会再次这样做:160d7)。

普罗塔戈拉回应:"不可知论"和 知识的局限(162d3-165e6)

泰阿泰德郑重其事地承认("以宙斯的名义!"),他确实好奇或惊奇于普罗塔戈拉论证的明显结果,而且他也发现,对它的反击也阐述得很好,苏格拉底则回答如下:由于你年轻,你认真听取了特

---

① 在我看来,泰阿泰德在这里表示同意的强调性特征并不意味着他正从普罗塔戈拉主义退缩,"仿佛被其不虔诚的暗示所震惊"(Cropsey 1995,40);他更清楚地意识到他的智慧学说对智术师所声称的智慧的威胁。

意针对民众的长篇大论（demegoria/δημηγορίας：162d3），①普罗塔戈拉或代表他的人则有反对的话要说。苏格拉底这种说法中不清楚的是，在反对普罗塔戈拉的论证中，哪一部分或哪些部分可能是煽动民众的，因为提到"猪和狒狒"可以与"诸神"区分开。现在我们听到这位人物自己在说：

> 高贵的少长诸位，你们一起坐下来向民众发表长篇大论[demegoreite/δημηγορεῖτε]，把诸神引入进来，而我在演讲和写作中涉及诸神时，有关它们是否存在，我都存而不论；而你们则说着大多数人一听就很可能会接受的那些事情，亦即如果每个人在智慧方面将完全不优于任何群居动物[boskematos/βοσκήματος]，那是一件可怕的事。（162d5－e4）

普罗塔戈拉反将一军，指控苏格拉底，说这群聚集的人在搞煽动，在玩弄低级趣味。首先，普罗塔戈拉暗示，他远没有把他的尺度学说运用于诸神，他根本就没有谈到或写到他们，至于他们是否存在，他根本就不知道。这就是普罗塔戈拉备受争议的"不可知论"——他无法，显然是以一种坦率谦虚的精神承认，说或写诸神（例如 Lee 1973,227 及随附的注释）。而且这句话是柏拉图最接近于重复普罗塔戈拉的著名片断，该片断被保存在另一个或多个文献中："关于诸神，我无法知道他们是否存在，因为知道[这]的困难重重，既因晦涩难懂，又因人生短暂。"（第欧根尼·拉尔修9. 51）②但是，拒绝说或写诸神当然与拒绝（或无法）思考它们不是一回事；恰恰相反，一个人很可能永远不说或写诸神的存在，因为

---

① 关于这个词，参 Lee 1973,228,注释 5。

② 尤西比乌斯（Eusebius）记录了相同说法的一个变体："关于诸神，我无法知道他们是否存在，或者他们所在的形式[理念]是哪种，因为求知的障碍很多，既因模糊性，又因人生短暂。"（Diels and Kranz 1952,80 B4）

他已经深入思考过这件事了。普罗塔戈拉甚至在写他所做的事情时,冒着自相矛盾的风险,更不用说一个事实是,所引用的片断据说来自他的书……书名是《论诸神》![166]显然,柏拉图《普罗塔戈拉》中展示,他以令人印象深刻的确定性和非传统的方式相当长篇地谈论宙斯和其他神,奥林匹斯山上和地下的神。在该篇对话中,他指出,"凭神的名义说"他没有因为长期践行智者术而受到伤害(例如来自一个或多个神)(《普罗塔戈拉》317b6 - c2)。此外,一种相当令人感兴趣的谦虚或免于"被评判"的自由令我们印象深刻,但在一个如果"不相信城邦所信奉的诸神"就有罪、就可能被处死的地方和时代,这则是另一回事;声称不知道神是否存在——说一个人完全不知道是否有一个恰被命名为"宙斯"的存在是人、神之父——就是在事实上或实践上拒绝了人们可能称之为宗教正统的东西。我们必须牢记,在这个语境下,普罗塔戈拉和苏格拉底正在相互指控对方玩弄群众——而且普罗塔戈拉在这里明显不是对苏格拉底说,而是对在场"高贵的少长诸位"说的。

与他一贯的狡猾一致,普罗塔戈拉并没有完全肯定地说,"群居动物"和人类之间有显著区别;他只是抱怨诉诸这种民众一听就会同意的事,即如果竟然没有这样的区别那未免太"可怕"了。[①]但更重要的也许是普罗塔戈拉的最后一点:他批评他们——他仍然没有直接针对苏格拉底——没说任何"证明"(apodeixis/ἀπόδειξιν),没有谈到"必然性",而是仅仅依靠可能性。想象一下,如果西奥多洛斯愿意通过有说服力的演讲和可能性来实践几何学!因此,普罗塔戈拉意即提出,现在摆在台面上的争端("关于如此重要的问题")要接受"证明",因为它受"必然性"的支配,符合几何学的方式。那么,在自我辩护时,普罗塔戈拉就挑战那些在场的

---

① 这与《普罗塔戈拉》中普罗塔戈拉对人类创造的描述一致,正如柯比在对后者的评论中指出,"根据最初的设计,人类与任何其他物种没有本质上的区别;在神的蓝图中没有智人"(Coby 1987,55)。然而,比较《普罗塔戈拉》321c1 和 333e1 - 334c6。

人来证明他论证的错误。单纯的煽动众人无助于此。但这意味着他也因此为自己设立了一个高标准,苏格拉底和普罗塔戈拉之间的斗争,显然将由他们中的哪一个能提供"证明"来解决。但是在或特别是在这些"如此重要的问题"上,证明,亦即决然的确定性是否可能?对智慧之事持相互冲突的说法的一方面是普罗塔戈拉,另一方面是诸神或其代言人,二者之间能否以几何证明的方式解决?普罗塔戈拉的立场是被描述为逻各斯更好,还是被描述为神话故事更好(这后一个用语则被苏格拉底很快再次用来描述普罗塔戈拉立场的特点,164d9 和 e3),这难道不是已经有了一些疑问?在一个狡猾的智者手中,呼吁对手拿出一个证明,这恰恰可以起到修辞作用:这个呼吁可以取代任何他自己的"证明"(考虑到 178e4 和上下文的 to pithanon/τὸ πιϑανόν:普罗塔戈拉对自己的言辞劝说能力感到自豪)。

[167]苏格拉底相当于在邀请西奥多洛斯回到对话,但后者没有接受(参 162e7-9),苏格拉底转向泰阿泰德,征求他同意这个提议,即他们"以另一种方式"探讨"知识和知觉是同一回事还是两回事"的问题(163a7-8)。然而,在这一小节的末尾,也就是普罗塔戈拉在对话中最长和最重要的发言(165e7-168c2)中,苏格拉底亲自宣布,他们刚才作出的论证未能(fail)反驳"知识和感知是同一回事"的命题(164b8-9),而他们竟以为自己已经成功了,就像生来不善的斗鸡在真正获得胜利之前就打鸣高唱。苏格拉底似乎在行动上认真对待普罗塔戈拉对证明的要求,或者说他在实践中接受证明的迫切必要。这里他提供了一对论据,试图推翻感知和知识的同一性。首先,应该注意到,像苏格拉底那样说感知和知识是"同一事物",这是模棱两可的:这可能是指泰阿泰德的最初表述,据他而言"知识无非是感知",或者它可能是指苏格拉底对它的(通常)重述,据他所说"感知即知识"。而这后一种说法也模棱两可:它可以意指所有的感知本身总是知识(普罗塔戈拉似乎表明这一

立场),或它可以意指感知可能属于构成知识的事物,即错误的感知是可能的,感知并不全然就是知识所是的东西。无论如何,苏格拉底这里的第一个论点将表明,感知不是知识的充分条件,第二个论点则是,感知不是知识的必要条件:因为可以有无知识的感知,所以可以有无感知的知识。

那么转向第一个论点,我们可能听到一种外族人的语言,其中每一个词我们都不懂,而在这种情况下感知(听觉)根本不是知识(165b1-c5)。然而,值得赞扬的是,泰阿泰德反驳说,听到无法理解的语言,而因此感知它,确实(does)传达了知识,至少是某些声音的特征——例如低音和高音(参163b8-c1)。那么,即使在这里,感知也带来了某种坚如磐石尽管也是非常有限的知识;也许把它称为"意识"会更好。第二个论点认为,如果感知是知识,那么当我们停止感知(某物),我们就应该停止认识(它)。如果,也就是说,看到即知道,[168]那么,不看而只是记得,就应该是不知道。但是,泰阿泰德当然不能同意这点。换句话说,既然无法接受这一"古怪"(163d6和164b5)的命题,即当我们不再感知(看到)而只是记得某事物时,我们事实上就不知道该事物,那么这即是说知识不是感知(163c5-164b7)。因此,苏格拉底总结道,任何人都不可能断言知识和感知是"同一回事"(164b8-c2)。这个论点与第一个论点不同,泰阿泰德认为它很棘手,并且单凭此就足以(短暂)胜过普罗塔戈拉(参考苏格拉底在164d5-10的总结,其中省略所有提及第一个论点的地方,正如普罗塔戈拉在166a2-6的抗议)。既然他是(is)被其困扰,泰阿泰德一定在脑海中有"知识无非是感知"的想法,而非感知(还有其他事物一起)是知识。

然而,正如已经注意到的,苏格拉底自称这是一场不劳而获的胜利,尽管他没有准确说明原因,只是说他们的行为不像"哲学家"而像"战士"(164c7-d2)。苏格拉底有理由从第二个论证中得出唯一结论,即并非所有的知识都是感官知觉:记忆也是一种知识,或是知识的一个组成部分，是不再需要感知的知识。但即使在这里，记忆也是以感知，先已存在的感知为基础的(163e8)，这一事实有助于保留知识和感知之间的联系。(即使像苏格拉底在这里加上"学习"，也是如此："他所学到和所感知到的东西。"[163e8])至于第一个论证，似乎没有任何成就，它确实表明，一些感知不需要是知识即逻各斯的知识，因为听到一种未知的语言(或看到一个未知的字母：163b5-7)确实传达了泰阿泰德认为的那种知识，但这当然不是在一种可理解的意义上。但是，正如苏格拉底所指出的那样，人们可以学会把可理解的意义附加到这些声音(或字母)上去。在这种情况下，这种意义会建立在一种(对声音或形状，以及其他许多东西的)先在的意识上，由感官知觉传达，使语言或论证成为可能，但又不同于它(另见上文第 151 页)。感官知觉本身使关于类别或种类的知识成为可能，但它本身并不是这种知识；而记忆使我们能够唤起的，不是特定感官知觉的实际经验，而是我们曾经在并通过这些感官知觉体验到的存在。

　　这些论证，或它们中的第二个，也揭示了泰阿泰德的情况。他容易接受它们或它所引导出的结论。在泰阿泰德身上起作用的动机在紧接着的内容中变得更清晰，因为在这个节点，苏格拉底揭示他们对普罗塔戈拉的胜利是如何地不劳而获，[169]而且他补充说，如果这神话故事(mythos)之父还在世，他会说出很多来进行辩护："就目前的情况来看，我们已经把泥巴扔在它身上了，它是一个孤儿。甚至连普罗塔戈拉身后留下的监护人也不愿意来帮助它，西奥多洛斯即他们其中之一。所以，为了正义，我们将冒着风险自己来帮助它。"因此，苏格拉底相当大胆地，如果说是含蓄地，把泰阿泰德死去的父亲比作普罗塔戈拉，神话故事的已死"父亲"，而泰阿泰德和神话这两个"孤儿"都被各自的"监护人"(epitropoi/ἐπίτροποι：比较 164e2-6 与 144b9-d4)出卖了。(这种诉诸正义的效果，是促使西奥多洛斯为自己辩护，而非以其他方式在这一节点回到对话中。)现在来帮助普罗塔戈拉时(165a4-5),苏格拉底只问了一个问题,虽然是"最聪明刁钻的"(to deinotaton/τὸ δεινότατον)一个问题:"是否有可能,一个知道某件事的人作为同一个人却不知道他所知道的那件事?"至少可以说,不清楚这个问题如何为普罗塔戈拉送上正义所要求的帮助。一个执着的提问者可以这样问泰阿泰德,他现在如习语所说被困于一口井里(165b8;比较174a5),当遮住泰阿泰德的一只眼,他是否能看到一件特定的斗篷:既然他既看到它,又没有看到它,他应该回答说,他既知道它,又不知道它——但根据泰阿泰德所言,这是不可能的。对斗篷的不感知应该消除了对它的感知,从而消除了对它的认识,但它又没有消除。因此,知识一定不同于感知。那么这样看来,泰阿泰德必须要么承认我们可以既知道又不知道什么,要么否认感知即知识,从而反驳了自己,显然也反驳了普罗塔戈拉。紧接着,苏格拉底在论证中变出了一个熟练的轻盾兵或前卫士兵(165b9和165d6),埋伏在泰阿泰德身边,准备再次攻击感知即知识这一命题。这样一个对手可以指出这样一个事实,即我们可以敏锐地或迟钝地,远距离或近距离地感知,因此也是强烈地或轻微地感知,而(根据泰阿泰德而且显然也是他的攻击者的说法)知识没有这种程度之别:如果我们知道什么,我们就知道它(165d2-e4)。那么,再一次,感知不可能是知识。

普罗塔戈拉的辩护(165e4-5)在于肯定——泰阿泰德拒绝这一肯定——知道某种特定事物的同一个人也可能不知道该事物。感知即知识,但它所带来的这一知识,在与非知识共存的意义上说,又是片面的知识。毕竟,即使用双眼看到一件斗篷,也只是看到它的某些部分;视觉使之可能的知识(视觉是否由一只或一双眼睛提供在这里没有区别)只给我们部分信息;正是想象这一举动把我们所看到斗篷的那一面变为完整的斗篷。[170]另外,(回到一个之前的例子)人们可以确定知道这杯酒现在甜;人们甚至可以设定,至少作为一个"假设",运动的特征是主动还是被动,快速还是缓慢,这些特征在运动背后并使运动产生;但却无法知道这些运动的原因(cause)——究竟为什么这些运动是主动的而且快速的,是什么使之产生,并使之像现在这样保持下去?同样,人们也无法知道,为什么与我们碰撞的运动会产生不可否认的效果——知识——我们作为感知者对此进行记录,因为我们注定要把它们记录为不容争议的事实。苏格拉底在此代表普罗塔戈拉,肯定了隐藏在世界背后的极端模糊性,因为它"秘密地"呈现给每个人。泰阿泰德就他自己而言拒绝知识的片面性,显然是因为认为,我们对任何我们所知道的东西都有或可以有完整的知识,或者,片面地知道某物这件事是不可能的。而且,对于一个年轻而能干的数学家来说,认为对一个事物可以仅有完整的知识(他对"什么是知识?"这个问题的第一次回答包括西奥多洛斯所教的科目),这并不那么惊人:当然,西奥多洛斯有比方说对一个三角形的完整知识。但话又说回来,泰阿泰德自己在数学和几何学方面的经验可能向他表明,他可以同时知道和不知道某些东西——比如对于无理数("不尽根数"),他和小苏格拉底曾试图通过"长方形"数来理解。通过将这些无理数比作他所知道的或更了解的东西,泰阿泰德了解了它们的一部分,但它们还有很多部分为他所不知也不可能知,难道不是吗?

在我们转向考虑普罗塔戈拉重要的长篇发言之前,对论证的主要转折点作一概览是适宜的。我们通过以下事实确定我们的方向,在苏格拉底试图解释普罗塔戈拉的隐藏或秘密的论证的过程中,普罗塔戈拉(单独地或与其他人一起)三次提出抗议(见 154b6-8、158e5-10、162d5-163a1)。我们记得,第一次反对引出了骰子的例子。对这个例子的阐述指向这一事实,即反思我们对世界的日常感知可以使我们明白,我们带给这个世界或从这个世界推导出的一些最"明显"的假设是多么错误(例如,没有任何东西可以在体

积或数量上变得更大或更小但同时却保持与自身相等）。世界并
不像我们最初假设的那样有固定性,或者说,考查和分类的头脑在
创造和维持"世界"上所起的作用远远大于它最初可能看起来的样
子。这一相同的阐述在普罗塔戈拉的影响下进行,标志着朝向后
续结论的路径,这一结论即,没有固定的因此也是可知的类别或种
类(eidē/εἴδη:157b8-c2)。[171]在这同样的一般语境下,苏格拉
底自己也提出了为何或出于什么理由普罗塔戈拉以此为基本前提
的问题(155d5-7),而且正是在这个问题之后,苏格拉底向读者提
出——也许比向泰阿泰德本人更清楚——普罗塔戈拉越来越激进
(即越来越一致)的立场的道德含义:什么是善和什么是高贵也完
全没有固定性,或者说处于动态中(157d7-11)。因此,我们开始
意识到这一可能性,普罗塔戈拉在提出一种极端相对主义时所持
有的所谓动机,某种方式上就相联于善好,尤其是高贵这件事的相
对性或"动变不居"。普罗塔戈拉的下一次干预是回应(在其他人
中)那些疯子的问题,他们相信自己是神。我们不禁要问,事实是
否如此,即他们感知到这一点,就意味着这是真的,或者更准确地
说,"对他们来说是真的"。无论如何,在对普罗塔戈拉的三次正式
批评(157e1-158e4 和 163a7-164c2)中的第二个,因此也是其中心
(161c2-162d2),苏格拉底和泰阿泰德都同意,"普罗塔戈拉的尺
度"既适用于神,也适用于人。这引起了普罗塔戈拉对这一点最愤
怒的回应(162d5-163a1)。他的回应包括否认他曾经说过或写过
关于神的(存在)这件事,并要求用"证明"来确定他立场的虚假性:
证明它,苏格拉底!这反过来又催生苏格拉底试图——公开承认
的失败——反驳"感知和知识是一回事"的论点。然而,这些尝试
确实表明,感官知觉本身不能传达一个事物、一个类别或种类的逻
各斯(说明或定义),亦即记忆可能唤起或回忆的事物。这些尝试
也成功地阐明了泰阿泰德希冀一种完美或完整的知识,或不掺杂
非知识的知识。这是普罗塔戈拉本人并没有的希望。

　　逐渐揭露普罗塔戈拉的隐藏学说极大地表明：对于经由感知而显示给他的东西，每个人都只是他自己的尺度，对此感知他不可能出错，与此相关的是运动的事实，运动乃是"万物"的特性；而且这种运动的首要性就引导我们试图通过语言来使世界停驻，并从而忘记，我们对世界的知识（感知）本身可以追溯到主动运动和被动运动、被感知者和感知者之间无休止的互动，这一无休止互动消解了所有假定的或明显的固定类别或种类。但我们必须阻止这种遗忘，或者说我们一定不能被语言的习惯带入歧途。普罗塔戈拉的论证最奇怪的后果也许是，据之，必须抛弃我们所认为我们感知到的就存在于世界之中的稳定性，[172]这恰恰基于我们对世界的感知——或者应该说，是基于对这种感知的正确反思。但是，除了狭义理解上的感知即感官感知的经验之外，还有其他东西必须在指导这种反思上发挥作用。对话的进展还揭示，泰阿泰德如果还是可以被称为一个普罗塔戈拉派，那也是最不确定的一个。他似乎还没有放弃对纯粹知识的希望，而且他似乎还没有看到或足够认真地对待好的和高尚之物的"运动"，这一结果是显然的。我们马上就会知道，普罗塔戈拉自己确实非常认真地对待这一结果。

普鲁塔戈拉的长篇演讲（166a2-168c2）

　　普罗塔戈拉开始了他激烈的回应或反驳，他抱怨，苏格拉底——"那个优秀正直的苏格拉底"①——不过是吓唬了"一些小男孩"，问泰阿泰德一个问题，但泰阿泰德由于缺乏预见性，没有回答正确，这样就显得或证明（apedeixen/ἀπέδειξεν）普罗塔戈拉"在论证中"是个笑柄。这个根本就不是证明。苏格拉底作为提问者所

---

　　①　166a2 的短语（Houtos de ho Sokrates ho chrestos/οὗτος δὴ ὁ Σωκράτης ὁ χρηστός）可能如此翻译。

做的,不过是给被提问者泰阿泰德使了个绊子,而未触及普罗塔戈拉本人。这里,普罗塔戈拉提到或暗示了旨在驳斥感知和知识同一性的一对论据中的第二个,而且他明确认为,"同一个人记住又同时不知道同一件事"是(is)可能的(166a3-5)。苏格拉底已经说过,感知和知识不可能是同一回事,因为我们可以记住并因此知道我们(现在)根本没有在感知的东西:在这种情况下,知识不是感知。因此,感知和知识不能划等号。普罗塔戈拉现在的回答似乎有些不清楚;他坚持认为一个人可以同时记住某物而不知道它,他的意思可能是,因为我们可以同时既知道又不知道同一事物,我们可以通过记住它来知道它,同时也在现在不感知它的意义上不知道它。然而,正如我已经提出的那样,普罗塔戈拉的意思显然是要完全否认记忆和知识之间的联系,因为在紧接着的内容中,他就这么做了:没有人会向"最随和的苏格拉底"承认,某人对所经历或遭受事情的记忆与他在遭受或经历它时所遭受或经历的事情是同一类事。记住偏头痛与有偏头痛非常不同,因此后者所传达的知识非常不同于仅仅对它的记忆。[①]感知确实是知识,而记忆仅仅是衍生的,未达到知识的级别。[②][173]不过,普罗塔戈拉坚持认为记忆与知识是分开的,这似乎很奇怪。我们或可在预测方式下强调,苏格拉底对于记忆的借助,相伴于他提出的关于未来的知识一个重要论证:人类不是当下感官数据的被动接受者,被锁于一个永恒的"现在",人类这种动物的典型标志是其身上的以记忆形式持存的过去,并部分地通过想象而达到的对于可能未来的构想。感知是

---

①　正如一位学者对普罗塔戈拉这里的论证所描述的那样:"我们现在所知道的并不是严格意义上的X,而是(说)我们对X的记忆痕迹———一些与X(或者,更确切地说,与我们早期对X的感知)截然不同的现存感受(Y)……我们现在不知道的事(即Y)和我们不再知道的(X)将不是同一件事。"(Lee 1973,236)

②　"对于苏格拉底先前关于记忆的反对意见,普罗塔戈拉举手示意并提出,感知上意识和回忆是经验某一事物的两种不同方式,但其中只有前者是在认识。"(Giannopoulou 2013,75)

（知识的一个组成部分），但不能认为"知识无非是感知"。说知识是"除了感知什么都不是的东西"，就好比说制鞋是"除了知识什么都不是的东西"（比较151e2-3与146d1-2）。

在反驳中，普罗塔戈拉继续重复苏格拉底给出的相同观点——苏格拉底在宣布他们对普罗塔戈拉的"胜利"为假之后给出这一观点——大意是，没有人"会犹豫不同意，同一个人可能对同一件事既知道又不知道"。这正是泰阿泰德"这个小男孩"事实上曾犹豫（而且不止是犹豫）同意的命题（比较166b4-5与165b2-4）。因此普罗塔戈拉提出，人不仅可以记住而不知道（仅就事实而言）某事，而且可以同时知道又不知道它。然而甚至泰阿泰德不得不同意普罗塔戈拉这样的争辩，即一个变得不一样的人，和他变得不一样之前是不同的人（166b4-7；回想158e5-160e4）。不仅如此，如果或既然（eanper/ἐάνπερ：166b8）差异产生了，一个既定的人，根本不是真正的"某个人"，而是不确定数目的"某些人"，这个思想在语言表达上的困难得到承认，但也被普罗塔戈拉放弃了（"咬文嚼字"）。这样一来，普罗塔戈拉坚持认为感知和知识一致，他认为我们确实既知道又不知道同一件事，而且他肯定运动的普遍性也延伸到感知者，感知者实际上是一系列不确定的在变化的许多感知者。确定无疑的是，在我们同时知道和不知道的事物中，其中之一是我们自己的"集群"。对于苏格拉底辩证法的不可能性，在普罗塔戈式的前提下，我们现在至少还可以加上一个严峻的困难，即获得"自我认识"的困难，这种认识的限度在于承认，并不存在以及为何并不存在一个稳定或固定的"自我"可以加以认识，除非它在恒定的感知流中被给定为"一个人"。

普罗塔戈拉接下来直呼苏格拉底（"你这个有福的人啊"），并且挑战他："驳斥"这样一个命题，即感知不是个人所有的东西，或者，鉴于感知的个体性，显现于每个人面前的东西却并不是为他所独有（"如果必须使用'是'[εἶναι]这个词的话"：166c2-6）。至于谈论猪和狒狒——普罗塔戈拉显然对诸神缄默不语——[174]它是一种"卑鄙的""无耻的"进行方式。普罗塔戈拉现在开始对显然是他的真实立场进行详细解释和辩护,没有苏格拉底强加给他的歪曲。这位智者一开始就坚定地宣布:"真理就是我所写的那样。因为我们每个人都是存在的事物和不存在的事物的尺度。"——这一点我们已经听过——"但一个人与另一个人在这件事上极其[myrion/μυρίον]不同:对一个人来说,有些东西既是,又看上去是,而对另一个人来说,其他东西也是如此。"普罗塔戈拉在这里想到的不仅仅是,比如说,不同人对一阵风不同方式的感受,当他回到他自诩有智慧或比他人更智慧的问题时,就很清楚了。

　　普罗塔戈拉远不否认存在智慧和智慧者,他争辩说,智慧者是我们当中这样的人,对他坏(bad)的事物对他"看起来是并是着",但他能加以改变,从而使好(good)的事物(对他或为他)"看起来是并是着"。现在这里使用的动词"是"不能算作普罗塔戈拉的不一致,因为他以自己的方式使用它:它相当于"看起来是"。对于某人来说,某物看起来是 x,就是(is)它对他来说是 x;因为除了表象之外没有"更高"或"更真实"的存在领域,我们在论证的这个节点上,而且为了所有实际目的,可以交替使用这些词语。智慧的全部,或者说区分智慧和非智慧有意义的特性,现在都依赖于善(以及它的对立面):善显然不是流动的一部分。回顾《普罗塔戈拉》中在讲善好时这位智者有一场多么猛烈的"爆发",在那儿,所谓善好被理解为对这种或那种存在有利的东西。这里,他回到一个例子,即生病的人或健康的人对某种东西(不再是酒,而是食物)甜或苦的感知:对生病的人来说,他吃的东西看起来并且是苦的,而对健康的人来说,它看起来并且是相反的。在这里,任何一个人都不比另一个人更智慧;当然,生病的人也不会因为他持有他那样的看法而是无知或无学问的,就像健康的人并不就智慧一样。重复一下,还不是智慧,而是善的问题:健康的条件或状态是"更好"(167a3 -

4)。然而,要实现从一种状态到另一种状态的改变,就是要让现在健康的人能够感知到甜味,而之前他只能接触到苦味,而正是医生通过药物的手段,可以实现这种改变。在这样做的时候,医生实践了一种智慧。而"教育",使人从一种状态转变为另一种状态,朝着更好的方向发展,是"智者通过论证[言辞:logois/λόγοις]"的工作(167a6)。正如医生为身体服务一样,智者也为灵魂服务,而论证可以是一种治疗的药物。

[175]然而,关键是要看到,据普罗塔戈拉所言,一个人并没有因此而从对错误事物发表看法转变为对真实事物发表看法。一个人观点的内容永远真实(对这样看的人来说),就像医生不会让康复的病人看到他以前对苦味食物的体验是错误的。"这些事情"——一个人遭受或经历的事情,并因此感知到的事情——"总是真实的"(167b1)。但是,如果某人因为灵魂处于不佳或不幸的(poneras/πονηρᾶς)状态,他就在相近于这种状态下对事物产生看法;当他的灵魂变得良好或可用时(chreste/χρηστή),就会促使他在相近的状态下对事物产生看法——有些人由于缺乏经验,称这些事情为"真实的"幻象(phantasmata/φαντάσματα),但普罗塔戈拉自己则说,这些幻象比前者"更好",但"一点都不更真实"(167b1-4)。就像医生能够通过用药来改变病人的身体状况,智者也能够通过论证或言辞来改变听众的灵魂。有关的变化必须是在感知者的理解或观念中,而不是在世界的(其他)地方。那么,一切似乎都建立在这一事实上,即有更好和更坏的灵魂状态,以及必然与之相符的感知。但是,根据什么标准,我们可以判断一个灵魂的特定状态不仅与另一种状态不同,而且比它更好(better)?在迄今为止的例子中,"更好"似乎等同于产生更大快乐(或更少不愉快)的东西。①善的力量似乎来自快乐或没有痛苦的即时性体验。

---

① 参伯恩耶特(Burnyeat 1990,23 和注释 32)对此处"更好"可能意思的简短讨论。

那么,普罗塔戈拉所坚持的智慧不能等同于掌握真理的能力,因为每个人总是会在所指的意义上做到这点;它必须是在身体尤其是灵魂中带来变化的能力,然后促使感知者处于一种更好的状态,如此能接受更多快乐或更少痛苦。

依据这点,正如普罗塔戈拉耐心地向"亲爱的苏格拉底"解释,智者不是青蛙,但在身体方面是医生,在植物方面是农民。因此,普罗塔戈拉用"植物"代替预期的"灵魂",用"农民"代替"智者",认为(智慧的)农民能够"在植物中的一个生病的时候,给它们灌输有用、健康,以及真实的感知,以取代不良的感知"(167b6‒c2)。这句话的奇怪之处引起了相当多的评论,甚至对文本进行了修改,部分原因是普罗塔戈拉刚刚否认了感知可以变得更加真实,另一部分原因是他在这里将一种明显不属于它们的(感知)意识赋予了植物。但是,既然普罗塔戈拉认为所有感知为真,他就必须认为植物的感知也为真;他只是否认真假感知之间的区别有意义或有用。[176]而且,如他那般谈到植物时,他实际上是向苏格拉底承认了他关于猪和狒狒的观点。如果连一株西红柿都有对其而言真实的感知,那么狒狒也必然如此。或者一个疯子也是这样。智者作为智者,通过其言辞,至少可以使一些相信自己能感知到神甚至是神的人产生一些感知上的变化,而这种变化虽然严格说来不是真理意义上的变化,却是一种"更好"的变化:比如说,不为存在一个立法和惩罚的宙斯所困扰是更好的,它能产生更多的快乐。普罗塔戈拉立即转向的考虑也很重要,即"智慧的和好的演说家"。这是对话中第一次提到演说家,随着它的出现,发言突然发生了政治性转向。这些演说家的任务是促使"诸城邦"持这样的观点:可用的或有用的东西(ta chresta/τὰ χρηστά),代替不良或微不足道的东西,是"正义的"。与植物的情况缺乏对应性,这是突兀的:"诸城邦"将秉持他们认为——感官感知不再是问题——不仅真实而且正义的东西。就其所有的奇异性而言,植物的情况有启发性,因为即使有人愿意说植物有真实的感知，也不能坚持认为它们把某些东西视为正义，"对于每个城邦来说，那些看起来[dokei/δοκεῖ]正义和高尚的各种事物实际上是为城邦的，只要城邦承认[相信：no-midzei/νομίζη]它们"（167c4-5）。

在这里，对于普罗塔戈拉的"道德相对主义"，我们有了一个如愿以偿的坦率陈述，同时这也证实了，苏格拉底早先对泰阿泰德提出的问题——"善和高贵"的东西是否也在运动中——具有重要性（157d7-11）。然而，关键是要看到，普罗塔戈拉这里用"正义"代替了苏格拉底先前问题中的"善"，从而把正义和高贵都放置于运动中。关于这一步，我们注意到两件事。第一，这突出了这个事实，即普罗塔戈拉在他的长篇大论中把善（有利的或更好的）排除在流变之外，因为仅仅相信或认为这种药物是健康的，这就会使得这种药物成为健康的，这么说会显得没有意义，例如：砒霜对人体的影响，无论它带来的是健康还是生病的状态，都不取决于某个特定感知者对它持有的观点。让病人感知或依其所好来认为，刚刚用过的药物将带给他一个更好的状态：就算如此，他还是一样会死。第二，普罗塔戈拉明确地将正义和"高贵"的东西囊括在流变中，他教授，关于正义和高贵的观点——此即我们所用道德（moral）一词的全部含义——仅仅当一个城邦承认它们，或相信它们时才存在；它们只"存在"于意见的要素中，所以是不稳定的，作为意见，就受有技巧的演说家的操纵。当前，埋葬我们的逝者是正义且高贵的；一代或两代之后，正义和高贵可能就要求献祭和憎恶埋葬。[177]不可能判断这些做法的道德价值，除非参照支配它们的法律的或习俗的观点，因为只有这样的观点才决定了这些做法的道德地位。正如苏格拉底之后对普罗塔戈拉的发言所做的解释，这些东西在本质上（by nature）是虚无，没有它们自己的存在（172b4-5）；它们在本质上"是"渺小的，就像独角兽或女巫一样，而且可以对独角兽和女巫持有任何自己喜欢的观点，没有任何东

西在本质上或就本质而言可以制约它们或让它们参照,所以一座
城邦可以对正义和高贵持有任何自己喜欢的观点——尽管与对独
角兽的观点截然不同,每座城邦都是(is)被迫要有关于正义和高
尚的观点。至于重与轻、暖与冷、大与小,它们的存在取决于被感
知,它们也只是为了被感知,并且它们只是如其被感知到的那样而
存在着;但是,它们部分是由与"外面的"东西相碰撞而引起的,而
道德观点的内容甚至比感官感知更不稳定,与世界上"外面的"任
何东西毫不相干,而且肯定比感官感知更容易受操纵。"通过演
说",一个有技巧的智者很难让人感知火为冷,或冰为热,但他可以
戏剧性地改变人们对正义或高贵的认识或看法。

正如普罗塔戈拉立即指出的,"智慧者"在一个关键方面与"诸
城邦"的观点不同,因为城邦必然从正义或正义与高贵的角度来看
待什么有用或可利用,但"智慧者"(演说家)只看到有用的东西,而
非不良或渺小的东西(比较 167c2-4 与 c6-7)。换句话说,"智慧
者"的观点是外在于道德或无道德性的;而"城邦"的观点是彻彻底
底道德性的。那么,智慧的演说家的任务是呈现对城邦实际有利
的东西,作为正义所允许或要求的途径。被如此说服的城邦将追
求它认为或承认的正义行为,这对城邦来说确实"是"正义的,但它
实际上将追求对它更好的东西。在"诸城邦"观点和"智慧者"观点
之间存在的这种鸿沟,必须是有能力的智慧者所肩负的"教育"的
一个重要部分,即他允许少数一些人从正义和高贵的习俗指令的
负担中解脱出来;他因此改善了他们的灵魂状态;他也因此允许一
些人感知并因此追求更好或更有利的途径,作为唯一"存在"的东
西,至少作为健康的灵魂感知事物。那么,不足为奇的是,普罗塔
戈拉的发言从解释智慧和智慧者是什么,转向"智慧的演说家",最
后转到作为教育者的智慧者,[178]这样的人有"能力训练"或"引
导"那些正在受教育的人(这些人可能包括尚未启蒙或未来的演说
家),而且这样做应得到很多报酬(比较 167c7-d1 和 161d8-e3):

"而且这样一来,有人比别人更智慧,并且没有人有错误意见;而你,无论你是否期望它,必须忍受成为一种尺度。因为正是在这些[考虑]中,逻各斯得到拯救。"(167d1-4)普罗塔戈拉因此捍卫了一般的智慧理念,而且特别是他自己更优越的智慧,即使他认为没有人形成错误观点。重复一下,智慧存在于自己(或他人)本身带来一种变化的能力,从而使自己(或他们)处于更好的状态,根据定义,就是使美好的事物显现着和存在着(appear and be)。而且,对一个人灵魂状态更好特性的确认,大概会作为一种结果使他体验到快乐,而且没有人可以否认这种体验。这样一来,普罗塔戈拉就切断了智慧和知识之间的联系,与苏格拉底和泰阿泰德最初的共识截然不同,所有人同等地获取感知,从而获得知识并不导致同等地拥有智慧。但是,智慧被当作诸神或他们代言人的特性,对此智慧有许多相互竞争的主张,这又该怎么办呢?

普罗塔戈拉长篇发言的实质部分到此结束。他剩下的大量言论(167d4-168c2)是建议苏格拉底,即不仅在目前,也是在今后的对话中如何最好地进行下去。这些言论中最令人惊讶的特点,是普罗塔戈拉对正义的关注和呼吁:在短时间内,他三次告诉苏格拉底(167e1,e2,e3)在处理争论时不要"不公正"!不可能假设普罗塔戈拉如此糊涂,以至于严重依赖[墨守]于刚才所言,即他所指出的东西严格说来是(也仅仅是)有智慧的演说家影响"城邦"产生变化的工具[而不能运用影响于个人];不可能假设普罗塔戈拉这里对苏格拉底说话的方式,就像苏格拉底在对泰阿泰德和西奥多洛斯说话一样,或者他们对苏格拉底说话一样(参163a2和164e6;还有168e6-169a1)。正如在《普罗塔戈拉》中,他在我们眼前展示出一种可能便于智者利用的那种神话故事,这里他在我们眼前展示智者如何利用恰恰是关于正义的"言辞"的例子,这一利用可以带来一种观点上的改变,如果不是在苏格拉底本人身上发生改变,就是在泰阿泰德和西奥多洛斯(或他的其他"听众")身上。这么做,他意图对苏格拉底施加限制,他肯定认为这样做对自己有利。但普罗塔戈拉还继续争辩,有别于对抗性战斗的一场辩证性的对话也对苏格拉底有利。换句话说,这位智者提出的作为正义所允许的唯一途径,恰好也是对普罗塔戈拉和苏格拉底更好或更有利的途径。因此,他的发言体现了智慧的智者-演说家的行为。

[179]普罗塔戈拉提出了一个惊人的主张:如果苏格拉底抵制诱惑不去赢得与真正争论无关的廉价胜利,那些花费时间与他相处的人就只会自责于自己的困惑和迷茫,他们不但不会责怪他,反而会寻找他并与他交好;普罗塔戈拉甚至声称,他们会"恨"自己,逃离自己,奔向"哲学",这样,"在变得不同[alloi/ἄλλοι]时,他们可以摆脱以前的自己"(168a2-7)。每个人和所有人都在不断运动或在不断变化中;不仅是智者式或演说性发言,而且"哲学"也是如此,正如苏格拉底能够和应该实践它的那样,都能够带来这种变化或发生影响,如果不是在"城邦"中,就是在他的学生个人身上——这种变化将给苏格拉底带来友谊和感激,而不是敌意和责备。当苏格拉底说出普罗塔戈拉的这些语词之时,那导致苏格拉底自己将被处决的司法程序即将开始。普罗塔戈拉是否比苏格拉底更了解智慧和政治生活之间的张力,智者并不否认这种张力(正如我们在《普罗塔戈拉》中看到的)?为什么苏格拉底与人的对话截然不同于普罗塔戈拉与人的对话,前者往往会引起其对话者的厌烦甚至愤怒?——我们已经在以普罗塔戈拉本人名字命名的对话中看到有力的例子。普罗塔戈拉并不反对质问他人(167d5-7),但真正的对话(dialegomenos/διαλεγόμενος:167e5),远不会导向比如使他人语塞的反驳,而应该努力使对话者再次提升,仅仅向对话者指出他们自己所下的那些绊子。这意味着,如果对话者不是那些可能接受自己所说的话的人,或者不是对这种对话持开放态度的人,那么与人交谈都是愚蠢的或更糟糕的,苏格拉底本人似乎没有遵循这一准则。

苏格拉底对普罗塔戈拉的回应(168c2-177e3)

在这次演讲之后,苏格拉底顽固地坚持要西奥多洛斯现在和他一起,以普罗塔戈拉刚刚坚持的"严肃"方式,来研究普罗塔戈拉的论证(168d3、e1)。一个"小男孩"的"恐惧"——苏格拉底因此让普罗塔戈拉质疑西奥多洛斯吹嘘的勇气——不能被指望来进行这样一种审查(比较168c8-d2、e1-3与166a2-6、169c8-d1)。苏格拉底终于成功地拉拢了西奥多洛斯,而且对逻各斯——在此被确定为尺度学说(168d3-4和e1-3;169a3;170d1-2)——的"严肃"审查,将以西奥多洛斯为唯一的对话者展开(169a1-183c7)。[180]可以肯定的是,西奥多洛斯大概是个比泰阿泰德更有能力的对话者。如果要把泰阿泰德从普罗塔戈拉主义倾向中解脱出来,苏格拉底将必须迫使西奥多洛斯承认普罗塔戈拉的不足:男孩看到西奥多洛斯本人,他尊敬的老师也是普罗塔戈拉的"同志",承认普罗塔戈拉的失败,这一幕将比男孩自己承认普罗塔戈拉的失败更让他印象深刻,他自己的承认必然是不确定的。我们还注意到,这次审查证明包括一个长长的"题外话",正如苏格拉底自己这么叫它(parerga/πάϱεϱγα:177b8),他在其中以自己的名义谈到了哲学的生活,区别于某种政治生活,甚至西奥多洛斯在其中只起了有限的作用(172b8-177b7)。这段长篇大论(包括题外话)是为了平衡,成为他对普罗塔戈拉长篇大论回应的核心。

苏格拉底一开始就再次提出批评说,该逻各斯似乎使每个人"在智慧上是自足的"(self-sufficient in prudence),正如他现在说的那样,尽管普罗塔戈拉在他的长篇大论中承认或"与我们"持一致看法,"当涉及更好和更坏时",一些人比其他人更优秀,他说的这些人实际上是"有智慧者"(169d3-8)。那么,在智慧必须拥有什么东西这个问题上,苏格拉底和普罗塔戈拉有一个重要的共识:

关于更好和更坏的知识,即关于善好的知识。然而,苏格拉底马上想知道,"有某个人"是否会认为,他们缺少所需要的权威来代表智者仅仅达成这样一个共识,因而,把他们"关于这件事"的共识变得确定无疑会更好,因为,正如苏格拉底简洁指出的,"是左是右,这造成了不小的差异"(169e4-5)。由于普罗塔戈拉和苏格拉底对所谓所有人在智慧方面的自足性没有达成一致,因此要受检验的共识,"当涉及更好和更坏时"就必须与一些人的优秀有关。但这就等于说,苏格拉底在这里重提普罗塔戈拉关于善好是流变之外的观点的问题(也可回顾157d8):正是这个关于善好的地位的问题,"造成了不小的差异"。重提这个(this)问题,就是在智者长篇大论的核心论点上画上一个巨大的问号,这个论点在解释并论证他何以声称拥有卓越智慧。那个作出此番发言的普罗塔戈拉会不会只是在陈述一个他学说公开的、不那么坦诚的版本 ?①换句话说,普罗塔戈拉什么时候是在"开玩笑"? ——当(如在他的长篇大论中)他肯定(affirms)有些人比其他人更有智慧,理由是后者更多能通达于稳定的善好的知识? 或者当他(就像苏格拉底现在想知道的那样)否认(denies)有些人比其他人更有智慧时,所持理由是,善好既然被包含在流变中,就不可能构成更优越的专家知识或智慧的稳定基础(回顾161d2-162a3)?

[181]苏格拉底一开始就认真对待普罗塔戈拉的论点,西奥多洛斯也同意这是智者的论点(170a3-5),即在每个人看来或每个人持意见认为的东西(to dokoun/τὸ δοκοῦν:170a3),也是为他这一看来的人而存在着。这一思想关注的是区别于感官感知的意见,苏格

---

① 如果我没有弄错,苏格拉底在提到普罗塔戈拉时有十处使用了定冠词(在152b6,c8-9;155d6;160c8,d8-9;161e4;165e4;168c9;169d6;171c1)。这些大部分可以解释为暗示普罗塔戈拉众所周知(见Smyth1984,#1136)或具有同位语功能。然而,在以上最后三处,苏格拉底似乎指的是长篇演讲中的"普罗塔戈拉",他肯定了关于善或有利的知识的可能性,从而肯定了智慧:这个普罗塔戈拉可能(比其他地方更是)苏格拉底自创的。

拉底将其发展为如下。所有的人都会形成这样的观点:他们在某些事情上比他人更有智慧,但其他人在其他方面比他们有智慧。苏格拉底在这里的例子很重要。当人们在军事行动中或在疾病中或在海上遇到严重困难时,"他们倾向于每种情况下行统治的人,就像他们倾向于诸神一样,期望这些人成为自己的救世主,因为他们在知识上而非其他方面更优越"(toi eidenai/τῷ εἰδέναι:170a9 - b1)。存在一些人被认为有能力进行教育或统治,而另一些人则被认为没有这个能力,这事实上是所有人类的关切所具有的特征,苏格拉底从这种状况中进行总结,伴随西奥多洛斯的认可,"人类认为他们中间存在着智慧和无知"(170b5 - 6)。这一点似乎会完全符合普罗塔戈拉在其长篇大论中所确定的立场,但是,正是因为这个原因,它现在受到怀疑。而这种近乎普世的信念或意见,即智慧与无知之间的区别是一种可理解的区别,就在证明,普罗塔戈拉坚持顺从于意见或"看起来是"这一做法导向了这样的结论,即他的论证不可能为真。如果据普罗塔戈拉所言,每个人的意见总是为真,而"数以万计"的人认为人们经常持有错误意见,那么普罗塔戈拉必须尊重这种意见为真:他有责任将人们认为世界上存在虚假意见的这一意见视为真,而现在普罗塔戈拉自己的意见,即大家所有的意见都为真,这一定是假的。如果没有人,甚至普罗塔戈拉本人,认为人是尺度,那么一个人所写的东西对任何人来说都不是真实的。因为,只有他认为他所写的为真,而"众人"不这么认为,那么作为事实,认为人不是(not)尺度的人在数量上就远多于那些认为人是尺度的人。而且——"最微妙的事情"(171a6)——在于同意"所有人对存在着的事物[ta onta/τὰ ὄντα]的意见都是真的"时,普罗塔戈拉就应该同意,那些持有与他相反意见的人对其假定的假定。换句话说,他必须同意或承认他自己的意见是错误的,如果他同意那些认为他是错误的人的意见为真! 用现代语言来说,极端相对主义者普罗塔戈拉认为,所有的意见对于持有它们的人来说都为真;然而,大多数人不是极端相对主义者,而是绝对主义者,而且正因为如此,他们认为,普罗塔戈拉的意见是错误的。他为维护自己的论题所做的努力——必然要去顺从每一种和所有的意见——构成了他论题的失败。[182]如果普罗塔戈拉同意别人的观点为真,他自己的观点还是被打败了;如果他否认别人的观点为真,他自己的观点就被打败了。而这反过来意味着,正如苏格拉底所表明,普罗塔戈拉本人将被迫承认,无论是狗还是随便什么人,都不是任何东西的一种尺度——除了他(大概是人)所学到或理解的东西:"那么,既然大家对此有争议,普罗塔戈拉的真理(Truth)对任何人都不是真,对其他任何人和他自己都不是真。"(171c5-7)这个反对普罗塔戈拉的论证整体在预设,他现在——现在他的长篇大论已结束——特别否认存在于除他自己之外的所有人意见之中的这一论点:存在一些专家,作为专家他们就比别人更清楚什么是好的或者更好的途径。

在这一点上,西奥多洛斯抗议说"我们太过诋毁我的同道了",而苏格拉底做出了这个模棱两可的回答:"但你知道,朋友,事实上还不清楚我们是否越过了[paratheomen/παραϑέομεν]正确的东西。"(171c8-10;比较179b6-9,在那里西奥多洛斯自己引用了现在所有的论证的力量。)换句话说,他们也可能没有(not)越过正确的东西。苏格拉底接下来只做了我们现在期望他做的事,即批评他自己对普罗塔戈拉的批评。然而,他为普罗塔戈拉刻画了一个更生动的形象,远非"严肃",更不用说尊重了:他的头从地下突然伸出来(估计是普罗塔戈拉在冥府),并且告诉苏格拉底他废话连篇,然后这颗头又缩回去并且逃掉了(171c8-d3)。①遗憾的是,这位智者没有逗留

---

　　① 李称这是"整个柏拉图作品中最大胆和最惊人的画面之一,它既生动又有丰富的含义,既简单然而又有深刻的、近乎超现实的陌生感,以至于发现它的含义时相当令人叹为观止"(Lee 1973,243),即普罗塔戈拉的理论立场使他无法对世上事物提出任何"客观"的主张,因此无法参与任何真正的讨论;所以他就如其所是扎根于地底,就像是一株"植物"(249-250)!

足够长的时间来进行论证,也许是因为他没有一个要做的论证。可以肯定的是,对于苏格拉底试图反驳普罗塔戈拉必须尊重每个人意见的真实性的学说,人们可以提出一些问题,即把所有人有的或可能有的对普罗塔戈拉学说的否定意见应用于该学说本身——这被称为"自我反驳的论证"。①例如,苏格拉底首先指出,"多数人"或"众人"不同意普罗塔戈拉每个人是(真理的)尺度的说法,然后指出"其他人"或"其余人"(hoi alloi/*oí ἄλλοι*: 171b4)不同意他,然后是"几乎所有的"人类(hapanton/*ἁπάντων*: 171b9)不同意;从人类中的许多人(或大多数人)到几乎所有的人,需要进行辩护。如果不是赫拉克利特一派的"整个群体",那么他们中一些人可能不会同意普罗塔戈拉? 但借助哲学精英来为普罗塔戈拉辩护不充分:他未说过只有智慧者的观点对他们来说为真。通过说他关于意见的学说"对他而言为真"而且仅对他而言,对其他所有人而言意见的错误性为真,这种辩护不充分,[183]因为该学说确实希望与意见本身有关,即不只是与普罗塔戈拉的个人意见有关。②同样,说普罗塔戈拉能够始终如一地坚持我们在形成自身意见时只能有一个错误,即断言一个人自己的意见可能有错——那就会承认这位智者必须放弃他的学说的普世性表述。③正如苏格拉底本人之后将指出,每个人的每个

---

①　参例如伯恩耶特(Burnyeat 1976,1990),他认为柏拉图这里的论证有说服力,埃米尔森(Emilsson 1994)也这么认为:所刻画的普罗塔戈拉没有对他的反对者做出回应。

②　关于一种看法,即使固执地坚持"对我而言为真"与"对你而言为真"的限定词,普罗塔戈拉的论证也无法拯救,参埃米尔森(Emilsson 1994);因此同样的看法,以某种不同的方式,参李(Lee 1973,248 以及上下文)。据后者所言,"普罗塔戈拉自身观点的奇怪结果……是与其他人成功否定其论题相比,他不能更好地肯定自己的论题是真的[即,不使自己陷入自相矛盾]。……虽然严格保留他相对化的限定词确实可以使他避免'精致的'[即'最隐微的']论证的束缚,但这样做的代价只会是表明他没有做出任何证明和没有对我们提出任何要求"(Lee 1973,248–249)。

③　然而,比较塞德利:"尺度学说不适用的东西就是它自己;因此,在这种特殊情况下,那些不同意普罗塔戈拉的人不是真理的尺度,而这一自我反驳的论证就土崩瓦解。"(Sedley 2004,86)这一策略会更加有力,如果普罗塔戈拉(或代替他的苏格拉底)利用它。

意见都为真这一主张可以通过许多方式被攻夺或击败（179c1 和上下文）。然而，这一切都不足以直接处理苏格拉底提过的问题，即善在普罗塔戈拉的思想中的地位。

苏格拉底拒斥他自己的批评，是通过将注意力吸引到感官感知和意见，或和某种类型的判断之间的区别（171d9 及以下）。普罗塔戈拉会坚持说，每个人对世界的感知对每个人来说都必然真实——"暖、干、甜以及所有这类事物"——而苏格拉底这里承认了这种论证的力量（同时考虑 179c2‐4 和上下文）。换句话说，苏格拉底同意普罗塔戈拉立场的这一特点，因为它关乎可感品质（现有例子中的触觉和味觉）。但是，普罗塔戈拉会对有关健康和疾病的问题怎么说呢——也就是说，他肯定会愿意说，不是"每个女人、孩子和野兽都有能力治疗自己，因为它知道什么对自己是健康的"？既然健康为好，疾病为坏，苏格拉底因此把善好的问题再次带到前面和中心，并且他现在回到这位智者提过的具体政治性论点，甚至在一个重要方面对其进行扩展。

> 因此，当涉及政治事务时，高尚和可耻的，正义和不义的，虔敬和不虔敬的事情——即那类每个城邦都认为是这样的事务，城邦把这些事当作自己的合法的习俗[nomima/νόμιμα]，而这些实际上对每个[城邦]而言都是（are）真理；在这些事情上，没有谁比另一个更具智慧，既没有个人比个人，也没有城邦比城邦更有智慧。（172a1‐5）

这样，又回到了这位智者在他的长篇大论中明确表明的立场，苏格拉底现在也是第一次告诉我们，普罗塔戈拉把"虔敬和不虔敬"之事囊括于只在习俗观点中的事物，或那些完全处于运动中的事物：道德和虔敬同属一个问题，即关于没有人是也不可能是比其他人更有智慧，或者说，在这些问题上，所有的人基本上都持流动不定的意见。鉴于我们已经看到了他在《普罗塔戈拉》中关于虔敬的言论，这种展开并不令人惊讶，但如果是如此，它还是值得注意。这种对虔敬的看法，其纯粹的习俗特性，可能提供了一个与谦虚相当不同的动机，[184]即拒绝谈论或书写诸神的存在：大多数人对诸神一无所知，尽管很少有人意识到这一事实，而那些意识到这一点的人也没有动力为之呐喊宣扬。

　　苏格拉底关于普罗塔戈拉学说的版本一会儿更为缓和，一会儿又更加激进，再一会儿又不那么激进，它等于这个：一切都取决于知识和非知识之间有意义的区分，特别是关于好和坏、有利和有害的区分。回想一下，至少在危机之时，人类倾向于指望知道什么是好的犹如指望诸神，以得到拯救——将军们、医生们和船长们——就像"我们"曾指望普罗塔戈拉犹如指望"神"，因为他的智慧（亦参 161c8 和 170a10 - b1）。事实上，人类难道不是倾向于不仅指望各种专家，而且指望作为救世主的诸神本身，"因为它们在知识而非其他任何方面更优越"吗？而苏格拉底现在又回到了关于好的或有利的知识这一最重要的路径上：

　　　　但在［一个城邦］设定对自己有利或不利的事情上——在这里，如果事实上有任何地方的话，他［普罗塔戈拉］会反过来同意建言者优于建言者，在真理上一个城邦的一种意见优于另一种意见，而且他真的不会敢于［ouk an panu tolmeseie/ οὐκ ἂν πάνυ τολμήσειε］断言，一个城邦设定的那些东西，只要因为城邦认为它们对自己有利，事实上无论如何就一定会有利。（172a5 - b2）

　　就像生病的病人可以对这种或那种药物发表他喜欢的意见，而熟练的医师知道什么药物实际上会产生健康，所以城邦可以对这个或那个条约有任何它喜欢的意见，而熟练的建言者才知道它实际上会拯救或毁掉城邦。然而,苏格拉底再次犹豫:"正是在这里,如果事实上有任何地方的话。"(172a6;回顾171e3和e7-8)苏格拉底似乎有意留下一个可能性,至少,普罗塔戈拉很可能"敢于"断言,即使是好东西、有利的路径,也处于流变中。尽管苏格拉底表明自己愿意并能够以普罗塔戈拉的口吻长篇大论,但我们从未听到普罗塔戈拉本人在这些章节中谈论他敢或不"敢"断言的东西。

普罗塔戈拉正是(is)敢于这样做,这点在现在思考这一节的结论中以一种令人惊讶的方式得到证实:但是,

> 至于我所说的——正义和不正义的、虔敬和不虔敬的东西——人们[字面意思是他们]愿意坚持认为,本质上这些东西都没有自己的存在,当它看起来[doxei/δοκῇ]如此,而且在这么长的一段时间里看起来[dokei/δοκῇ]如此时,看起来[doxan/δόξαν]如此共同的东西在这个时候成了真的。(172 b2-6)①

苏格拉底的论述遵循这样的顺序:在政治问题上,高贵、正义和虔敬有相对性(172a1-5);关于非相对性的善好或有利的知识(172a5-b2);正义和虔敬的相对性(172b2-6)。[185]现在,鉴于普罗塔戈拉自己肯定了高贵、正义(167c4-5)和虔敬(172a1-5)的相对性,我们认为,苏格拉底意图把普罗塔戈拉归于"他们"中,即否认本质上有任何正义或虔敬的那些人;这正是我们在他长篇大论的过程中看到的他的形象。这点没有争议。但是,应该如何看待苏格拉底紧接着的结论呢?"而且所有那些不(not)在各方面陈述普罗塔戈拉的论证的人,把智慧引向了这一点?"(172b6-7,重点为作者后加)确切地说,哪一点不是普罗塔戈拉的论证?只有一

---

① 关于这段的翻译,参伯恩耶特(Burnyeat 1990,33 note 41)。

种可能：坚持运动学说的大集团（"他们"）否认本质上存在正义和虔敬的东西，但肯定善好或有利的存在，而普罗塔戈拉虽然也否认本质上存在公正和虔敬（和高贵）的东西，事实上，他自己"敢于"否认善好是固定的而因此是可知的特性。这是苏格拉底论述中的核心考虑。①正如苏格拉底所说，"正是在这里，如果（if）事实上有任何地方的话"：难道可能是普罗塔戈拉在他最严肃的思考中，不承认一个建言者在被理解为更好的真理的知识上比另一个建言者更优秀吗？他甚至断言他的同事们都不"曾敢"断言的事情——善好也最终处于流变中，所以最终是不可知的？显然，在这一点上，普罗塔戈拉的同行们与他分道扬镳。②这里，我们可能注意到，古代最常见的"相对主义"把正义和高贵（"道德"）的相对性作为一个理所当然的问题，以区别于善好，而我们这个时代最常见的相对主义在正义（例如以人权的形式）方面是"绝对主义"，同时坚持善好的相对性（以所有生活方式的平等价值为形式）。这大概不是古代思想中最激进可能性的唯一例子，对我们现代人来说，这已经成为一种常见的教条。

普罗塔戈拉竟然把善好包括在流变中，这种奇怪的可能性提出了比它所回答的更多的问题。但苏格拉底没有立即明确地回答这些问题，而是突然说"一个更大的逻各斯，西奥多洛斯，从一个较

---

① 比较伯恩耶特："［很多］人倾向于否认价值的客观性，把许多普罗塔戈拉的思想纳入他们的思考，而不赞同他的平行观点（a）［即感性品质的相对性］，当然一刻也不怀疑利好问题的客观性。"（Burnyeat 1990, 33）这个本来很有帮助的表述，让人不清楚普罗塔戈拉是否"当然"也怀疑（或拒绝）善好的"客观性"——这正是这段的关键问题所在。例如，亦参麦克道尔（McDowell 1973, 172-173）关于他所谓"修正的普罗塔戈拉学说"，"无限制"版本包括希望被囊括于感知的相对性的"任何谓词"（包括善或因此产生的有利）。

② 因此，我不能同意斯特恩的观点，即苏格拉底这里从普罗塔戈拉那"拧"出一个认识，"对于这样一个潜在地多样化的存在［正如人类］，善好必须是一个问题"（Stern 2008, 153）：苏格拉底这里不遗余力地指出对普罗塔戈拉来说善好的争议性地位，并且是根据普罗塔戈拉自己的说法。

小的逻各斯中产生,正在压倒我们"(172b8‐c1)。这个"更大的逻各斯"被证明是之前提到的"离题",正如苏格拉底所说,它"构成了对话的中间部分"(Klein 1977,107)。它在否认本质上存在任何正义或虔敬的东西的阴影下展开,除此之外,它还在善好或有利的地位受到质疑的阴影下展开。普罗塔戈拉所说过的以及在这种程度上所宣传或推荐的生活是一种自然的生活,所以它实际上否认正义和虔敬是美德;从智慧所允许的角度来看,正义和高贵以及虔敬的东西都消失了。但普罗塔戈拉能否始终认为他所过的生活是好的,或最好的,或最有利?

苏格拉底"更大的逻各斯"

[186]这个"更大的论证"被证明是既奇特又美丽的。它的第一个也是更长且相当奇怪的部分,专门用来比较那些花时间在哲学上的"领军人物"的"方式"或"性格"(tropos/τρόπος:175d7 以及上下文),一方面苏格拉底提到了泰勒斯的名字(174a4),而另一方面则是那些花时间在法庭和类似场所的人的"方式"或"性格",我们可以暂时称之为"律师"(172c3‐176a2)。刻画哲学家对律师类型的人尝试进行教育,以及对其效果的描述,构成首部分的一个小节(175b9‐d7)。然后,苏格拉底在该逻各斯的第二部分(176a5‐177b7)转向,以他自己的名义提出一个颂歌(hymnēsai/ὑμνῆσαι:176a1)的美妙例子,被正确地唱出的颂歌,这超出了"律师"的能力:一首赞美"诸神和幸福人的真正生活"的歌(176a1‐2,以及文本),苏格拉底两次说这是"真理",或其中包括对"真理"的陈述(176b8 和 d5)。这还包括,作为一个小节,另一个对非哲学者的哲学教育的刻画,以及对其效果的描述(177b1‐7)。

第一部分的奇怪之处部分来自苏格拉底这里所描述的哲学家的特点。这些哲学家们从年轻时就:

不知道通往广场的道路,也不知道法庭在哪,也不知道议事厅在哪,更不知道城邦中任何其他的公共集会场所。至于法律和法令,口头或是书面的,他们既不看,也不听。(173c8-d4)

甚至他们在梦中也没有想到要参与政治俱乐部、会议、宴会或聚会。哲学家也不是为了他的名誉而不做这些事。事实上,仅仅是他的身体居住在城邦,而他的思想,则认为所有这些城邦的关切都是无足轻重或次要的,并飞走或深入地下,或升到高空——例如,在几何学和天文学的实践中,并"以各种方式[或在各方面]研究存在着的事物[ton onton/τῶν ὄντων]中每一个整体的全部性质,让自己去适应的东西统统不是近在咫尺的东西"(174a1-2 和上下文)。苏格拉底甚至暗示,哲学家对他隔壁邻居是如此不了解,以至于他不仅不知道他的邻居在做什么,甚至几乎可以说,不知道"他是人还是其他生物"(174b1-3)。哲学家对每个整体的性质非常感兴趣,因此他也对作为这些存在之一的人类的性质感兴趣;但他就像任何某个人一样,对这种性质在这个或那个人身上的不完美的体现无动于衷。

[187]正如许多学者有说服力的论证,这幅"哲学家"的画像不可能是对苏格拉底的描述,尽管事实上他早先把自己纳入"哲学家"之列(参 164c9-d1)。[1]苏格拉底完全知道他的邻居也是人,因为他甚至熟悉他们生平的一些细节——比如,来自索尼昂的尤菲洛尼乌斯(Euphronius from Sunium)泰阿泰德的亡父的生活,(144c5-8)。苏格拉底显然不仅知道去广场的路,还知道去法院和其他司法建筑的路(参 210d1-4),就像他肯定看到和听到——

① 例如,参 Burnyeat 1990,34-36;Cropsey 1995,32,47;Giannopoulou 2013,90-101,特别是 93;Rue 1993;Stern 2008,163 以及上下文。

并遵守——雅典的法律一样。苏格拉底甚至知道某个法庭文件的术语（"宣誓书"）（172e4，有手稿）。如果不是苏格拉底有与最有前途的年轻人在一起的浓厚兴趣，《泰阿泰德》中记录的对话就不会发生。在苏格拉底这个哲学家和这里描述的"哲学家"之间肯定有许多不同之处，柏拉图提请我们注意以下一点。苏格拉底一开始就指出，如果那些"花很多时间在哲学上"的人去法庭，在那里他们会显得是"可笑的演说家"（172c3‑6）。而这只是四次提到哲学家在律师界的许多人看来是多么可笑甚至"荒谬"的第一次，可以这么说（174c3；174d1；175b5）；的确，对大众来说，哲学家似乎是"傻的"（abelterias/ἀβελτερίας：174c6）和"轻浮的"或"愚蠢的"（lerodes/ληρώδης：174d3）。但这等于说，这些哲学家被认为对社会的威胁很小，以至于当他们被注意到时，他们引起了笑声而非愤怒——尽管哲学家们自己也"嘲笑"众人不经意的矫饰和空有的虚荣（175b3 和上下文；亦参 174d1‑7）。我们可以把那个著名的机智的色雷斯女仆的故事作为典范：当泰勒斯在观测天文时掉入井里，她加以嘲笑：他急于知道天上的东西，却对眼前和脚下的东西视而不见。据苏格拉底所言，"这个笑话也适合于所有那些花时间在哲学上的人"（174a8‑b1）。

所有这一切都必须与我们从某一场对话中所了解到的进行对比，该场对话是《泰阿泰德》—《智术师》—《治邦者》三联剧的戏剧续集，它不是以苏格拉底和青年苏格拉底为主角（《智术师》217a3和上下文；《治邦者》258a2‑6）题为《哲学家》的对话，而是苏格拉底在《苏格拉底的申辩》中与雅典人民在法庭上的"对话"。那里，我们看到的正是一个被迫走上法庭的哲学家（正如《泰阿泰德》174c1‑3 所预料的那样），[188]他七十年来第一次登上讲台，并练习一种他承认对他来说完全陌生的说话方式（《苏格拉底的申辩》17d1‑3）。不幸的是，苏格拉底已经赢得了"聪明的演讲者"的名声（17a4‑7），但他坚持认为，他所知道的唯一一种修辞就是讲真话(17b4-6)。相应地,在进行辩护时,他将使用他已经习惯做出的相同论证,"无论是在市场的钱柜上,在那里你们中的许多人都听过我讲话,还是在其他地方"(17c7-9)。然而,与《泰阿泰德》引导我们所期望的相反,在《苏格拉底的申辩》中,苏格拉底陌生但真实的说话方式没有任何一点促使他的听众开玩笑或大笑;相反,它好几次激起或很可能激起他们起哄反对(thorubein/θορυβεῖν:17d1、20e4、21a5、30c2)。正如在苏格拉底辩护之后的有罪判决所暗示,它呈现了他全部的生活方式和"全部真相"。苏格拉底恰恰对他的同胞、邻居和"近在咫尺"的东西有浓厚兴趣,这当中有某些东西引起了他的同胞的愤怒,而非笑声,因为这种兴趣与一种奇特的说话或提问方式一起,被视为有点太"聪明"。正如这里关于试图进行哲学教育的两个说法之一所表明的,一个"律师"类型的人首先受吸引于或被拖向哲学(175b9-10),从而被悬挂在高处,他很可能会变得晕眩、困惑和舌头打结;他还可能让哲学家发笑,是的,但不会"让色雷斯女仆或任何其他未受教育者"发笑,原因很简单,"他们没有感知到"他(175d2-7)。那么,哲学家——那些一生都在"高空"的人——是看不见的。他们不被众人感知,因此也不为人所知,只有在极少数情况下——当他们"被迫"进入法庭(174c1-4)或碰巧被看到掉进水井——他们甚至会发出笑声。如果说这种描述有一些夸张,对他们的隐身或他们滑稽的笨拙的描述,这只是为了突出苏格拉底与他们的不同:正是苏格拉底被迫或逼迫自己去市场和其他地方,参与那里的谈话,在某些情况下,他赢得了同胞的尊重,但也赢得了一些人的愤慨,足以使他被处死。正如苏格拉底指出,"你[西奥多洛斯]称之为哲学家的人"(即前苏格拉底哲学家)被认为是"天真的"(euethei/εὐήθει)——这一事实当然不会引起哲学家的义愤。至少在他生命的最后阶段,苏格拉底在一些人看来似乎离"天真"很远,而他本人也是很多人义愤的原因。根据这一切,我认为这个离题话不仅涉及"哲学家"和"律师"之间的划分,而且涉及"哲学家"内部的划分:必须牢记苏格拉底这个哲学家和他的前辈"前苏格拉底派之间的区别,普罗塔戈拉则属该群体中的一员。

[189]那么,我们从"哲学家"那里学到什么呢?他们仅关注所提及的两个主题,几何学和天文学(173e6 和 174a4),并不足以说尽他们的研究,因为西奥多洛斯也是这些方面的专家(145c7-d3);尽管苏格拉底把他列入"我们合唱团"(173b4-5),并因此处于可以称之为理论的阵营,西奥多洛斯承认或坚持认为,他很早就放弃了他所遇到的哲学的"光溜溜的逻各斯"的特征,而选择几何学(165a2)。更有希望的说法是,哲学家们以各种方式或在各方面关注存在的事物中每个整体的全部性质,即万物(174a1)。每个整体——每个类别或种类——显然都有一个性质,一个固定的方式或特征,决定并因此限制了它能做什么以及它能遭受什么或经历什么。要看清一个事物的"全部性质",至少必须从它身上剥离单纯的习俗——"法律和法令,口头或书面的"——对它或者更是对我们的影响,例如,把自然之事区别于"机运"的作用,如果这种区分最终能够得以保持(175b2)。哲学家对其邻居的行为漠不关心,与他对以下问题的强烈兴趣完全一致:"究竟[pote/ποτε]什么是人,做什么或遭受什么才合适这样一种天性自然,使它与其他人不同?"(174b3-5)鉴于哲学家关注的是地底下和天上的东西(173e3-174a2)——也就是说,关注所谓的地下世界或来世的运作,以及所谓的神性存在,星星和行星,太阳和月亮的位置,他会对诸如自然是否允许人类灵魂在死后转生或复活的问题感兴趣。苏格拉底在演讲中拥有使普罗塔戈拉复活的能力,使他起死回生。"自然"是否在行动上允许这样的事?

哲学家还接手了似乎是非哲学家所关心的那个(the)问题:正义。部分是由于普通公民关注的中心为正义,苏格拉底说他们("未受教育者":175d5)的时间花在法庭和类似的地方。但是,要使对正义的哲学论述能发生，其人得先被拉起或拖起，从而远离诸如我对你或你对我不公正这样的问题，即远离关于我的和你的小争吵。哲学家习惯于观察整个地球，而不是富人吹嘘拥有的那微不足道的一部分(174e2－5)。[190]因此，哲学家对正义的探究从一个与普通公民截然不同的关切开始。哲学家探究的是"正义本身和非正义，两者各是什么，以及它们与其他一切或彼此之间的区别"(175c1－3)。这似乎是一个区别于"现有事物中每个整体的全部性质"的探究，因为不清楚"正义本身"是否是一个存在，对本身而言一个真正的整体(回想172b3－5)，或者它有一个"性质"，一个由于自然而有的固定特征。正如普罗塔戈拉的长篇演讲所言，无论如何，正义本身只"存在"于权威性的意见或法律中，无论是口头的还是书面的。那么，这些哲学家对在这个或那个群体中的正义的具体规定毫无兴趣。通过区分自然和习俗来开始对世界的考察，尤其剥夺了正义的严肃性，即它为自己所主张和其他方面所享有的严肃性。这进一步证实了所理解的公民的关注和哲学家的关注之间的鸿沟。这里我们注意到，"什么是正义本身？"是哲学家将向一个刚被拉到高空的人或一个仍在"晕眩"的人提出问题：这是一个初步的或仅仅是入门的问题。

下一个这样的问题是"关于王权和人类一般的幸福和痛苦"，这与非哲学的问题有区别。国王是否因为拥有大量黄金而幸福(175c4－6)。① 苏格拉底在对哲学家的介绍中，曾提到过一次国王。当哲学家听到"僭主或国王受赞美时，他只能想到一些猪倌或羊倌或牛倌因为放牧和挤奶受到赞美"(174d3－e2)。这表明哲学家认为国王和僭主之间没有真正的区别；他当然对他们之间在正义方面的任何所谓区别保持沉默。国王可能强调放牧，僭主

---

① 文本上存在一个难点，不清楚那是一个引文，连带指涉了拥有大量黄金的那位国王，还是两个引文，如 Burnet(1903)的文本，分开指涉国王和拥有黄金的人的幸福。

强调挤奶;但两者都和牧群被关在一个圈里,过着和被放牧者一样粗俗和无教养的生活。至于"人类的幸福",这一表述不需要暗示有亚人类或超人类的幸福,因为如果哲学家把他自己的生活看作人类幸福的顶峰,那么这种生活当然是动物所没有的——它甚至是绝大多数人类所没有的,哲学家在这里把他们比作动物。更重要的是,不可能有超人类的幸福,因为没有超人类的存在能够企及它。①"高空"的唯一存在一方面是天文科学的对象,另一方面是测量它们的人类心灵或理解力(dianoia;$\delta\iota\acute{\alpha}\nu o\iota\alpha$ 173e3)。如果实际上不可能(per impossible)从下面看到心灵的本来面目,它确实会显得超人类的或神性的。但是,由于它只能从下面看,因此在一个扭曲的距离上,它必然显得比它自己小。[191]事实上,它是或属于唯一完全的人类生命。至于哲学家对人类幸福和痛苦问题的处理,他不仅问这两者是什么,而且问它们是"什么类型"(比较 175c5-6 和 c2-3)。这个问题可能与这里对"自然"的引入一起,与对正义的处理相反。"这两者是什么类型,以及人的自然本性以什么样的方式拥有这个和逃离另一个是合适的"(175c6-8;亦参 174b3-5 对人"本性"的提及)。因为这个问题集中在我们拥有幸福的"方式"上,它似乎预设了我们必然或自然地寻求我们自己的幸福,即我们自己最真实的善好。哲学家似乎也从"正义本身"是什么的问题上升到人类幸福的问题——也就是说,他分开处理它们。无论如何,在对待幸福的问题上,他对正义保持沉默,正如他对待王政-僭政的问题一样沉默。这表明,根据这位哲学家的观点,在不认为幸福是人类最大善好的情况下,有可能构想出幸福,而这种幸福只有在人们配得上它的情况下才能获得;分开处理正义和幸福,预示着人类幸福

---

① 苏格拉底自己在 176a1-2 的表述模棱两可,因为形容词"快乐"显然修饰"人",而明显不是修饰"诸神"。

仍然是可以理解的,因为它不是正义者所关心的事情。

我们现在来讨论"更大的逻各斯"的第二部分,即苏格拉底赞美"诸神和幸福人的真正生活"的美丽歌曲或颂诗。苏格拉底认为,"律师们"不知道如何达到赞美所需的"和谐"言论。但是,我们到现在为止看到的哲学家们能唱出这样一首歌吗?至少没有证据表明他们希望这样做;在这个词于离题话中的唯一一次再现时(hymnounton/ὑμνούντων:174e5),哲学家们嘲笑许多人唱的赞美他们祖先的歌(174e5-175b4)。至于普罗塔戈拉,他的正式立场是,他对诸神一无所知,所以必须对它们保持沉默。那么,像哲学家们一样,苏格拉底关心人类的幸福;与他们不同的是,他知道并唱着赞美诸神的歌。在我看来,在这一节的逻各斯中,苏格拉底展示了他自己的一些东西,至少在行动上是这样的——也就是说,我们在这里看到了他一定深思熟虑过的问题和关切,他可以如此有力地谈论这些东西。本节静默的戏剧性证实了苏格拉底的思考或其主题的力量,因为在回应构成本节过渡的言论时,西奥多洛斯承认,如果苏格拉底能够说服每个人相信他正在说的东西,就会有"人类之间更大的和平和更少的邪恶[kaka/κακά]"(176a3-4)。紧接着它的结尾,西奥多洛斯又评论说:"苏格拉底,对我来说,[你所说的]这类东西没有[普罗塔戈拉的逻辑]那么难听,[192]因为它们对我这个年龄的人来说更容易理解。"(177c3-4)西奥多洛斯在离题话中总体上自发地提出评论或问题的相对频率值得注意,以及在这节后半部分也是如此(172c2和d3、174a3、175b8、176a3-4和e2、177a9和c3-5),因为到这个时间点,他宁愿旁观着,而不是自己参与从而被"脱光"(162b1-7)。西奥多洛斯的道德甚至神学关切在这里最为明显,如果不是对西奥多洛斯本人而言,就是对读者而言。

那么,西奥多洛斯是受感动于苏格拉底现在转向的问题或关切中的某些东西。事实证明,西奥多洛斯在他的(很大的)年纪不会感到不高兴,不像普罗塔戈拉,倒很可能更高兴于听到苏格拉底继续像他现在这样讲下去,因为苏格拉底将不仅对人性,而且对"凡人的自然本性"(176a7)作出说明。在这一论述中,苏格拉底坚持认为,由于"必然性"(176a6 和 a8),我们无法根除这个世界上的邪恶。我们对善的关注可能导致我们看到它的反面必须(must)存在:没有疾病,健康会不可理解。因此,对于我们这些凡人来说,生命本身的大善必须伴随着它的反面。这个论点很可能让人绝望,甚至可能比普罗塔戈拉的论证更让人不高兴,如果不是因为事实上证明,此时此地有一种可以过的生活,它构成了一种"逃离"或"逃亡",前往唯一一个任何邪恶都不可能居住的地方:到诸神之中去。①因此我们可以而且确实必须"尽可能快地从这里逃到那里",这种逃离是"尽可能地与神相似(assimilation)"。那么,为了尽量不受害于必然困扰着这个世界的邪恶,人们必须将自己与(一个)神变得相似,这种相似包括变得"正义和虔敬,以及有理解力[phronseos/φρονήσεως]"(176a5‐b3)。成为正义和虔敬,或成为审慎的人(phronimos/φρόνιμος),从而正义和虔敬,因此承诺最大可能地摆脱或保护自己免受这个世界的邪恶;相比之下,运动提供的照看监督(superin-tendence),哪怕是太阳的运动,都显得微不足道(回顾 153a5‐d7)。这样理解的德性实践是否可以征服邪恶,即死亡本身?

苏格拉底接着严厉批评了"多数人"追求美德和逃避罪恶的动机,即希望"看起来"或"被认为是"好的而非坏的(176b3 及以下;亦参 173e2 的 eudokimein/εὐδοκιμεῖν)。换句话说,多数人追求美德是为了它的声誉能带来的好处。就其本身而言,他们认为它是一种负担。苏格拉底自己将陈述"真理"(176b8)如下:神在任何方面都不是不正义,而是尽可能地正义,在神的位置上没有什么比

---

①　关于这一说法在随后的哲学史尤其是神学史上的影响,参 Annas 1999;Burn-yeat 1990,35;Sedley 1999;van Kooten 2008,124‐219。

他在我们中间变得尽可能地正义来得更像一个神。[193]苏格拉底因此放掉了虔敬，大概是因为正义的实践是如神一般，或者是因为正义意味着虔敬。事实上，所有的美德——无论如何，虔敬、勇气(或男子气概)、真正的聪明和智慧——现在看来与正义有关，因为它们来自正义。"对这点的认识"——拥有最大可能的正义使人最接近神——本身就是"智慧和真正的德性，对它的无知则是学习的匮乏和明显的恶习"(176c3-5)。

　苏格拉底对正义的论述仍有模糊之处，因为他首先以更长篇幅说，与神相似(可以说是"模仿")是(is)"从这里到那里"的逃亡或逃离，这意味着极其正义的人仍然生活在此世，就像"高尚的"哲学家仍然生活在此世。如果像苏格拉底所描述的那样，哲学家和正义之士都有一些超人类的东西，那么他们实际上都没有居住在上面，或悬空，或在诸神之中。因此，苏格拉底也提出了不可避免的"对不公正的惩罚"，而许多人对此一无所知，那就是此(this)生的痛苦(176d7)：我们应该反思"有神的人最幸福，无神的人最悲惨"的例子，通过模仿后者，不正义的人将因其不正义之举遭受惩罚，"过着使自己与他们相似的生活"。在正义与非正义之间的选择中，也包含了我们在这个世界上可能获得的"最幸福"或"最悲惨"的生活之间的选择。

　然而，苏格拉底现在又补充了反对不义的第二个不同的理由，或者说正如这所暗示的，支持正义的理由：

　　但是，如果我们说，如果[不正义之士]不摆脱他们的"聪明"，当他们大限将至，那个净化了邪恶的地方不会接受他们，而是在这里[在此世]，他们将永远[aei/ἀεί]保持他们他们自己所过生活类似的样子，他们这些邪恶的人与邪恶在一起——这些他们将当成某些没有思想的人[的话语]，因为他们确实在各个方面都聪明得可怕，无法无天[panourgoi/πανοῦργοι]。(177a3-8)

　　换句话说,苏格拉底在这里假设了一个不朽的灵魂,它受到惩罚,不是在今生,而是在来世,而且是"永远",因为它被禁止进入唯一没有任何恶的地方。(那么,它是被判处永远"生活"在此世?)那么,行事正义就是走在一条适当的路上,将永远生活于一个与此世完全不同的地方,因为那里的特点是只存在善好的事物。然而,这个论证朝着那些"多数人"的方向迈出了一步,他们主张一个人确实应该追求德性,但只是为了它所带来的好处。那么,苏格拉底的第二个论证或假设("如果[if]我们说"),使正义或德性成为一种手段,尽管是达到最崇高目的的手段。[194]而且,正如苏格拉底所言,如果"聪明得可怕的人"(deinoi/δεινοί)否定它,因为认为只有缺乏思想或不聪明的人才会提出这样的论点(177a7-8),但"多数人"仍然可能会欢迎它。这里我们顺便提到,如果可以合理地说哲学家"从年轻时"就有某种倾向(173c8),那么把那些经常出入法庭和类似的人说成"从年轻时"(173a4)或"青少年时"(173b2)就这么做,这显得非常奇怪。在我看来,对"律师类型"的描述不能按字面意思理解;苏格拉底在这里描述的,显然不是或不仅仅是任何严格意义上的"律师",而是所有生活在政治共同体中并以最严肃的态度对待其关切的人。如前所述,这种非哲学的人最重视正义,尤其是被理解为法律的正义(173d2),在这个意义上,所有(前哲学或非哲学的)公民都生活在由法律构成的世界中——那么,"从年轻时起"就生活在一种法庭上。这里,苏格拉底即使不是以自己的名义,也是以"哲学家"的名义,以至于把这些非哲学的公民描绘成在"坐着的奴隶主"面前相互争吵的"奴隶"(172e5 和上下文)。出于同样的原因,"律师"类型的人并不是真正的律师,而是各个年龄段的普通人,所以有关的法官一定不是普通法官。苏格拉底会不会在这里勾勒出前苏格拉底时代的观点,即那些把正义和法律看得比什么都重要的人,他们害怕招致一位对他们的"灵魂"(或"生命":172e7)中的一切永远行使权力的法官的愤怒,一位神的愤怒? 这与苏格拉底在这里对"多数人"的描述相吻合,他们追求正义只是为了从正义产生的声誉中得到好处。在任何事情上都恐惧于神的惩罚(以及希望外在的回报),这种被支配是一种"奴役";这样的奴隶很早就学会了"在言语上谄媚和在行动上讨好他们的主人"(173a2)。"年轻时就受奴役,这就夺走了成长、正直和自由,被迫去做扭曲的事情,给他们仍然稚嫩的灵魂带来巨大的危险和恐惧。"(173a4-60)我们认为,其中至少包括对冥府中无休止惩罚的恐惧。苏格拉底自己对不正义者惩罚的描述并没有到这个地步;这种惩罚包括被禁止接触纯洁事物,正如我们所看到的,或者被迫享受这个世界特有的善和恶的混合。

那么,如果"聪明人"断然拒绝苏格拉底支持正义或反对非正义的第二个论证,那他旨在说服他们的第一个论证呢?这些"聪明人"中包括"犯了不义之事,说了或做了不虔敬之事"的人,他不但不为这一事实感到羞耻,甚至还为指责他不正义而感到高兴。正如苏格拉底的批评大意所表明的,这个"聪明"人之所以这样做,是因为他相信这样可以为自己争取到幸福。[195]苏格拉底并没有谴责他这一点。更重要的是,苏格拉底顺便承认,"有时那些根本没有犯下不义之举的人"却遭受了通常与不义有关的惩罚,如"殴打和死刑"。换句话说,"聪明人"虽然缺乏"真正的聪明",但也不是简单的傻瓜(leroi/λῆροι:176d4;比较在 174d3 的 lerodes/λη‍ρώδης),因为他们也和苏格拉底一样,看到无辜者有时会遭受可怕的痛苦,或者正义者并不总是飞黄腾达。那么正是由于这个原因,"聪明人"才会像他们那样追求不正义和不虔敬:他们看到在其周围,正义者的希望常常失望或毁灭。那么"聪明人"认为他们如此做只是在做"真正的人[andres/ἄνδρες]",就像那些要在城邦中拯救自己的人一定要是的那样"(176d1-5)。苏格拉底这里补充说:"所以真相必须说是:他们更属于自己假设不会是的那种人,因为他们没有假设这件事"(176d5-6)——也就是说,当假设拒绝正义和虔敬就会避免正义者的世俗命运时,"聪明人"恰恰为自己营就了他们一直力求避免的东西：此时此地最悲惨的生活。以为自己是"真正的人"而不是"傻瓜"，但实际上行为愚蠢。

现在，最佳生活方式的问题似乎可以被归结为这些事实。为苏格拉底所重点断言的，而为"聪明人"所重点否认的，正义的生活是此时此地最幸福的可能，是此世我们所能发现之事。在与"聪明人"交谈时，当然不能依靠苏格拉底的第二个论证，他们拒绝这个论证，如果接受这个论证，就会使第一个论证变得无关紧要或多余：无论正义者在此时此地的命运如何，只有他们才能及时进入那个净化了所有邪恶的另一个地方。然而，我们现在了解到，理解的改变或转向恰恰在（有些）"聪明人"那里是（is）可能的，因为私下里，他们必须对他们加以谴责或指责的事情"给出和接受一个论证"——正义和虔敬——如果他们愿意相当长的时间"勇敢地留在原地，不以很缺乏男子气概的方式逃跑，那么……以一种奇怪的方式，他们最终对自己所说的事情感到不满意，而[他们的]修辞也会枯萎，以至于跟童稚没有区别[不会更好]"（177b1-7）。在我看来，提及在私下给出和接受一种论述，这是苏格拉底在离题话中最接近于谈论他自己的特色活动——"辩证法"。我们已经看到，"聪明人"缺乏自知之明（176d5-6）。他们感到不得不像他们那样生活，成为城邦中的"真正的人"而不是傀儡，因为他们太清楚地看到世界上正义的命运。重复一下，苏格拉底自己曾承认，"有时"无辜者得到的只会是"打击和死刑"。[196]但是，只有当人们对正义抱有同样的希望，特别是来自正义的希望时，才会被这种命运所感动；没有理由认为高高在上的哲学家因此而感动。①那么这种希望是什么？那就是正义的行动是人们需要的东西，唯一的（the）东西，以便能像"凡人的本性自然"所如此深切地希望生活着去生活，

---

① 比较伯恩耶特："但这种对势利的拒绝[在离题话中]嵌入对普通人关切的全盘谴责中，二十世纪的读者更有可能觉得陌生和令人厌恶，即使我们（尽管我们自己）受制于修辞的横扫和力量。"（Burnyeat 1990, 35；强调为引用所加。）

摆脱一切邪恶,从而永远地活着;它是维持对幸福的希望所需要的东西。那么,甚至是或恰恰是"聪明人"也被证明对自己的处境怀有某种失望或不满;在"聪明人"身上留下痕迹的,与其说是完全放弃了希望,不如说是放弃了希望的实现——正如柏拉图展示在我们眼前的(《王制》中的)色拉叙马霍斯,或(《高尔吉亚》中的)卡利克勒斯的例子。而且,苏格拉底的歌如此有力地加以描绘,并试图以其方式加以支持的,正是这种来自正义的希望。

这首歌整体上表明,对正义问题有两种截然不同的反应,苏格拉底似乎肯定了每一种:努力在此时此刻模仿一种神一样的正义,这种正义伴随着理解或审慎(176b3-177a3),或者在此时此刻实践正义,以便日后在另一个非常不同的场域,在大限之后获得真正神圣的幸福(177a3-8)。但是,如果被引导选择前者等于拒绝后者,那么这种选择就意味着,一个人此时此地都生活在我们可以得到的非常真实的善好中,这是当然的,但同时也伴随着过于真实的邪恶,它们必然给善好打上一层阴影;这是在接受了这种必然性并完全意识到其后果的情况下生活在此时此地。也许我们可以说,如果正义恰恰尤其是唯一(the)世俗的善,那么它就会伴随着一些坏事(回顾176a5-8)。那么,难怪苏格拉底一再对"聪明人"说,后者认为自己是"真正的人",因为他们认为自己已经看到了城邦中的一切,他们需要"男子气概"或勇气,来看待这个世界和他们自己的本来面目(176c4、177b3和b4),更不用说接受这些了。换句话说,需要有男子气概,这样才不会试图"逃离"这个世界的本来面目(比较176b1的 pheugein/φεύγειν, phuge/φυγή 与 177b4的 phugein/φυγεῖν;有关的"男子气概"肯定类似于在《普罗塔戈拉》中辨别的"稳重")。

那么,苏格拉底以两种不同的方式,为正义和虔敬辩护。这种辩护是他曾预期的"更大的逻各斯"。我们记得,它的产生伴随着对以下这点的普罗塔戈拉式的否认——依据自然,存在正义和虔敬之事（172b4 和上下文）。然而，苏格拉底自己的论证或者歌，就其所有的力量而言，并没有证明依据自然存在任何正义或虔敬的东西；它特别没有证明，依据自然存在着正义的善好（或不正义的恶）。相反，它断言，无论是作为今世效仿的榜样，还是作为来世无偿善好的保障者，神都是正义之善的最深层基础（176a6-7、b8、e3-4）。[197]尽管如此，苏格拉底在这里对正义的描述，在行为上或在我们眼前呈现了他与"哲学家们"之间最明显的区别：只有苏格拉底有足够的动力从内部探究正义和虔敬，可以说，不是从习俗和自然之间的总体哲学区分开始，而是从关于正义者本身的最有影响力的意见（当然包括希望）开始。不过，苏格拉底在这里确实表明的，如果不是正义者的本性自然，那就是正义的本性自然（例如，参《法义》862d7-8）；他指出了正义对于人类的出于自然的控制。这种控制可以部分地追溯到我们的自然关切，即对自己而言拥有真正的好东西，而正义似乎首先是或承诺是这些好东西，并且永远拥有这些好东西：我们因此寻求克服我们的"凡人的本性自然"。反思正义，或者说反思正义与虔敬的关系，指向所有人类本身所追求的善好。在这种程度上，它也指向人类稳定的关切。而所谓的聪明人的自我理解的变化，相当于近乎"证明"，苏格拉底在他唯一可用的实验室中对他们意见的理解是正确的：人类的灵魂，正如它在言辞中揭示自身。我们在这种联系中注意到，据苏格拉底所言，"哲学家们"的代表也缺乏自知之明："而所有这些东西"——普通公民的道德—政治关切——"他甚至不知道他不知道"（173e1）。

在"离题话"结束后，苏格拉底立即回到了所有那些人，即谈论相伴生于或在运动中的（唯一）存在，以及认为在每个场合下对每个人显现，或他对之产生看法的东西，同时也是为着他的，并首先是"相关于正义的东西"（177c9）：

无论一个城邦把什么东西设定为对自己来说似乎是[正义的]，这些东西就在实际上对设定它们的城邦来说是正义的，只要它们被设定了。(177d1-2)

然而，与"正义之事"有关的情况又一次与"好事"的情况截然不同。

没有人会依然(still)有如此大的勇气敢于争辩说，一个城邦因为认为有任何东西对自己有利就为自己设定这样的东西，这事就竟然真的在实际上有利，仅仅是因为它们被这样设定。(177d2-5，强调为作者所加)

这样一来，"离题话"是由"敢于"的讲法构成，需要有这样的"敢于"，去把甚至在流变中的善好也包括进来(172a5-b2和177d2-6)。当然，在这两个场合，苏格拉底似乎暗示普罗塔戈拉不敢走这么远。但我们又记得，苏格拉底在描述普罗塔戈拉式立场的后果时(157d8)，首先不仅把高贵，而且把善好放到了流变之中。随后，他区分了那些在各方面都没有(not)陈述普罗塔戈拉式论证的人，在上下文中，这意味着该论证包括流变中的善好；[198]而且现在他只谈到一般类别的(道德)相对论者，还没有特别谈到普罗塔戈拉(比较178b2-3，那里普罗塔戈拉在离题话之后第一次回到那些"和他一样说着相同事情"的人身边)。苏格拉底希望我们看到，普罗塔戈拉不仅受到诱惑，把善好或有利的东西纳入流变中，而且还屈服于这种诱惑。①但是，是什么可能促使他，而且显然只有他，甚至考虑这"大胆"的一步？我认为，确实有一个严重的问

---

① 所以，我们最后无法同意"普罗塔戈拉学说的成立或崩塌，将在于他揭露善好的标准的能力，这种善好的标准并不意味着真理依赖于静止和存在"(Cropsey 1995，42)。

题迫使普罗塔戈拉"敢于"考虑善好的相对性,而苏格拉底以他关于正义与虔敬关系的"更大"的论述方式面对或解决这一问题。《泰阿泰德》的下一节,即与普罗塔戈拉有关的最后一节,以合理的方式说明了这个严重的问题是什么,部分地确证了它先前的迹象。

告别普罗塔戈拉:第一个论证及其后果(177b7-181b7)

正式告别普罗塔戈拉,将是在183b7-c7的对话。这一告别,显然是以两个反对他的论证为铺垫。这两个论证由一个关于所有哲学内部的基本分歧的讨论加以分开。这个讨论表明了这个部分的重要性:哲学分为运动阵营,与巴门尼德和梅利苏斯阵营,前者不止以赫拉克利特为代表,后者则认为"万物为一,静止不动"(183e3-4;回顾152e2和上下文)。① 离题话之后的第一个论证(177e4-179e1)从属于善好的知识,它(苏格拉底认为)与将要发生的事情或对未来的预测紧密相关。而且,这种对未来之善的知识的拥有,现在被说成区分标准,用以区分一个在相关方面是适当尺度的人,和一个缺乏这种知识不是尺度的人。因此,普罗塔戈拉说"每个人"都是尺度,这是错误的。然而,尽管西奥多洛斯对这一论证印象深刻,但这一论证似乎没有取得任何成果,因为苏格拉底在结束第一个论证时坚持认为,普罗塔戈拉的说法很可能是合理的——甚至认为必须"从头"再审视它(179c1-e1)!第二个论证(181b8-183b6)转而考虑运动,或者更确切地说,考虑运动的形式。西奥多洛斯也发现这个论证很有说服力,至少它证明了泰阿泰德对知识的第二个定义即感知,是不可能成立的。苏格拉底允许这第二个论证成立,而且,由于他从一开始就把泰阿泰德对知识的定义等

---

① 正如克罗波西注意到,"对我们来说,在柏拉图审查学派这件事上,《泰阿泰德》占有一席之地,用于考察所有能够颇为可信地声称拥有智慧的人所提出的问题的状况"(Cropsey 1995, 38)。

同于普罗塔戈拉的论证,这位智者自己显然以这种方式被打败。由此,普罗塔戈拉从《泰阿泰德》记录的对话中离开。

[199]有必要更细致考虑苏格拉底的第一个论证。如前所述,苏格拉底现在提出了善好或有利的重要性,特别是善好的未来性的重要性;有利的形式(eidos)是未来,是将来所是的什么(178a5-7):"因为无论何时制定法律,我们基于它们在以后的时间里将有利而立法。而且,我们会正确地说是'将来'"(mellon/μέλλον:178a7-9)。这种新的考虑(但刚刚在 172b2 预见:sunoisein/συνοίσειν)既强调了对专业知识的需要,又为它设定了一个高标准:判断什么会使法律变得更好和更坏是非常困难的,因为除其他外,它需要对未来的知识,或者说是更准确预测的能力。除了立法者的预测能力外,苏格拉底还举了五种专家预测能力的例子:(1)医生,发烧;(2)农民,未来酒的甜度或干度;(3)音乐家,将产生的和谐或不和谐;(4)美食家,某次宴会将带来的乐趣;以及(5)普罗塔戈拉本人,他在法庭上的演讲将产生的说服力(178b9-e6)。前四位专家预测未来的能力,被理解为未来的痛苦和快乐,显然源于他们对本质的知识——整个人体及其部分(舌、耳)以及葡萄、音调和各种成分等的性质。至于普罗塔戈拉在法庭上的专长,促使他坚持认为自己高人一等(178e7-8),这也可以追溯到人性的知识——对人类灵魂及其受言辞感动、痛苦或快乐能力的知识。由于快乐和痛苦是这里的核心,这些论点似乎是针对享乐主义者普罗塔戈拉。可我们还是很难知道该如何看待这些例子。在中间这个例子上,音乐专家的判断据说在事件中会被非专家确证(178d4-6),正如医生和病人的例子中所暗示的那样:在发烧时,病人不会认为他既发烧又不发烧(178c7)。这在一定程度上有助于建立一个共同世界,以共同同意的善好的知识为特征。但我们已经听说过,酒可能被某人时而感知为甜,时而又为苦(159c11-d5),而且很容易想象,精心制作的美食对一个简单的或没有辨别力的味蕾来说不愉

快。如果"自然"可以说是为未来善好的知识提供基础,那么它很难摆脱所有的不确定性,无论这种不确定性是来自未来可能有的感知的多样性,还是,不止是像法律的情况,来自人类事物或条件的不确定性,受制于变幻莫测的机运。

[200]由此,苏格拉底得出结论,"每个人"都会同意,一个城邦必然经常不能找到对它最有利的东西,所以在没有必要的知识(甚至有了知识)的情况下,很难预测未来的有利。因此,他们很正确地提出,普罗塔戈拉不得不同意,一个人比另一个人更聪明,而且,不是每个人,而是只有知识者才是一种尺度。考虑到问题的重要性,这里有必要做部分回顾。在长篇演讲中,普罗塔戈拉本人曾坚持智慧和有智慧者的存在(166d5 和上下文)——由苏格拉底介入其中的试验,即苏格拉底让普罗塔戈拉持有更激进版本的相对主义,已被正式放弃——因此,这里的重点必须放在关于尺度的第二个命题上。普罗塔戈拉确实否认只有那些明智的人才是尺度(比较 178b1-5 与 167d3)。我们记得,他曾否认这点是因为,他坚持认为每个人都是出现在他面前的感知的尺度——所有这些感知对于它在其面前出现的每个人来说都必然真实——同时他还坚持认为,智慧包括通过言辞改变这些感知的能力,从而使好的或有用的东西区别于显现的和存在的劣质或微不足道的东西。那里,智慧与真理的辨别无关,而是与培养新的、更好的感知或意见的能力有关,而且——我们现在可以补充说——是预测它们在未来出现的能力。那么,普罗塔戈拉对智慧的论证建立在对(未来)善好或有利的理解上。然而,在这期间,我们不禁要问,至少普罗塔戈拉是否真的保持了善的稳定性和可理解性,或者他是否也将其置于流变中。而且,尽管西奥多洛斯在此表示同意(179b6-9),苏格拉底立即对自己反对普罗塔戈拉的论点表示怀疑——也就是说,他立即提出了这样一种可能性:当涉及每个人目前正在经历或遭受的事情时,感知所产生的事物以及符合这些感知的意见确实为真。

那么,仍有争议的是普罗塔戈拉对智慧、对特殊或高级知识的主张:因为苏格拉底这里遵从普罗塔戈拉的观点,即对于拥有感知的人来说,每个感知都必然是真的——感知在这个意义上仍然是知识——普罗塔戈拉只有在他有特殊途径获得关于未来的知识(善好)时才是智慧的。但是,难道就没有其他人对知识提出最值得注意的主张,不仅仅是对这个或那个未来的利好,而是对更广泛的未来——其他人如果这样,将会是普罗塔戈拉最大的竞争对手吗?这里对未来的全部强调,是以忽视当前善好的明显可能性为代价,其目的是再次指向这些竞争对手。

[201]这里,我们必须注意苏格拉底的评论,它由西奥多洛斯的陈述引发,西奥多洛斯说,普罗塔戈拉认为自己在法庭上产生说服力的能力优于所有人(178e7-8)。苏格拉底做了一个看似不经意的评论,但其重要性体现于《泰阿泰德》中罕见的苏格拉底式宣誓(比较 152c8[美惠女神];154d3[赫拉];209b2[宙斯]):

> 是的,以宙斯起誓,好家伙! 否则没有人会花大价钱与他[普罗塔戈拉]交谈,除非他说服他的伙伴们,无论是先知[mantis]还是其他任何人,都不会比他更好地判断未来的事情和未来看起来是什么。(178e9-179a3;亦参《卡尔米德》173c3-4)

因此,普罗塔戈拉在法庭内外都运用了说服:他能说服别人,他自己的判断比"先知"的判断要好,比那些"被视为从神到人的解释者"中的任何一个都要好(《政治家》290c3-6)。更有甚者,不仅是普罗塔戈拉的营业前景取决于他说服他人相信,先知声称的专业知识有不足之处,迥异于他自己的专业知识。而且,一种符合人类自主理性或知识的生活,一种极端"自我安排"或"自我作主"的生活(《治邦者》260d11-261a1),其可能性也取决于此。任何对

"什么是知识?"这个问题的充分回答,都必须包括对知识的障碍或对我们必须获得的东西的论述,以便有正确意义上的知识。而且,只要关于世界起源的完整论述仍然超出我们的理解范围(关于世界如何产生以及为什么或通过什么保持其现状的完整论述),就似乎不可能知道我们在世界中观察到的这种秩序是由于不可改变的本质,还是由于可变的意志,即由于神的意志或思想或愿望。然而,只有当"本质"可知是存在的,而不仅仅是作为一个美丽或有用的"神话"被设定或假设时,知识或科学才有可能;只有当不会出现断裂的必然性法则可知是被确定下来的,总是如此的,永恒的,知识或科学才可能,而且我们可以补充说,科学对象自身也要是永恒不变的(参亚里士多德《尼各马可伦理学》1139b18-24)。在没有这种知识的情况下,所谓的知识者可能会把事情现在的方式,暂时的方式,误认为必定如此的方式;潜在的知识者可能会把神圣意志的短暂影响误认为自然的永恒秩序,正如他希望相信的那样,限制了可以产生的东西,以及由此产生的生命可能遭受什么或做什么。[202]特别是假设可见的秩序不可能出现奇迹般的中断,因为这种秩序是自然形成的,这等于说,有自然是因为有自然。

此外,所有建立在如此错误基础上的建筑,无论它们在其他方面多么令人印象深刻,都有可能在第一次好好的冲击下被摧毁,无论这种冲击来自哲学内部还是外部,来自一个彻底的怀疑论者还是一个执着的"先知"。因此,知识或科学只有在以下情况下才有可能:(除其他外)知识者为了生活而能以某种方式足够肯定,那些实际上等于是或在事实上就在否认自然必然性或因果性的人,声称拥有特殊知识的讲法是错误的。这对哲学或科学构成的巨大挑战,在很大程度上就导致苏格拉底在《泰阿泰德》中严肃对待普罗塔戈拉,包括苏格拉底一再坚持普罗塔戈拉很可能回应针对他的批评。

那么,回到普罗塔戈拉,《泰阿泰德》中对他的描述(有别于《普罗塔戈拉》中的描述）表明，他开始意识到先知或预言家提出的这个困难，即声称对善和未来有特殊知识，因为无论在法庭上的演讲多么有说服力，普罗塔戈拉肯定知道，他或任何人类预测未来的能力十分有限。感官感知的确定性，它所传达出的知识的确定性都太有限，不可能为某种知识奠定基础，使它有可能声称是这样的智慧，因为（正如在苏格拉底试图解释我们感知的成因时已经很清楚）产生这些感知的东西对我们来说仍然未知。这反过来意味着，我们今天体验世界的方式，就我们所有知道的来说，明天可能会完全不同：感觉世界的背后有某种东西（something），但由于我们无法知道它是什么，我们无法知道它明天是否会引起完全不同的感觉。值得称道的是，普罗塔戈拉以他的方式回应了预言性知识或预知性知识的挑战：诉诸一种最激进的相对主义，将善好纳入不可知的流变中。他承认，也就是说，他不可能知道先知们所声称的知识。但这种包容，这种激进的相对主义，对他的事业有什么贡献？正如普罗塔戈拉本人在他的长篇演讲（166d5 - 8）中所坚持的，智慧的可能性取决于对善好的了解。在质疑这种知识能否获得时，他实际上质疑智慧能否获得。对于站在神的立场而提出的声称对这个世界拥有知识这一竞争性主张，普罗塔戈拉没有提出反驳——而他也完全不愿同意这一主张，这也许是出于品味或自然倾向的问题——这样，普罗塔戈拉就变得比他本来的立场更开放，而这种立场实际上破坏了"世界"。普罗塔戈拉知道他不能证明先知或占卜师错了——[203]毕竟，苏格拉底只是声称普罗塔戈拉必须"说服"他的伙伴们相信，他的判断优越于先知的判断：他没有向他们"证明"这个主张。而且他甚至可能没有"说服"自己："关于诸神，我无法知道他们是否存在，因为知道[这]的困难重重，既因晦涩难懂，又因人生短暂。"（第欧根尼·拉尔修 9.51）普罗塔戈拉反而退回到一种极端的相对主义，至少可以保护他自己的世界观免受攻击：我只知道，你不可能知道我错了。换句话说，你确信你是一个神(这个例子来自泰阿泰德[158b2-3]),或者你对神的声音或他的幻影的感知(例如《法义》738c1-3),对你来说可能为真,但我没有必要接受它对我而言为真,因为我无法接触到它。我所感知到的世界,就像它现在和迄今为止通过感官感知给予我的那样,不包括半人马或萨提尔或施行惩罚的诸神。

　　那么,普罗塔戈拉的相对主义的极端版本不能说是在为哲学辩护,即使它拒绝了神是尺度的说法。恰恰相反,它以传统意义理解上的哲学为代价。倒毋宁是,它抵制了虔诚的信仰,或与之保持距离,并因此完整地保存了某种形式的智者术。普罗塔戈拉不需要相信宙斯"客观上"为真。而且,如果我们也像智者那样去感知世界,就像他可能通过"言辞"说服我们,那么我们也不需要相信宙斯或类似的东西(167c7-d1)。对运动的无所不在的特性的假设,与普罗塔戈拉式的尺度结合起来,虽然使人迷失方向,而且确实破坏了另外通过感官知觉而被给予的普通世界,但它有一个巨大的优势,因此也有一个巨大的吸引力:它提供了某种保证,当然不同于,但以其方式类似于苏格拉底归于荷马的无所不在的运动的令人愉快的效果。否则,根据(苏格拉底的)荷马所言,运动保留(preserves)诸神和人类的世界(153d2-3),据普罗塔戈拉所言,运动消解了这个世界,更好则是避开诸神。

　　一旦我们看到对知识或科学的这种神学挑战,这种挑战激活了《泰阿泰德》,并看到普罗塔戈拉对它的回应,那么对话更早的部分就显示出它们对本节的贡献,或在本节中达到高潮。例如,苏格拉底早先试图通过猜测诸神是否也是一种尺度,来解决这个同样的难题,但泰阿泰德出于对数学的兴趣和当时作为健康的青年,却对这个问题无动于衷(162c2-7)。然而,苏格拉底坚持不懈,而普罗塔戈拉本人则明显变得恼怒,正如我们看到的:"你们一起坐下来向民众发表长篇大论,[204]把诸神引入进来,而我在演讲和写作中涉及诸神时,有关它们是否存在,我都存而不论。"(162d5-

e2)但普罗塔戈拉立即放弃了问题的超人类方面,转而责备苏格拉底说到了亚人类,说到了对单纯动物的感知。这样一来,我们就想起了苏格拉底先前提到的猪和狒狒以及"其他一些拥有感知的更奇怪的东西"(161c5-6);苏格拉底心目中更奇怪的存在确实是诸神。因此,也许我们也可以理解苏格拉底的看法,即普罗塔戈拉的智慧看来类似神的智慧(161c8):这位智者会让我们相信,要获得这个称号,一个人和另一个人拥有一样多(或一样少)的权利。

告别普罗塔戈拉:第二个论证(181b8-183c7)

我们现在可以考虑第二个,也是两个论证中表面上更有效地反对普罗塔戈拉的论证。这里,苏格拉底开始履行他新近的呼吁,"从头"(arches/ἀρχῆς)审查普罗塔戈拉,"现在看来,审查的开始关乎运动,当他们争论所有事物都在运动时,他们指的是什么种类的东西"(181c1-2和179d9-e1)。因此,从感知和知识转向运动(或变化),苏格拉底立即确定了它的两种"形式"(eide/εἴδη):第一,运动被理解为从一个地方到另一个地方的变化(移动)或在同一个地方的旋转,第二,任何形式的改变,例如,一个没有其他移动的东西变得老、黑或硬。苏格拉底早先对运动的两种"形式"(eide)的认定(156a3-157c2)——主动的和被动的,如它们所可能被称作的——是部分地试图解释我们所拥有感知的原因,或者当世界通过感官感知而被给予我们时,试图冒险深入世界"背后";苏格拉底在那里称这种说法是一个"神话"(156c4):它是假设的。现在讨论的两种运动"形式"是完全不同的,因为这些运动只是列出我们确实感知到的运动的目录,远远不是在解释为什么我们会感知到我们所感知的东西——即是说,它们属于当世界被给予我们时来对世界(的诸部分)进行分类的一种尝试。因此,苏格拉底确认,正在讨论的两种运动形式确实不同于"以前的东西"(182b3;也包括在

182a4 的 elegomen／ἐλέγομεν），他敦促他们与那些早期的形式说再见。因此，对于温暖或白色和类似物的"起源"或产生，则不再予以讨论（182a3-4 和 c1-2）。

苏格拉底从西奥多洛斯那里得到了一个共识，即那些运动阵营中的人会说，如果"所有事物"都在运动，[205]那么所有事物都在以两种方式运动——而且，可以补充说，"总是如此地"（182a1）。如果否认这个，就等于争辩说，某一事物既在运动中，又（在某些方面或其他方面）处于静止（181e5-8），在这种情况下，说所有事物都处于静止和坚持认为它们在运动中都会是真实的。相反，一个人必须说，被感知的事物和感知本身都在不断变化——也就是说，（也）在经历改变：表面上是白色的事物正在逐渐变成其他颜色，就像视觉不会保持原样或静止。但这又意味着，根据苏格拉底和西奥多洛斯的说法，在明显相关的情况下，我们不能恰当地使用"白色"或"看见"这些名称，因为这样做就会使运动中的东西在语言中停顿下来：我们称之为（不断变化的）感知的东西，就我们知道的所有，既是"非感知"，也是"感知"。①感知因此又回来了，现在是基于或相关于运动的普遍性。"然而感知是知识，正如我们所说的，我和泰阿泰德。[……]在被问到什么是知识时，我们因此给出一个答案，某种东西其知识并不比非知识更多。"（182e7-11）苏格拉底的结论是，"他们"对知识的定义不充分。至于持运动说的人，他们（和我们）完全需要一些新的说话方式，因为说话的本质是断言世界的某些部分是"这样的"，而它实际上既是"这样的"，也"不是这样的"（参 183a4-b6）。如果赫拉克利特派满足于语言最后残存的东西，那么这似乎是真的，即知识的定义，就像所有的定义一样，相当于对所理解的世界的歪曲，而不是正确理解它（的某些方面）。

---

①　"泰阿泰德定义的最终失败"将依赖于这种考虑，即在将知识定义为感知的同时，它必须将每个实际感知的案例（case）……视为这样一个案例，即在人们完成将其称为"感知"之前，通过该感官的感知已经停止作为一种感知。（Sedley 2004，97）

在这个时候,苏格拉底宣布告别普罗塔戈拉:

> 那么,西奥多洛斯,我们已经从你的同道那里解脱出来
> 了,而且还不会向他承认每个人都是"万物的尺度",如果有人
> 不明智;至于知识,我们不会承认它是感知,至少不会按照万
> 物运动的探究思路。(183b7-c3)

　　然而,正如他在此最后一句话所表明的那样,苏格拉底最多只能说是确立了最激进形式的运动论与"感知是知识"不相容——也就是说,苏格拉底一方面没有证明运动论错了,另一方面也没有证明,如果拒绝接受所提出的运动论,感知就不能成为知识。

　　然而,苏格拉底明确指出,如果认真对待运动论,它就会与反复的、强有力的经验相抵触。根据这些经验,世界部分处于运动,部分处于静止。这一点从运动学说的支持者被迫谈论运动的"形式"(比较 157c2 和上下文)这一事实可以看出:[206]如果他们不能始终如一地拒绝诉诸形式,我们为什么要追踪他们的这种拒绝呢? 但苏格拉底不仅仅是在前面关于运动的"形式"的叙述中,而且也在这里偏离了对运动的严格分类即一种运动的"现象学",而是假设(正如运动阵营的人所坚持的那样)运动无所不在的特性,因为这种特性显然不在感官知觉所给予我们的世界中,而是通过对它的推论或假设得出:有什么证据、动机让我们也做出这种假设? 所有语言的所谓不充分性与同样的问题紧密相连,因为世界呈现给我们的恰恰是具有某种(some)持续性的感知,一种我们语言表达中的持续性(例如,这根白棒)。然而,我们却要以运动阵营的说法来拒绝这种对我们来说确实可以理解的语言。但是,难道"看"的诸多实例不能在经历这样的持续变化,而仍然可以被称为"看",即使在一段时间内不是一直如此,并从而适当地保留它们在"看"这个类别中的成员资格? 此外,无论被给予我们的具有这些

品质的个别事物是如何持续地运动，"看见"和"白色"（以及 "温暖""坚硬"和"黑色"）对我们来说难道不是保留了它们作为可理解的类别的意义？不管运动阵营出于何种原因坚持要我们放弃世界的被给定的特征，以及与之一起放弃日常的语言，这个理由都不可能是通常意义上的感官知觉。但是这里，在离题话之后的第一个论证为我们提供了一个关于动机的答案——至少在普罗塔戈拉的例子上有效——这一动机即超越由感官知觉所给予我们的运动的特性，并反而提出它的无处不在的特性，一旦想通了即是，这一特性既否定感知作为任何通常意义上的知识这一地位，又同时限定或迫使我们接受个体感知："先知们"的挑战。

结　论

普罗塔戈拉的政治教诲及其修辞

[207]虽然普罗塔戈拉自己列名为长长的"智者"谱系中的一员，就此而言他是这一传统的代表者之一，但他坚持说自己是一位革新者——他打破了此前的智者传统，至少如同苏格拉底打破此前的哲学传统一样。普罗塔戈拉是第一位公开自称为智者的人，面对"所有希腊人"如此自称，并且第一个授徒收费（《普罗塔戈拉》316d3 - 317c5；以及苏格拉底在重述，348e5 - 349a6）。其他智者则曾经一度或当前正在从事某种别的活动——音乐、体育、诗艺——既为掩盖真实的活动，也为赚取生计：他们并不通过智者术而赚钱。那么，相对而言，普罗塔戈拉就更敞开或坦率，这就让他大为从容余裕，只从事一种而非两种技艺。于是，如果还说普罗塔戈拉只是某一分子，归属于一种"智者式启蒙"，那么这就错了，因为他对自己的理解是，开启了一种新的开端，并大放异彩更为夺目。在开始测度这位人物之始，我们或当提问，为何普罗塔戈拉自认为他更大程度的敞开不但是可能的，而且是很好的？以及，对于显然与此敞开紧密相关的政治生活，他又如何理解？

　　普罗塔戈拉声称,以群居性动物的标准来判断,我们在天性自然上并不是政治性的,或并不是真正社会性的。更甚于此的是,我们真正自然的孤独境况是非常可怕的:恶劣的自然迫使我们扭曲自身的自然天性,以成为公民或获取政治的技艺———一种(如同所有技艺一样)我们自己设计发明的技艺。政治生活根本而言在于获取基本生存,也包括好的生活。比如霍布斯就会同意这些讲法。但并不像霍布斯思想中所当然有的,普罗塔戈拉思想中并没有一种新的更理性的政治科学大纲———更别说一种"道德哲学"———那则是意在改进政治生活。[208]就此而言,霍布斯所代表的现代启蒙则充满了更多的希望,且很可能更热爱人类一些,相比之下,普罗塔戈拉及其所体现的启蒙则多有不及。比如霍布斯是一个平等主义者,普罗塔戈拉则不是(请参考如 321a1 关注平等所导致的坏的结果);又如对霍布斯来讲,一般性的死亡尤其是暴死,对每个人来说都是一样的,这在他思想中留有更深的印迹,但普罗塔戈拉则不是。我们记得,对于这位智者,勇敢的德性很重要,尤其当与智慧相结合时;普罗塔戈拉对"大众"很轻蔑,勇敢者热切直面的东西,他们则避之唯恐不及,但胆怯的霍布斯倒很赞同这样的众人。他们是当然的材料内容,由之可以塑造出一个清醒理智因而稳定的政治。《普罗塔戈拉》中则找不到任何迹象,表明这位智者寻求从根本上改变政治生活的性质。相反,他的基本活动就依赖于政治生活的不变:多数的人们继续保持他们自身不变,少数的强者也不变,智慧者们则单列,自为一个小群体(对此最后一群体的谐剧性呈现,参见 337c6-e2)。

　　普罗塔戈拉所做的,不过是择要列举一部刑法的理性目标———亦即事先阻止犯罪,事后则改造罪犯,这与声索残酷报复完全不同。但对这一观点的表述,被安排在他讲"神话"的那一节,这就让我们当时生出怀疑,作为公共政策,普罗塔戈拉会认为它能产生多少实效呢?普罗塔戈拉较少寻求去正确地引导政治生活,相反他在教另一些人对之大加利用以饱私囊。他既不完全摒弃政治生活——以至于回归到毫不令人羡慕的"野蛮人的"生活——也不相当严肃地对待政治生活所依赖的东西，并致以最大的敬意，即正义、虔敬、节制以及支撑这一切的众多"神话"。某种意义上，普罗塔戈拉有点像自己所讲的"野蛮人"，真是这样的，因为虽然他"生长于礼法与人类之中"(327c5-6)，他却不受礼法管束，不是真正从属于"人类"：他相当脱离于政治而生活着，正如"野蛮人"一样，当然这些人低于礼法，而他则高居于礼法之上。但这也就表明，普罗塔戈拉有某种并不是野蛮的，而是像神一样的东西(参考亚里士多德《政治学》1253a3-4,27-29)。如同奥德修斯(《普罗塔戈拉》348c7-d5)和奥尔菲斯(315a8-9)，普罗塔戈拉已冒险进入地底世界(参考《泰阿泰德》173e4-5)，并活着讲出了那个神话；他已特别看见关乎诸神的真理，并以他的狡黠唱出了一曲关于诸神的迷人的歌。

普罗塔戈拉理解政治生活，但他并不参与其中。这不禁让人要说，他恰是因为理解了而不参与。"来自阿布德拉的普罗塔戈拉"(309c8)不是一位公民，并且，再重复一遍，[209]他并不把自己归为"人类"。他更向权力者们讲述着权力，但他自己却是无权，因为他周游讲学，一生都在游走。依据显然的相关事实，可以合理得出这样的结论，即在他看来，哪怕在一个城邦当中行使最高的权力，也只是第二等的好，更好一等的是像他这样的智者生活，虽然这一想法他一定从未对外讲过。普罗塔戈拉唯一从属的共同体，显然是一个小众的不属于任何一个城邦的小群体(cosmopolitan circle)，这由投身其中的学生们组成，跟着他周游各地，一城又一城。相应地，这当中仅有一名学生——极被看好的安替莫洛斯(Antimoerus)——学习智者术这一技艺以使自己成为一名智者。这表明，必要教诲有三重：一是一种外在的"斗篷"，为众人所接受或真正令他们愉悦；二是对于政治生活之基础的更有真理性的讲述,与富有说服力的修辞的原则,这些最主要的吸引人之处,在于能有获取政治权力的前景;第三是一种多半为理论性的教诲(theoretical teaching),比如关于事物的轻重先后之序,以及一定程度地注意该当如何应对权力者。

于是,如果需要,普罗塔戈拉可以对众人讲话,可以对一位希珀克拉底讲话(或者更好的例子,对阿尔喀比亚德),还可以对一位安替莫洛斯讲话。既然在普罗塔戈拉看来,大多数人都是"浑然无知的",需要用来抚慰他们的修辞术就一定是相当简单的东西。无论如何,普罗塔戈拉已经精通一门掩盖的技艺,他把一种或多种教诲掩盖在一套易为大多数人的道德观念所接受的外衣之下:他以神话开始他的长篇讲辞,就是他面对公众讲话的一则"教学实例"。在那里,他谈起大多数人的讲话方式,很容易让人想到,一个人应当如何向大多数人讲话,从他来看,大多数人几乎不比孩童好多少(请参《治邦者》268e4-5)。他称其神话为神话之时,就是在开始走向真理,并因此离开了纯然是民众的视界。在其神话之后的逻各斯(logos)最终相关于,并且最终指向强者及其子弟,因为他在那里一般性地说道"好父亲们",并特别向着伯里克利的两个儿子讲话(326e6;328c7-d2 及其上下文,并回顾 319e3 及以下)。普罗塔戈拉向着强者,或毋宁是向着他们的子弟,讲述神、礼法与"人类",然而他自己既不掌握权力,又不相信那些激发着大多数人的神话。他显然不是争夺权力的竞争者,那么也就只是寻求帮助强者。要应对强者们,当然远要谨慎小心,这一类人以前可不曾被其他智者所糊弄。这样的办法包括坦率,既有真的坦率,也有伪装的:自傲于不曾被人所糊弄的人,将会更欣赏开门见山——甚至,那些对事物的基础性陈述,或许只是针对"人类"或"大多数人"的起着教化作用的有用的神话。

[210]那么,普罗塔戈拉使自己得以安享他现在的自由,就部分依赖于审慎精巧的计算——"智者"一词现在显然还可以常在多

少还算体面的人当中被听到,如果这样用法并未掩盖什么,那也并未在不经意之间显露什么(可以看到,普罗狄科与希琵阿斯现在也自称为智者——或者普罗塔戈拉开创先例之后,他们就紧跟其后?——虽然苏格拉底在大部分时候称他们为"有智慧"的人,而非智者;314c2 与上下文,315e7-316a1[普罗狄科],337c6-7[希琵阿斯];对比 357e3-6)。不过,普罗塔戈拉以一种新的敞开行事,也因为他对自己的修辞超级自信,或他在讲辞上很聪明。正如战争的技艺是政治技艺的重要一种(322b5),运用聪明讲辞的技艺也一定是"智者式技艺"(the sophistic art)中的重要一种;甚至可以说,战争技艺在政治中所起的作用,就好比修辞技艺在智者术(sophistry)中所起的作用:防御机动与进犯突围。这至少表明,虽然掩藏确实仍然是需要的,但所需要的程度比其他智者们所意识到的要少。总结而言,民众的愚蠢不可救药,而少数人的野心又总是按捺不住,这就为狡黠的坦率造就一个很大的空间,这一空间比其他人所理解的要大得多。掌声就是掌声,哪怕它来自"鞋匠们"(《泰阿泰德》180c7-d9;亦参《希琵阿斯前篇》281c3-283b4,讲述了"古"与"今"两种智慧在对待坦率问题上的不同)。

如果至少为了论证的缘故我们同意,普罗塔戈拉的修辞既能对众人讲话,也能对少数人并当然能对智慧者讲话,但整个对话的行动仍然遗留了一个困难。普罗塔戈拉的修辞并不足以当着非智慧者的面向智慧者讲话,无论这些非智慧者的人数是少还是多。面对聚集的众人,普罗塔戈拉无法把自己所认为的真理讲述给苏格拉底,从整个对话过程来判断,他也未能找到一种办法,以便既能揭示得够多、足以诱惑他人,也能掩藏得够好而足以自保。这就太糟糕了。但聚集起的人群就是一种共同体;它是一个微型城邦,完全拥有自己的议政机构,既通过决议,又可以有修正案。尽管普罗塔戈拉显露出相当的技巧以赢得众人,但他却无法一直保持住他们。他的真正的最深的教诲却无法相容于政治生活,他希望把那一教诲至少传递给其中一些人,传递给像安替莫洛斯那样的人。然而,所有教诲的发生,并不是针对非政治的"野蛮人",而是公民。安替莫洛斯只是围绕普罗塔戈拉的这一群体中的一员,这一共同体中的一员,在当中,普罗塔戈拉的讲话是对着他们每一个人的(请回顾 314e3‑315b8)。这就会看到,在他自己的生活与任何共同体生活之间,就存在着一种无可避免的张力。他选择做一名永久的外邦人,也几乎不能解决这一困难。[211]他依赖于稳定、闲暇与财富,这些只有健康的政治才能提供,但他却在根基上破坏这样的政治。正如他所强调,普罗塔戈拉说,正义与德性是有利于"你们所有人的"(humin/ὑμῖν:327b2,依从基本手稿):他似乎既未足够严肃地看待这种有利给他人带来的好,也未仔细思考过,作为事实他自己就依赖于这种有利当中的某些东西。他既无政治责任感,也对自己的实际所需很盲目。如果真理(如普罗塔戈拉所理解)与健康政治生活之间的张力确实无可避免,那么理当要求的不是坦率直白,而应是一种谨慎的"斯巴达式的"言辞。这让人不禁相信在柏拉图之外的一则故事——可以推想就在我们这篇对话剧情时间之后不久——普罗塔戈拉论诸神的书被从所有人手中没收,并公开焚毁,作者则迫于不敬神的控告而逃离雅典。(第欧根尼·拉尔修,9.51‑52,54‑55)

苏格拉底与普罗塔戈拉

普罗塔戈拉是位长者。他告诉我们,他足以做在场每一位的父亲(317c1‑3)。苏格拉底则是年轻的——虽然确实不再算是"很年轻"(《巴门尼德》127c5,《泰阿泰德》183e7),但仍然年轻得——苏格拉底自己说——不足以定夺普罗塔戈拉所提供之物价值几何这样的大事情(《普罗塔戈拉》314b4‑6)。他这评论是在反讽,对话情节已清楚表明。不过,年龄之别是苏格拉底与普罗塔戈拉二人之间的第一个也是最显著的差别，也正如柏拉图选择这样来表现他们。普罗塔戈拉属于另一也是更早的一代人。《普罗塔戈拉》是我们现有的柏拉图讲述苏格拉底"转向"关心人类事务之后的首部对话，他现在的活动多少都在公众场合；该篇对话的场景是一处看守严密的私宅，但也是济济一堂，同有雅典人与外邦人，相比于《阿尔喀比亚德前篇》《阿尔喀比亚德后篇》要公开得多，在那两篇中，对话完全是私下进行的，如果不说是亲密无间的话（《阿尔喀比亚德前篇》118b5）。（依柏拉图对话录自身次序最可能被列为下一部的《卡尔米德》所叙述的对话，则发生在一个摔跤学校，所以比《普罗塔戈拉》就更为公开：在此意义上，对话录次序就一路呈现了苏格拉底日益现身于雅典公众面前。）现在柏拉图让我们看到一位"新"的苏格拉底，一位某种程度上已是"高贵而新的"苏格拉底（或"美而年轻"的苏格拉底：《第二封信》314c4）。那么，苏格拉底若可以说在哲学上有何革新，年长的普罗塔戈拉则在这革新之前。普罗塔戈拉要算作"前苏格拉底"的思想人物。这一点表现得最清楚的，可能是在他首次回应苏格拉底关于德性——相联于政治生活的德性——的问题之时，[212]他的处理不是从"人类事务"开始，而是直接从原初或最接近于原初之时开始，讲述所有有死种族的创生与（地底）世界的秘密的工作。他尝试通过自然这面透镜，来理解"人类事物"或"人类事务"，或者说他是在自然整体中来理解人类的自然。无论我们在《泰阿泰德》中所见到的普罗塔戈拉的哪些事情是真的，但此处这位思想人物看来是认为，我们直接通达于自然整体，或通向它的本根，或者对他来说也一样的是，通向自然的物质性的组成（material components）。普罗塔戈拉的长篇讲辞可以说是从半空中开始的，离天上的事物更近，距离人类事物倒更远，它们原本要更接近于牢牢立足于地面的公民们；他的目光训练得首先关注天之上与地之下的事情。最一开始，普罗塔戈拉接受自然与习俗（礼法)的区分,并由此来判断整个的政治生活。如我们所看到,普罗塔戈拉坚持物质优先性,一种黑暗中运动的无言的物质,这就意味着,根据他,在整个世界的构造过程里,或因而在我们的构造过程里并不存在一个起组织作用的心智(mind);不存在一个这样的心智在统治并"拯救"这个世界或我们。那么,普罗塔戈拉即是一位唯物论者,并(因而)是一个无神论者,至少当我们说"无神论者"时是指一个人否认存在这样的神灵,他们对人类有某种眷顾,因而是关心着我们的。如普罗塔戈拉在对话很后面的一处所强调,当事关"所有人类之事时,智慧与知识就是最好或最强有力的(kratiston,*κράτιστον*:352c8–d3)":至于非人类事物或事务,则看不到有何智慧或知识在它们当中起作用。在那儿,智慧与知识一点儿也不显眼,正如它们在厄庇米修斯那里一样(亦参 361c7–d5)。这与普罗塔戈拉的强调一致,他看重以技艺与机巧的形式呈现的人类发明,仅仅通过它们,我们人类救助了自己。

苏格拉底与普罗塔戈拉另一个明显差别是,后者对"大多数人"完全没有兴趣,并变为一种蔑视,蔑视绝大部分其他人类的意见。当然,苏格拉底在此考察"大多数人"时,并没有实际向他们当中的哪一个讲话,而是凭空想象着他们出场;如果(应当说除非)比较苏格拉底与普罗塔戈拉二人的着眼点是"大多数人",则认为二人同属一处或结成了共同阵线这样的想法才有些意义。但在苏格拉底向人类事务的"转向"或关切人类当中,无论还包括其他什么东西,在《斐多》中苏格拉底自己仍然强调,他的新的依靠是"言辞";他通过人们看待存在物的方式找到了存在物,对此存在物他强调,通达的途径就在意见的基本成分当中,并被表达在关于这些存在物的逻各斯(logoi)当中。[213]他的那一转向所采取的形式显然就是他那问答的技艺,或谈话中的审察:"辩证法"。那么,"辩证法"在《普罗塔戈拉》中从何处开始出现呢?

对话的第一次中断是在我们所谓的普罗塔戈拉的论好大爆

发，这位智者在那里向众人指出，虽然他到现在已与许多人"比赛言辞"，但他还从未屈从对手，由别人来设定对话（dialegesthai/διαλέγεσθαι, dielegomen/διελεγόμην：335a6）的基本规则：不然，"普罗塔戈拉"之名在希腊人当中也就平淡无奇了（335a4-8）。普罗塔戈拉进入对话，至少有一只眼睛盯着要擦亮"普罗塔戈拉"这个名字：他志在得胜。他追求声望（看他表扬苏格拉底时的用语，361e4-5；并比较316c1与327c1）。但苏格拉底看到，普罗塔戈拉确实不再愿意通过问答的方式把对话进行下去（dialegesthai/διαλέγεσθαι：335b2；335a2），他在事后讲述中告诉友伴，他当时就认为自己不必再待下去了，因为他的任务，或工作，甚至或义务（ergon/ἔργον）——保护希珀克拉底——已经完成了。那么，此次中断之前的对话部分，在其中普罗塔戈拉屈从于苏格拉底的发问，就可看作苏格拉底式"辩证法"的一次运用，它更多是旨在通过（几乎就）揭示普罗塔戈拉的教诲到底为何，从而来保护希珀克拉底，而非使苏格拉底自己从中学到什么。尽管第一印象如此，但这一保护未必就是"辩证法"的唯一目的，更不必说更高的目的了。

对话的第二次中断，则是在论诗一节的结束并转向勇敢的讨论之时，普罗塔戈拉原本极不愿意继续下去，但最终他的难堪或羞耻感拦住了他，造成如此的是阿尔喀比亚德对他的凌厉粗野的批评，以及卡利阿斯及其他人都在要求他继续下去（348a1-c4）。苏格拉底则给予了他一些鼓励，这可能就减轻了难堪给他带来的刺痛感。苏格拉底让普罗塔戈拉确信，他很想继续一起对话，原因不是别的，而是他很想彻底考察一下他苏格拉底自己每次都很困惑的问题，尤其是"关于德性"（348c5-7，e1）。这样来说苏格拉底自己的困惑，这在全篇对话中没有先例。也是在这里，苏格拉底在全篇对话中最清楚地讲明，他由之出名的进行对话式深入考察的意图何在：

　　"但如果谁只是一个人探路"，那么他就会立即四处寻找
一个同伴，直到找到这样的人，对之可以讲出他的想法，并一
起确认没有问题。为此目的，我也就更高兴与你而非其他什
么人把对话进行下去（διαλέγομαι）。（348d3－6，引用荷马《伊
利亚特》，10.224）

　　[214]那么，接下来的对话也是苏格拉底式辩证法的运用，
但它更明显是要弄清楚苏格拉底自己的一个或许多个"关于德
性"的问题。我们现在可以说，这场对话主要涉及勇敢如何相联
系于知识或智慧德性（再看353b1－3）。因此，这就是有关德性与
知识的关系这一普遍问题的特殊版本。苏格拉底急于检验，或反
驳，再不然就是审察普罗塔戈拉对于此事的理解，以从中学习到
什么（考虑更早对 elenchesthai/ἐλέγχεσθαι 的提及，331c6，d1；以
及 exetadzesthai/ἐξετάζεσθαι，333c7－9），这一学习或当是说，确认
他已经倾向于认定的对这个问题以及普罗塔戈拉的看法：他们两
位已经有过对话（对比310e5 与361e2－5）。确实，苏格拉底自己
并未起意要在普罗塔戈拉造访雅典之时，寻求这样一个机会来检
验或反驳他；但这样的机会既然来了，苏格拉底就很乐意好好利
用一下。

　　对话结束时，普罗塔戈拉宣称，他对问题的回答全为满足苏格
拉底的好胜心（360e3 ；对比 336e1）——他的目的更多不在学，而
在炫——他这就在暗指，他所遭到这场反驳或其他侮辱，完全与苏
格拉底对真理的发现或确认无关。如我们所见，普罗塔戈拉更愿
意长篇问与答，哪怕是他在提问。当我们开始被引见到三位智者
时，我们得知，希琵阿斯正在回答问题（315c5－7），普罗狄科在对
谈（dielegonto/διελέγοντο：315e5－6）：只有普罗塔戈拉在对他的"深
深入迷的"鸦雀无声的听众或大群听众们发表演讲。苏格拉底当
然也会长篇演讲（对比 361a1－2 与334c8－d6，334e4－335a3），但更

愿意选择短兵相接的问答技艺。这意味着,他特别注意他人的看法,无论年轻还是年长,能力上弱还是强,本地人还是外邦人——如希珀克拉底或普罗塔戈拉。《普罗塔戈拉》中,正是苏格拉底在坚持要引入"大多数人"进行对话,这让普罗塔戈拉大为迷惑。对于其他大部分的人类持什么意见,普罗塔戈拉是一点儿兴趣都没有。

普罗塔戈拉对此"辩证法"反应冷淡,主要例证是,他很不耐烦地拒绝考察虔敬与正义的关系。无疑这个大主题是个"敏感"问题——苏格拉底在与他拟想的对话者谈到其中一个问题时,就假作气愤,甚至喝住对方"住嘴",不要口无遮拦(330d6-7)。直接的谨慎或小心,也多少能映衬出当时普罗塔戈拉恼怒了。但普罗塔戈拉也说,他无法同意苏格拉底所谓正义类似虔敬,虔敬类似正义,在他看来这里面是有区别的——"但这又有什么要紧?"(331b8-c3)[215]普罗塔戈拉没有兴趣去搞清楚,正义之于虔敬或者虔敬之于正义到底是何关系。几乎可以肯定,这是因为他把这两者都看作"政治德性"的具体面,因此也就仅仅是习俗性的,或依据礼法而来的:在其长篇讲辞中,普罗塔戈拉稍带提到说,正义、节制与虔敬可被打包称作"一"件事(324e2-325a),正如他也把不正义与不虔敬当成"一"件事,以与"政治德性"相对(323e3-324a1)。苏格拉底与游叙弗伦进行对话这样的事,绝不会发生在普罗塔戈拉身上,因为他很可能笃定认为,他没什么要通过一位游叙弗伦来学习得到,或借以得到确认。

对"辩证法"的冷漠,普罗塔戈拉——除了在对话中明显败北之外——付出了什么代价?如我们所看到,苏格拉底与大多数人的对话涉及知识在人的灵魂中有何力量,尤其是当面对各种激情之时,并且根据大多数人的看法,最经常面对的是恐惧。如果普罗塔戈拉严肃考虑过他们的意见,他或许会惊讶于一样事实,即他们宣称不但会因为恐惧而丧失自己更好的知识,还会有时候因为激

烈的爱(erotic love)——这是 eros 一词在《普罗塔戈拉》中仅有的
一次出现（352b7‐8；Erastai/ἐρασταί［爱者］则出现于 317c7，
343a5；Paikike/παιδικά［被爱者］，315e3）。我们或许可以尝试性
地把以上对恐惧的暗指（见上文第 89‐90 页）与此处提到的 eros
放到一起来看。对于所有的人类——当然被列于"有死的种族"名
类之下——可能至于改变更好的知识的那些快乐与痛苦，就包括
源于我们的道德希望以及恐惧的东西。这样的希望比如常常相伴
于爱的经验，这样的恐惧比如在意识到我们是有死的。当一个"有
死"的人来看这个世界如其所是时，他或当不得不全面武装起来以
坚守真正的洞见，哪怕面临这样的希望与恐惧，以及与之相伴的快
乐与痛苦，这些可都是最大部分的或真正说来所有的人类的特点。
或许是因为苏格拉底此处是与普罗塔戈拉这位智者讲话——亦即
与一位"知识人"(intellectual)讲话——他可以轻易夸大知识的力
量；他能够完全不提一种必然要有的自制、坚定或（在此意义上的）
勇敢，并与此相应放低或忽略那些带来强烈快乐的希望，这些希望
尤其是那些严肃对待爱、高贵或美这样被高度关切之事的那些人
们的特点（请参 315e3）。正如《普罗塔戈拉》开篇一小节提醒我
们，苏格拉底就很严肃对待爱与美——比如相伴于自然的好与美
（315d8‐e1）——他这样认真，以至于搞得成了一个闻名全城的爱
者，甚至爱得太过热烈。如果说这样的名声最终来说并不准确，如
此处所示，但它同样可以提示一些真的东西，得此名声的这个人在
关心些什么。

[216]这里我们或当最终承认一件令人震惊的事实，所有在
《会饮》中发表讲辞的人物，又都在《普罗塔戈拉》中出场：苏格拉底
与阿尔喀比亚德当然是，但还有厄里克希马库斯(Eryximachus，
315c2)，斐德若（Phaedrus，315c3），泡塞尼阿斯（Pausanias，
315d7)，还有一位年轻的阿伽通（Agathon，315e2)，他在公元前
416 年勒奈亚戏剧节夺得肃剧比赛大奖，那正是《会饮》所述的那

场原本的聚会的缘由。在卡利阿斯家里,仅有阿里斯托芬缺席,那时他可能还太小,很可能比阿伽通还要小,而且也有其他人——希琵阿斯与普罗狄科——来代替他提供笑料。① 很难搞清楚这种人物重叠是什么意思,这样的先例至少未见于柏拉图其他的没有明确前后关联的对话中。如果《普罗塔戈拉》要以这样的方式指引我们注意《会饮》,那我们就不禁感到好奇,要完整讲述苏格拉底与普罗塔戈拉式智者术的差别,是否就不得不包括他如何理解 eros[热烈的爱],这是《会饮》贯通全篇的主题,也是唯一他偶尔还自称是行家的主题(《忒阿格斯》128b1-4,《会饮》117d7-8,198d1-2)。或者,反过来,普罗塔戈拉对于 eros 的无感,与对于恐惧大相径庭,也似乎很能区别他与苏格拉底。②普罗塔戈拉在讲述这个世界的创世之时,只字未提 eros 或爱,包括讲到城邦时,但苏格拉底在《王制》中讲到的"出于最基本必然性"的城邦,则看来处在最为爱所关怀的顶端,其表现是家庭生活与对神的礼敬(对比《王制》372b6-c1 与普罗塔戈拉整个的神话部分)。

在普罗塔戈拉的视野里,我们彼此之间没有任何自然的关联性,除了面对残酷自然的敌意时,我们有着共同的悲惨境遇;不是爱,而是悲惨或恐惧,才驱使我们走到一起。苏格拉底在《会饮》中对 eros 的描述("冷硬,干瘪,赤足,无家可归"),有那么一点像普罗塔戈拉的自然境遇中的人:"裸身,赤足,没有寝卧之物或者防护"(对比《会饮》203d1-2 与《普罗塔戈拉》321c5-6;Strauss 1965对此的讲演;Pangel 2014,143;《治邦者》272a5-6)。但是,苏格拉

---

① 关于《普罗塔戈拉》与阿里斯托芬《云》之间可能存在的相互暗指,参见戈德伯格(Goldberg 1983,328-335)引人入胜的概述。

② 请参考斯托弗(Stauffer 2010,特别是页 112-114)以及科比(Coby):"关于多大程度上 eros 之论被有意排除出苏格拉底与普罗塔戈拉的讨论,证据之一是,就在走上卡利阿斯家的门阶时,出现一个好笑的小插曲:卡利阿斯的家被比作冥亡的世界(315b,315c),这里居住着著名的但在情爱上有缺陷的智慧者们;在这一新冥府的门廊上看守的是一个阉人。"(1987,22,强调为原书所有)

底所述在某种意义上就成为我们的自然的根本,从中产生出伟大的光辉;普罗塔戈拉所述则是一种丑陋的不幸,对之我们一定要远远逃离。在此我们或当想起,普罗塔戈拉仅仅强调在虔敬的核心处是恐惧——恐惧于宙斯所颁布的惩罚,以暂时替代对他人暴力的恐惧——苏格拉底则说爱或友谊,讲述诸神或可施之于我们的爱或友谊(345c3)。我们不是也因为爱与友谊而被引导到诸神,并崇拜他们吗?如果是这样,那么普罗塔戈拉对诸神的出现与永恒的讲述就是不够的;[217]在那里,他没有讲出这一现象的复杂与丰富。这反过来可能意味着,他在此处的无神论也缺乏足够的基础,从而是不成立的。

我曾提出,普罗塔戈拉对于一般意见不以为然或予以蔑视,或许使他有可能忽视那种基础类型的勇敢,这种勇敢能够让人面对若干恐惧时坚守知识不动摇,普罗塔戈拉对此忽视有如他忽视eros或爱,因而也就忽视了快乐,忽视了那种有可能阻止我们通向知识或坚守知识的快乐。与此相随的一个事实是,甚至他本人也怀有一种过度的希望:他对于知识怀有的也是从知识生发出来的希望。亦即,正如今天有些学者读到苏格拉底关于"测量的技艺"的叙述时一样,普罗塔戈拉看来也受到精通那一技艺所带来的前景所吸引——也就是说,一种铁定的幸福或"顺利成功",无论是机运还是时间都无法打破。苏格拉底则反复地,也是很奇怪地,说这样的技艺可以"救助我们的生活":测量的技艺正是这"救助"的技艺(356e2,e4,e6,e8;357a6-7)。普罗塔戈拉同意了这一命题,这显然是在为他自己说的,完全不同于为大多数人而说(对比356e4与357a4-5)。如果你想寻求"救助",那就追求知识吧;在《普罗塔戈拉》中被勾勒出轮廓的"测量技艺",也与西奥多洛斯感受到的吸引力颇为相关,他特别受几何学或数学中的确定性所吸引。在《普罗塔戈拉》中,正是讲出这些主张之后,苏格拉底立即回到一个想法,即知识在我们身上具有超级力量(357c1-4)。鉴于我们都强烈渴求幸福,这难道不让人情不自禁从中读出,至少对于受拣选的少数人,"救助"这件事可以通过纯粹人类的手段就能实现?也就是说,人类的心智(the human mind)可以代替缺位的神意(the divine mind),并使得我们不再需要它。如果是这样,那么在此意义上,普罗塔戈拉也预告了一种希望激发着相当多的为现代政治思想所推出的东西。

我们已看到,普罗塔戈拉是位老人。相比于绝大多数人,他一定想到自己离死不远(对比《王制》中克法洛斯的话,330d5-6)。然而在此方面他丝毫未表现出明显的虚弱:这里他也显示出某种勇敢。是否他对"普罗塔戈拉"(335a7-8)之名的突出声望的自信也让他有某种程度的安慰?已经说过的是,智者这一标签就意味着愿意出卖某种高的东西,追求知识或智慧却为的是低贱的目的(比如看色诺芬《回忆苏格拉底》1.6.13到最后)。普罗塔戈拉肯定爱钱,以及能用钱买到的快乐:享乐主义可以是很昂贵的。但是,他就没有可能被智慧所吸引,尤其被吸引去教导"人类"(317b4-5;以及349a1-3),去获得人类送给智慧者的特别荣誉与尊敬吗(310d5-6,e5-7;343a1-5;361e4-5)?[218]他本人就最为看重智慧(330a2),由渴望这一正当的荣誉出发,仅仅再跨一小步就会想到,一个人的名声或许就可以借此稳稳获得"有死的凡人"所能获得的不朽。无可否认,普罗塔戈拉之名确实获得了荣及身后的声望(《美诺》91e3-9),且就此而言,名声流传至今。当然,根据他自己的原则,凝视着这样的美名所带来的快乐,仅能发生在有生之年,这就使得名声或声望只是假的不朽。所以,这就并没有解决根本的问题。就在苏格拉底说他将揭出或坦露出普罗塔戈拉的思想时(352a8-b2),普罗塔戈拉断言,否认智慧与知识的力量,这于他将是"可耻之事",苏格拉底则指出,普罗塔戈拉所言可谓高贵(352c8-d4)且为真理。如果普罗塔戈拉最终认为,献身于追求真理最为高贵,这种高贵无法被简单还原为对自身有利(对比

358b3-6），那么这或可解释，为什么在对话的最后他抽身后撤，不随苏格拉底试图把高贵断送到快乐中去。相比于我们的第一印象，普罗塔戈拉最后表明与勇敢者有着更多的共同点，他也像勇敢者一样很受一种无私奉献的景象所吸引。他明确说道，他把智慧放在勇敢之上，这当然是这样；但有无可能在有些时候他把勇敢置于智慧之上呢？或者，更谨慎来说，智慧对他的吸引力当中，很大一部分是否在于这一事实，即他所理解的践行智慧就要求同时践行一种勇敢（再看316c5-d3）？他之受智慧吸引，是否就部分近似于勇敢者受到追求勇敢的高贵之行所驱使？

至于苏格拉底，如在《普罗塔戈拉》中所看到，我们首先记得他的论点，即智慧者们一致分享着这样的信念，没有人出于自愿去做任何坏的或可耻的事情：所有人类都被迫追求他们认为是好的或者更好的事情，作为"人类本性自然"的一部分，我们不会去靠近被认为是坏的东西。就人类所能把握的幸福而言，其相当大的部分就依赖于对于好的或更好的事物的辨认，在此重要方面，德性可以被称为知识。正如苏格拉底在对话最后所言，他发现，就过好自己的生活来说，他更喜爱普罗米修斯而非厄庇米修斯：借用普罗米修斯，并这样为自己运用先见之明（promēthoumenos/προμηϑούμενος，再回顾316c5），苏格拉底就关切着"所有这些事情"——德性的问题，或德性与知识之关系的问题——"目的在于我自己整个的生活"（361d2-5）。《普罗塔戈拉》减少了哲学家与智者之间的差别（考虑一下314d3）[1]，但使最后还剩下的差别更尖锐地对立起来。

政治哲学与智者术

[219]从《普罗塔戈拉》转向《泰阿泰德》，我们仿佛从柏拉图对

---

[1] 参见 Pangle（2014,132-133）。

这位智者的道德-政治性教义的讲述，走向对他理论性主张的讲述。诚然，这两种关切的区分，实践道德的与理论性的，并不是完全的。比如，在讲德性与政治生活时，普罗塔戈拉解释所有"有死的种族"得以产生的原因，就类同于他在解释何为他所谓的"智慧"时详尽讲述"城邦"。那么，这两篇对话有何关联？最后处理这一问题，将有助于总结我们所关心的《泰阿泰德》中展开的基本论证。

　　这一论证有三个部分，它们彼此间的联系并不总是清晰的：(1)感知与知识；(2)人作为尺度；(3)运动的论题。对话中，普罗塔戈拉不在场，苏格拉底让三个论点关联起来，但并不使彼此等同，因为"人是万物的尺度"就被从运动论题分开，运动论题关涉但并不等同于感知即知识这一等式。我们记得，在泰阿泰德开始再次尝试定义知识时，引入感知作为主题，对之，苏格拉底立即说到普罗塔戈拉的逻各斯（logos）——亦即他的命题"人是万物的尺度"——并且，仅仅在揭示出这位智者含有"秘密的"教诲之后，苏格拉底才最终说到"运动、变动以及彼此混合"（《泰阿泰德》152d7）。他这么做，意在解释"万物"如何在［永不止息地］生成，而我们对之错误地称为［常驻不动地］"是"。这也就是说，从最一开始就诉诸运动主题，是为了解释我们对世界的感知或者世界通过感官感知被给予我们的秘密原因，亦即［永不止息地］生成（比较如 152d7 gignetai/γίγνεται 与 182a4 genesis/γένεσις 及上下文）。当苏格拉底最后宣布泰阿泰德的生产时，他对所涉立场予以总结：荷马、赫拉克利特以及"整个这一群体"都坚持认为，万物皆在运动，如同流水一般；普罗塔戈拉则坚称，人是万物的尺度；泰阿泰德——对"以上如此的话"——持有的看法则是，知识即是感知（参见 160d5‐e2）。这样表述就意味着，我们可以——但并不必要——以关于尺度的教义，连同作为首要条件的运动这二者为基础，来理解知识与感知之间的关系。[220]最后，［由苏格拉底构拟的］普罗塔戈拉长篇讲辞的末尾（168b4‐c2），这位智者自己说，考虑感知与知识之间的关系,要"基于"(ek toutōn/ἐκ τούτων:168b6)这样的论点,即万物皆在运动,任何在每一个个体看来的事物,同时也是为了每一个个体的事物,不论这一个个体是某个人,还是某个城邦,这最后一条即等于这一逻各斯(logos),即人是万物的尺度。

通过如下方式,一个人就可通达最为激进的相对主义,也就是普罗塔戈拉的相对主义:反思日常感官的感知就揭示出,世界并不像第一眼显示的那样稳定或"简单"——比如我们对于"风自身"就无法得知,这是一个很好的例子,因为风既在发生作用,但又不可见。这也就表明,感知者、正在感知的心智(mind)是最重要的;当它通过感官感知而现身时,它就是世界的"尺度"。但这里面关键的步骤是接受并通过它来思考这一命题,即"万物皆在运动"。这一命题或可通过观察世界——例如通过观察对立面(冷与热,苦与甜)从同一事物中产生——而意会到,但显然并未被证明。不过,它可以变得很有吸引力,部分原因是它似乎能提供解释,说明我们何以经验到感官感知:正是我们渴望充分理解那样的经验,这就可能促使我们去接受它,虽然它可能有点"神秘"。然而,最终表明运动的命题无法兼容于作为知识而被理解的感知,也到底不能与整个的知识相兼容,如《泰阿泰德》关于普罗塔戈拉一节最后所清楚表明的。

正是关于运动的教义急剧改变了"尺度"教义的关键内涵,因为那一教义是模棱两可的。希腊语语句中并没有一个定冠词,所以这一名言读来就有可能不是指"某一个"人——这一个或那一个个体的人——而是指"人类"自身,由"人类"这一用语所指定的这一类全体,即万物之是与否,依据的是人的尺度。对普罗塔戈拉名言中包含的这种含糊性,黑格尔曾给出过清晰的讲述:

普罗塔戈拉宣称人是这个尺度,就其真正的意义说,这是一句伟大的话,但是这句话同时也有歧义,因为人是不定的和多方面的:(一)每一个就其特殊个别性而言的人,偶然的人,可以作为尺度;或者(二)人的自觉的理性,就其理性本性和普遍实体性而言的人,是绝对的尺度。照前一种方式了解,就无非是自私,无非是自利,中心点就是主体及其利益;即使人有理性的方面,这个理性也是主观的东西,也是"他",也是人。(《哲学史讲演录》,第一篇"普罗塔戈拉"一节,中译文录自第二册第 27 页,贺麟、王太庆译,商务印书馆,1983 年)

[221]依据我们视为非普罗塔戈拉的"尺度"教义版本,世界之成为世界,连同其可辨认的稳定的类别或种属,仅仅存在于对之进行感知与分类的心智(mind)当中。这一版本也是透过人来看的(perspectival),这无可否认,但却不是激进的"相对主义"。"人类"本身,而非单独的个体的人,才是尺度或者提供视角,由之来看存在的东西,因为这样规定出的人的整个类别是唯一能够这样来感知存在的事物:即如事物之所是。举个例子,当人不知道狗是狗时,狗就不成其为完全意义上的一条狗;狗无法知道或命名它所从属的类,因而也就无法成为尺度(比较《泰阿泰德》171c1-3)。"人类"是存在着的事物的尺度,得知事物存在着;在感知它们的行动当中,我们以我们的尺度度量了它们。在这一读法之下,我们能够获得稳定的人的视角,作为一个健康而清醒的人的特点的视角。或许巴门尼德想要指出这一视角,他说一切是"一",且在此意义上,一切是稳定的,或不动的;甚至被宣称为无处不在的运动也只能通过一个稳定的框架或视域来如此加以把握。泰阿泰德当时没有看到这一点,但存在(is)这么一个人,他可以反对持运动说的以荷马为统帅的浩浩大军,在这过程中他并没有变成"笑柄":这就是巴门尼德。(对比 153a1-4 与 152e2)

    仅当在万物尺度的名言之上添加一条假设,"万物皆在运动",

普罗塔戈拉才有可能把感知贡献给知识的东西加以摧毁,坚持说每一个单独的人("每个人")是所"存在"(is)之物的尺度。如果把《泰阿泰德》中用以结束对普罗塔戈拉讨论的两条论证放到一起,并将同一方向上的其他线索结合起来,我们就得出结论,"万物"——甚至好的事物——都在"运动"这一假说之被接受的关键刺激性因素,乃是它对知识的挑战,预言这一假说的人就提出了这样的挑战。

现在我们或许可以纵览两篇对话之间的联系。普罗塔戈拉公开宣称可以教人德性(真正意义上的),苏格拉底在《普罗塔戈拉》中表明这是有问题的:对于什么是与什么不是恰当理解下的"德性",普罗塔戈拉看来并没有可靠地加以把握,并且他最终反对说,勇敢因为是知识,因而是可教的。正如笔者所论证,普罗塔戈拉反对勇敢与知识之间的联系,或反对把勇敢还原为一种知识,因为那将剥夺了勇敢所有的高贵或美的特点,某种方式上他仍然受到一种高贵或美的吸引,对此,他自己一定程度上并不知晓。但这等于是说,普罗塔戈拉是不清楚的。他自己仍然处于一类德性的领域之中,对之他却贬损为仅仅是习俗性或非自然的东西。[222]比之他所透露的或他真正所知的,他要更为"道德"(moral)一些。我们可以回忆,普罗塔戈拉完全是一个在法庭上表现得令人印象深刻的人物,在那里,"哲学家们"显得如此可笑,而苏格拉底则如此令人讨厌;比之他自己所意识到的,普罗塔戈拉要更接近于礼法所关切之事,无论是成文的还是不成文的礼法,尤其是当这些礼法关涉灵魂当中由勇敢来彰显的高贵。

那么,在勇敢上为真的东西,是否也可以在虔敬德性上为真?然而,没有理由以《普罗塔戈拉》或者(更少一点)以《泰阿泰德》为基础而认为,这位智者依然把这个世界构想或半构想为一个由主宰之诸神(providential gods)统治着的世界,无论这些神灵是居于高山上的奥林波斯诸神,还是其他地底下的神灵。事关由《普罗塔戈拉》转换到《泰阿泰德》的疑难,更多的不是这位智者隐秘地依赖

的这位思想者,在竭尽全力回应那出现于《普罗塔戈拉》中的困难问题。[223]那么,以这一方式,这两幅画像或可说是相互补充的。《泰阿泰德》的中心问题——什么是知识?——尤其因为对充足的知识理据的需要而变得生气勃勃,这种知识的理据对于生活是足够的,并能直面那些宣称自己才拥有智慧而前来竞争的"诸先知"。使之充满生气的也是这一问题,即拒绝虔敬是否可能具有充分理由的正当性,这完全不同于仅仅是任意拒绝它,或只是反抗它,正如在《普罗塔戈拉》中所看到。

* ∞ *

如果同意,"人是万物的尺度"这一说法在一最重要的方面是模棱两可的话——因为与普罗塔戈拉的意图相反,它敞开了一种可能性,使得我们可以达至一种稳定的人的视角——这等于是说,那一稳定的视角并不能够简单地就为我们立即得到。首先从中阻断的是权威意见、习俗或礼法,它们会加以扭曲。自然,作为真正的自然的视角,必须要揭示出来,或得到发现,"发现自然是哲学的工作"(Strauss 1953,81)。在此,作为目的,我们就到达了智者与哲学家之间最重要的差别,亦即普罗塔戈拉与苏格拉底的差别。苏格拉底显然找到了用以抵挡流变的办法,既在流变自身中找到了办法,也作为对"诸先知"所提难题的回应。我们可以回顾,《泰阿泰德》几乎开篇就讲到苏格拉底的"预言"(hos, mantikos …eipe/ὡς μαντικῶς…εἶπε:142c4‐5)——但那是基于苏格拉底对一个人的"天性自然"的理解(142c7‐8;又《阿尔喀比亚德前篇》127e6):对于自然的知识,特别对于人的自然的知识,使得"先知式的"预测一定程度上成为可能,或者代替了通常所理解的先知预言。在《普罗塔戈拉》《泰阿泰德》这一组中,柏拉图更有意于教导我们看到知识所遭遇的挑战,而不是展示如何充分回应这一挑战。

如苏格拉底逐步理解的那样看到这一回应,或者看到苏格拉底式政治哲学的基础,这些当然要求充分理解全部的柏拉图对话;其中不得不特别注意在《泰阿泰德》结束后紧接下去的系列对话录:《游叙弗伦》及其后的对话录。在《普罗塔戈拉》-《泰阿泰德》这一组中,柏拉图确实带领我们注意到,苏格拉底如何从哲学传统内部出发去应对哲学遭遇的挑战,但他尤其让我们看到从外部出发的应对:对"辩证法"的践行,或对逻各斯(logos)的给出与接收。在苏格拉底与普罗塔戈拉展开的问答中,我们就看到它的一个版本,尤其是关于勇敢的问答。在《泰阿泰德》的"离题话"中,我们得知何为最重要的道德问题与希望,对此的分析就引导着苏格拉底的哲学探求,并伴随着那一探求的一些结果,[224]尤其是当指向虔敬与正义时(177b1-7)。出现于《普罗塔戈拉》与《泰阿泰德》——该篇中,苏格拉底最主要是对富于理论(数学)天赋者讲话——中的"精明老练"(sophistication)有其益处,这是当然的,但其代价是,要不断地呈现苏格拉底如何对待在道德上持严肃态度的青年人。在此,苏格拉底要处理的不是"什么是德性",而是"德性是否是一";他不是问"什么是正义",而是问"什么是知识"。至于智者,如在《普罗塔戈拉》,则似乎对"辩证法"完全不以为意,当考察大多数人对于正义与虔敬的观点时,也是这样不以为意。但在《泰阿泰德》中,普罗塔戈拉或其代表的立场甚至很敌视"辩证法",因为一旦他的教义被接受(依此,每个人的意见都必然是"正确的且为真理"),那么苏格拉底所自视与之为一体的辩证法分析就是不可能的,如苏格拉底强调所言。那一教义就提前关闭了苏格拉底显然要走下去的路。

政治哲学与智者术二者之间的战斗,在其最顶峰处就高度显示出,对于哲学是否可能的挑战是怎样地严肃,这一挑战既是理论性的,也是神学性的,在这一方式之下,我们就获得了正确的问题或者关切,从而带着它们去研究在柏拉图式对话录中现身的苏格

拉底。不是说虽然有这些挑战,而是恰恰因为这些挑战,苏格拉底
看来已经找到了他的道路,以通向一种新的哲学探索,这一哲学探
索以某种方式使得世界能够成为对于健康人类心智(mind)而言
的一个稳定的世界。换句话讲,苏格拉底没有屈服于将招致混沌
一片的运动说,那一学说与人是万物的尺度这一思想相伴而行。
他是否拒绝接受"神是尺度"的宇宙创生论观点,或者他拒绝接受
这一论点的理由是什么,则必须在此被保留为一个开放性的问题。

参考文献

一手文献

Adam, J., and A. M. Adam. 1921. *Platonis Protagoras*. Cambridge: Cambridge University Press.

Alfarabi. 2001. *Philosophy of Plato and Aristotle*. Ed. and trans. Muhsin Mahdi. Foreword by Charles E. Butterworth and Thomas L. Pangle. Revised edition. Ithaca: Cornell University Press.

Bartlett, Robert C., ed. and trans. 2004. *Meno and Protagoras*. Ithaca: Cornell University Press.

Becker, Alexander. 2007. *Platon Theätet*. Frankfurt am Main: Suhrkamp.

Benardete, Seth, ed. and trans. 1986. *Theaetetus*. Chicago: University of Chicago Press.

Burnet, John. 1903. *Opera Omnia Platonis*. 5 volumes. Oxford: Oxford University Press.

Campbell, Lewis. 1883. *The Theaetetus of Plato*. Oxford: Clarendon Press.

Cornford, Francis M. 2003. [Originally published 1957.] *Plato's Theory of Knowledge: The Theaetetus and the Sophist*. Mineola, NY: Dover.

Croiset, Alfred. 1923. *Platon Oeuvres complètes tome III I^{te} partie*. Paris: Les Belles Lettres.

Diels, Hermann, and Walther Kranz. [=DK]. 1952. *Die Fragmente der Vorsokratiker*. 3 volumes. 6th ed. Berlin: Weidmann.

Diès, Auguste. 1976. *Platon Oeuvres complètes tome* 8 2e *partie*: *Thèètète*. Paris: Les Belles Lettres.

Duke, E. A., et al. 1995. *Platonis Opera Omnia*. Vol. 1. [Contains the Greek text of the *Theaetetus*.] Oxford: Oxford University Press.

Hegel, G. W. F. 1995. *Lectures on the History of Philosophy*: *Greek Philosophy to Plato*. Trans. E. S. Haldane. Vol. I. Lincoln: University of Nebraska Press.

Hubbard, B. A. F., and E. S. Karnofsky. 1982. *Plato's Protagoras*. Chicago: University of Chicago Press.

Liddell, Henry George, Robert Scott, and Henry Stuart Jones. 1973. *A Greek-English Lexi-con*. 9th ed. Oxford: Clarendon Press.

Macdowell, Douglas. 1962. *Andocides*: *On the Mysteries*. Oxford: Oxford University Press.

Manuwald, Bernd. 1999. *Protagoras*. Göttingen: Vandenhöck and Ruprecht.

McDowell, John. 1973. *Theaetetus*. Oxford: Clarendon Press.

Mill, John Stuart. 1969. [Originally published 1863.] "Utilitarianism." In *Collected Works*. Vol. 10. Ed. J. M. Robson. Toronto: University of Toronto Press.

Mill, John Stuart. 1978. [Originally published 1834-35.] "The *Protagoras*." In *Collected Works*. Vol. 11. Ed. J. M. Robson. Toronto: University of Toronto Press.

Nietzsche, Friedrich. 1968. *The Will to Power*. Trans. Walter Kaufmann and R. J. Holling-dale. New York: Vintage.

Plutarch. 1936. *Whether an Old Man Should Participate in Politics*. In Moralia. Vol. 10. Ed. and trans. H. N. Fowler. Cambridge, MA: Loeb Classical Library.

Proclus. 1965. *Alcibiades I*. Trans. William O'Neill. The Hague: Martinus Nijhoff.

Sachs, Joe, ed. and trans. 2004. *Theaetetus*. Newburyport, MA: Focus.

Sauppe, Hermann. 1892. *Protagoras*. Trans. James A. Towle. Boston: Ginn and Co.

Smyth, Herbert Weir. 1984. *Greek Grammar*. Cambridge, MA: Harvard University Press.

Thucydides. 1963. *Historiae*. Ed. H. S. Jones. Oxford: Clarendon Press.

Waterfield, Robin A. H., ed. and trans. 2004. *Theaetetus*. London: Penguin.

二手文献

Allan D. J. 1954. "The Problem of Cratylus." *American Journal of Philology* 75(3):271-87.

Annas, Julia. 1999. *Platonic Ethics, Old and New*. Ithaca: Cornell University Press.

Barney, Rachel. 2oo6. "The Sophistic Movement." In *A Companion to Ancient Philoso-phy*. Ed. Mary-Louise Gill and Pierre Pellegrin, 77-97 Oxford: Blackwell.

Bartlett, Robert C. 1996. "Review of Joseph Cropsey, *Plato's World*." *Journal of Politics* 58 (2): 587-89.

Bartlett, Robert C. 2003. "Political Philosophy and Sophistry: An Introduction to Plato's *Protagoras*." *American Journal of Political Science* 47(4): 612-24.

Bartlett, Robert C. 2oo6. "An Introduction to Hesiod's *Works and Days*." *The Review of Politics* 68 (2): 177-205.

Bartlett, Robert C. 2013. "Sophistry as a Way of Life." In *Political Philosophy Cross-examined*. Ed. Thomas L. Pangle and J. Harvey Lomax, 5-16. New York: Palgrave Macmillan.

Bostock, David. 1988. *Plato's Theaetetus*. Oxford: Clarendon Press.

Bowra, C. M. 1934. "Simonides and Scopas." *Classical Philology* 29(3): 230-39.

Bruell, Christopher. 1999. *On the Socratic Education: An Introduction to the Shorter Platonic Dialogues*. Lanham, MD: Rowman and Littlefield.

Bruell, Christopher. 2014. *Aristotle as Teacher: His Introduction to a Philosophic Sci-ence*. South Bend, IN: St. Augustine's Press.

Burns, Timothy. 2010. *Recovering Reason: Essays in Honor of Thomas L. Pangle*. Lan-ham, MD: Lexington.

Burnyeat, M. F. 1976. "Protagoras and Self-Refutation in Plato's *Theaetetus*." *The Philo-sophical Review* 85:172-95.

Burnyeat, M. F. 1977. "Socratic Midwifery, Platonic Inspiration." *Bulletin of the Institute of Classical Studies* 24: 7-16.

Burnyeat, M. F. 1990. "Introduction." In *The Theaetetus of Plato*. Trans. M. J. Levett. Indianapolis: Hackett.

Chappell, Timothy. 2004. *Reading Plato's Theaetetus*. Sankt Augustin: Academia.

Coby, Patrick. 1987. *Socrates and the Sophistic Enlightenment: A Commentary on Plato's Protagoras*. London: Bucknell University Press.

Cropsey, Joseph. 1995. *Plato's World: Man's Place in the Cosmos*. Chicago: University of Chicago Press.

Desjardins, Rosemary. 1990. *The Rational Enterprise: Logos in Plato's Theaetetus*. Albany, NY: SUNY Press.

Devereux, D. T. 1975. "Protagoras on Courage and Knowledge: *Protagoras* 351A-B. " *Apeiron* 9: 37-39.

Duncan, Roger. 1978. "Courage in Plato's *Protagoras*. " *Phoenix* 32: 216-28.

Dyson, M. 1976. "Knowledge and Hedonism in Plato's *Protagoras*. " *Journal of Hellenic Studies* 96:32-45.

El Murr, Dimitri. 2013. *La Mesure du Savoir: Études sur le Théétète de Platon*. Paris: J. Vrin.

Emilsson, Eyjolfur Kjalar. 1994. "Plato's Self-Refutation Argument in *Theaetetus* 171A-C Revisited. " *Phronesis* 39(2):136-49.

Ewegen, S. Montgomery. 2013. *Plato's Cratylus: The Comedy of Language*. Bloomington, IN: Indiana University Press.

Farrar, Cynthia. 1988. *The Origins of Democratic Thinking: The Invention of Politics in Classical Athens*. New York: Cambridge University Press.

Fine, Gail. 2000. *Plato II: Ethics. Politics. Religion, and the Soul*. Oxford: Oxford Univer-sity Press.

Fish, Stanley. 1990. "Rhetoric. " In *Doing What Comes Naturally: Change. Rhetoric, and the Practice of Theory in Literary and Legal Studies*, 471-502. Durham, NC: Duke University Press.

Fish, Stanley, 1994. "Fish Tales: A Conversation with 'The Contemporary Sophist. '" In *There's No Such Thing as Free Speech: And It's a Good Thing Too*, 281-308. Oxford: Oxford University Press.

Froidfond, Christian. 2006. *Méno et Théétète*. Paris: L'Harmattan.

Giannopoulou, Zina. 2013. *Plato's Theaetetus as a Second Apology*. Oxford: Oxford University Press.

Gill, Mary-Louise. 2013. "La Connaissance et l'Argile. " In El Murr 2013. 223-39.

Goldberg, Larry. 1983. *A Commentary on Plato's* Protagoras. New York: Peter Lang.

Grote, George. 1850. *History of Greece*. Vol. 8. London: John Murray.

Heath, Thomas. 1921. *A History of Greek Mathematics: From Thales to Euclid*. Vol. 1. Oxford: Clarendon Press.

Kerferd, G. B. 1953. "Protagoras' Doctrine of Justice and Virtue in the *Protagoras of* Plato. " *Journal of Hellenic Studies* 73: 42-45.

Kerferd, G. B. 1981. *The Sophistic Movement*. Cambridge: Cambridge University Press.

Kimball, Roger. 1989. "The Contemporary Sophist. " *The New Criterion* 8 (2):5-15.

Klein, Jacob. 1977. *Plato's Trilogy: "Theaetuetus," "he Sophist," and "The Statesman. "* Chicago: University of Chicago Press.

Lampert, Laurence. 2010. *How Philosophy Became Socratic: A Study of Plato's Protago-ras. Charmides. and Republic*. Chicago: University of Chicago Press.

Lee, Edward N. 1973. "'Hoist with His Own Petard': Ironic and Comic Elements in Plato's Critique of Protagoras (*Tht*. 161-171). " In Lee et al. 1973. 225-61.

Lee, E. N., A. P. D. Mourelatos, and R. M. Rorty, eds. 1973. *Exegesis and Argument: Stud-ies in Greek Philosophy Presented to Gregory Vlastos*. Assen: Van Gorcum.

Lidauer, Eva. 2004. "Der 'Hyppolytos' des Euripides: Die Tragodie als Kommentar zu einer Lesart des Homo-mensura-Satzes. " In Neumaier 2004. 37-69.

McCoy, Marina. 2008. *Plato on the Rhetoric of Philosophers and Sophists*. Cambridge: Cambridge University Press.

Morrison, J. S. 1941. "The Place of Protagoras in Athenian Public Life(460-415 B. C.). " *Classical Quarterly* 35(January-April): 1-16.

Nails, Debra. 2002. *The People of Plato: A Prosopography of Plato and Other Socratics*. Indianapolis: Hackett.

Neumaier, Otto, ed. 2004. *Ist Der Mensch Das Mass Aller Dingel Beiträge zur Aktualität des Protagoras*. Paderborn: Bibliopolis.

Nussbaum, Martha. 1986. "*The Protagoras: A Science of Practical Reasoning.* " In *The Fragility of Goodness*, 89-121. Cambridge: Cambridge University Press.

Nussbaum, Martha. 1992. "Sophistry about Conventions. " In *Love's Knowl-edge*: *Essays on Philosophy and Literature*, 220 – 29. Oxford: Oxford University Press.

Owen, J. Judd. 2001. *Religion and the Demise of Liberal Rationalism*: The *Foundational Crisis of the Separation of Church and State*. Chicago: University of Chicago Press.

Pangle, Lorraine. 2014. *Virtue Is Knowledge*: *The Moral Foundations of So-cratic Political Philosophy*. Chicago: University of Chicago Press.

Polansky, Ronald. 1992. *Philosophy and Knowledge*: A *Commentary on Plato's Theaete-tus*. Lewisburg: Bucknell University Press.

Richardson, H. S. 1990. "Measurement, Pleasure, and Practical Science in Plato's *Protago-ras*. " *Journal of the History of Philosophy* 28(1):7-32.

Romilly, Jacqueliné de. 1988. *Les Grandes Sophistes dans l'Athenes de Periclès*. Paris: Editions de Fallois.

Rothman, David. 2008. "An American Sophist: The Surprising Career of Stanley Fish. " *Academic QuestionS* 21(4): 367-91.

Rue, Rachel. 1993. "The Philosopher in Flight: The Digression(1720 – 1770) in Plato's *Theaetetus*. " In *Oxford Studies in Ancient Philosophy*. 11: 71 – 100.

Sallis, John. 1975. *Being and Logos*. Bloomington, IN : Indiana University Press.

Schiappa, Edward. 2003. *Protagoras and Logos*. 2nd ed. Columbia: University of South Carolina Press.

Sedley, David. 1999. "The Ideal of Godlikeness. " In Fine 2000. 309-28.

Sedley, David. 2004. *The Midwife of Platonism*: *Text and Subtext in Plato's Theaetetus*. Oxford: Clarendon Press.

Shorey, Paul. 1933. *What Plato Said*. Chicago: University of Chicago Press.

Stauffer, Devin. 2010. "Socrates and the Sophists. " In Burns 2010. 101 – 16.

Stern, Paul. 2008. *Knowledge and Politics in Plato's Theaetetus*. Cam-bridge: Cambridge University Press.

Strauss, Leo. 1953. *Natural Right and History*. Chicago: University of Chi-cago Press.

Strauss, Leo. 1965. *Lectures on Plato's Protagoras*. https://leostrauss-center. uchicago. edu /course/plato-protagoras-spring-quarter-1965.

Strauss, Leo. 1968. "The Liberalism of Classical Political Philosophy. " In

Liberalism Ancient and Modern, 26-64. New York: Basic Books.

Strauss, Leo. 1970. *Xenophon's Socratic Discourse*. Ithaca: Cornell University Press.

Verdenius, W. J. 1974. "Bemerkungen zur Einleitung des Protagoras." In *Studia Platonica*. Ed. K. Döring and W. Kullmann, 41 - 48. Amsterdam: Grüner.

Vlastos, Gregory. 1981. [Originally published 1973.] "The Unity of the Virtues in Plato's *Protagoras*." In *Platonic Studies*, 221 - 65. Princeton: Princeton University Press.

von Kooten, Geurt Hendrik. 2008. *Paul's Anthropology in Context: The Image of Cod. Assimilation to God, and Tripartite Man in Ancient Judaism. Ancient Philosophy. and Earlv Christianity*. Tubingen: Mohr Siebeck.

Weingartner, Rudolph. 1973. *The Unity of the Platonic Dialogue: The Cratylus. the Pro-tagoras. the Parmenides*. Indianapolis: Bobbs-Merrill.

Weiss, Roslyn. 1985. "Courage, Confidence, and Wisdom in the *Protagoras*." *Ancient Philosophy* 5(1):11-24.

Weiss, Roslyn. 1989. "The Hedonic Calculus in the *Protagoras and the Phaedo*." *Journal of the History of Philosophy* 27(4): 511-29.

Wengert, R. G. 1988. "The Paradox of the Midwife." *History of Philosophy Quarterly* 5 : 3-10.

Wolfsdorf, David. 1997. "The Dramatic Date of Plato's 'Protagoras.'" *Rheinisches Mu-seum fur Philologie* 140(3/4): 223-30.

Zuckert, Catherine. 2009. *Plato's Philosophers: The Coherence of the Dialogues*. Chicago: University of Chicago Press.

索　引

（索引中的页码均为原书页码）

图书在版编目(CIP)数据

智者术与政治哲学:普罗塔戈拉对苏格拉底的挑战/
(美)巴特利特著;熊文驰,吴一笛译. --上海:华东
师范大学出版社,2023

ISBN 978-7-5760-3818-7

Ⅰ.①智… Ⅱ.①巴… ②熊… ③吴… Ⅲ.①政治哲
学—研究 Ⅳ.①D0-02

中国国家版本馆 CIP 数据核字(2023)第 087340 号

华东师范大学出版社六点分社

企划人　倪为国

上海市版权局著作权合同登记 图字:09-2019-720 号

经典与解释·古典学丛编
智者术与政治哲学:普罗塔戈拉对苏格拉底的挑战

著　　者　[美]巴特利特
译　　者　熊文驰　吴一笛
责任编辑　彭文曼
责任校对　王　旭
封面设计　吴元瑛

出版发行　华东师范大学出版社
社　　址　上海市中山北路 3663 号　邮编　200062
网　　址　www. ecnupress. com. cn
电　　话　021-60821666　行政传真　021-62572105
客服电话　021-62865537　门市(邮购)电话　021-62869887
地　　址　上海市中山北路 3663 号华东师范大学校内先锋路口
网　　店　http://hdsdcbs. tmall. com

印 刷 者　上海景条印刷有限公司
开　　本　890×1240　1/32
插　　页　2
印　　张　10.5
字　　数　225 千字
版　　次　2023 年 9 月第 1 版
印　　次　2023 年 9 月第 1 次
书　　号　ISBN 978-7-5760-3818-7
定　　价　78.00 元

出 版 人　王　焰